世界级医疗系统

纽约大学朗格尼医学中心的成功蜕变

[美]威廉·A.哈兹尔廷（William A. Haseltine） 著

朱畴文 主审

上海临床研究中心 译

复旦大学出版社

中译本序

非常荣幸能够向中国读者介绍这本《世界级医疗系统：纽约大学朗格尼医学中心的成功蜕变》。

感谢朱畴文博士和他上海临床研究中心的同事们对本书的翻译，同时也感谢艾社康刘畅和贾大萼等为推动翻译工作提供的支持。

自五年前原著在美国出版以来，本书已成为全球范围内医疗卫生系统加强学术医学中心建设的权威之作。它详细描述了如何以合理的成本在患者照护、教学和研究方面取得优异的成果。

本书所述的纽约大学朗格尼医学中心关键的创新点在于：打造一个全面而统一的信息系统，可以将运营的各个方面连接在一个无缝衔接的数据库中；将绝大多数医院功能放在日间诊疗中心；临床医师、研究人员和所有工作人员对自己的工作成果负责，且相关数据对医生、科学家、教师、工作人员和患者在横向和纵向上都清晰透明；以及引进患者照护和精益审计的文化。

上海临床研究中心创始者们的谋篇布局和奉献精神给我留下了深刻的印象，他们致力于成为中国一流乃至世界一流的临床研究中心。我非常高兴能够与朱畴文博士及其团队合作，帮助上海临床研究中心实现成为上海乃至中国患者照护和研究领域优秀范例的目标。

威廉·A. 哈兹尔廷

ACCESS Health International 主席

2025 年 4 月

目 录

原著序
　　为什么要读这本书？　　　　　　　　　　　　3

前言
　　纽约大学朗格尼医学中心取得的成就及其重要性　　11

第一部分　愿景与战略
　　第 1 章　从逆境到希望　　　　　　　　　　3
　　第 2 章　愿景　　　　　　　　　　　　　　21
　　第 3 章　领导力、文化、沟通、衡量标准　　39
　　第 4 章　董事会　　　　　　　　　　　　　63

第二部分　执行
　　第 5 章　全面、综合、透明、可行的实时信息　83
　　第 6 章　日间诊疗　　　　　　　　　　　　104
　　第 7 章　财务成功　　　　　　　　　　　　115
　　第 8 章　飓风桑迪　　　　　　　　　　　　132

第三部分　深入观察
　　第 9 章　质量与安全　　　　　　　　　　　151
　　第 10 章　教育　　　　　　　　　　　　　 173

第 11 章　基础设施　　　　　　　　　　　　　　　　　　191
第 12 章　科研　　　　　　　　　　　　　　　　　　　　201

第四部分　再接再厉

第 13 章　布鲁克林安全网医院和长岛郊区医院的转型之路　217
第 14 章　展望未来　　　　　　　　　　　　　　　　　237
第 15 章　纽约大学朗格尼医学中心的转型带来哪些启示？　254

致谢　　　　　　　　　　　　　　　　　　　　　　　　271

附录 A

人物介绍　　　　　　　　　　　　　　　　　　　　　274

附录 B

罗伯特·格罗斯曼 2007 年就职演说　　　　　　　　　280

图片版权　　　　　　　　　　　　　　　　　　　　　　287

译后记　　　　　　　　　　　　　　　　　　　　　　　289

原著序

为什么要读这本书？

2018年8月16日，一则爆炸性消息吸引了全世界的目光：纽约大学朗格尼医学中心（NYU Langone Health）宣布，为所有医学院学生发放全额学费奖学金，这顿时成了万众瞩目的焦点。该中心何德何能，敢有如此惊人之举？国际知名科学家、商界领袖、作家和慈善家威廉·A.哈兹尔廷（William A. Haseltine）将在本书中回答这个问题，并由此延展开去，讲述更多该中心的故事。

免费医学教学仅仅是十年巨变中的一个举措，通过这些变革，一个曾经黯淡无光、连年亏损的机构在患者照护、教学和研究等方面跻身世界一流行列，成为了一个在未来能够运作数十亿美元投资的机构。

纽约大学朗格尼医学中心的故事为企业转型提供了超越医疗领域的经验。如果您从事零售业务，这个故事将帮助您提升客户服务水平和客户满意度。如果您从事制造业，这个故事将帮助您实现零故障。如果您从事服务行业，纽约大学朗格尼医学中心的信息系统和仪表盘工作法将帮助您提高业绩和清点能力。如果您代表的是一所大学，这个故事将帮助您实现卓越教学，提高大学在国内和国际上的排名。最后，本书对于如何管理研究型企业以提高生产力和利润亦有着深刻的启示。

用数据说话

简而言之,数据表明:

- 纽约大学朗格尼医学中心在全国质量与安全排名中从倒数第三跃升至全国数一数二。

- 纽约大学朗格尼医学中心目前在美国医学院排名中位列第三,仅次于哈佛大学医学院和约翰霍普金斯大学医学院,而之前的排名是第 34 位。

- 纽约大学朗格尼医学中心在合并后的两年内,将布鲁克林区(Brooklyn)的一家安全网医院(safety-net hospital)扭亏为盈,极大地提升了该医院的质量。

- 研究经费翻了不止一倍。

- 纽约大学朗格尼医学中心的年收入从 20 亿美元增长到 70 亿美元。

- 从每年 1.5 亿美元的赤字变成了 2.4 亿美元的盈余。

- 过去十年的慈善捐款总额平均每年超过 2 亿美元。

到底有多成功？用数据说话

财务状况

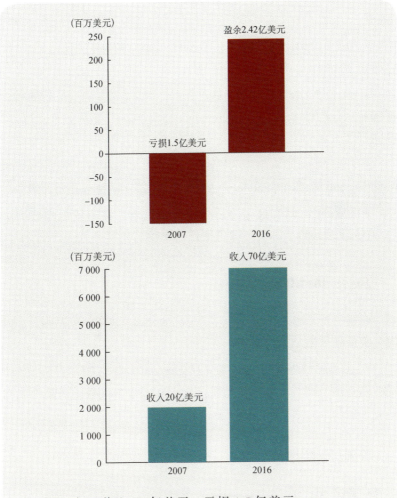

- 2007 年：收入 20 亿美元；亏损 1.5 亿美元。
- 2016 年：收入 70 亿美元；盈余 2.42 亿美元。

质量与安全排名

- 2007 年：在 90 家学术医学中心质量与安全排名中名列第 60 位。
- 2013—2015 年：在 112 家学术医学中心文森特排名（Vizient rankings）中位列第一。
- 2015—2016 年：连续在美国日间诊疗领域名列第一（该排名始于 2015 年）。
- 2017 年：IBM 旗下储文健康分析公司（Truven Health Analytics）报告显示，在学术医疗中心 2011—2015 年期间"整体表现和改进"方面排名中名列第一。
- 2017 年：获得美国医疗保险和医疗补助服务中心（Centers for Medicare and Medicaid Services）颁发的五星级医院整体质量评级。
- 2017 年：储文健康分析公司报告显示，在纽约急症照护医院 2015 年绩效排名和五年改进率排名中均名列第一。

2016—2017 年获奖情况

- 被《美国新闻与世界报道》（U. S. News & World Report）评为全美最佳医院之一。
- 在《现代医疗》（Modern Healthcare）杂志的"百强医院"年度调查中，纽约大学朗格尼医学中心在前十五大教学医院中名列第七（纽约唯一入选百强的医院）。

美国医学院排名

- 2007 年：第 34 名。
- 2017 年：第 3 名（《美国新闻与世界报道》2017 年最佳研究生院排名）。

独立研究支持

- 2007 年：研究经费总额 1.874 亿美元。
- 2017 年：研究经费总额 3.412 亿美元。

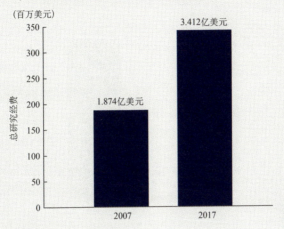

国家卫生研究院奖项增加

- 2008 年：1.22 亿美元。
- 2017 年：2.32 亿美元。

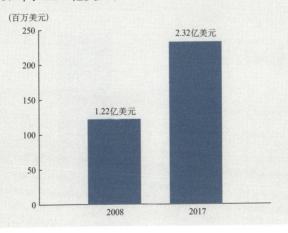

日间诊疗机构

- 2007年：10所。
- 2016年：230余所。

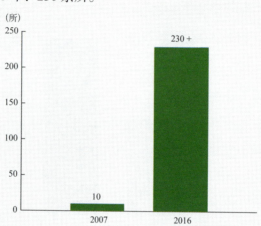

员工总数

- 2007年：7 000名。
- 2017年：29 000名。

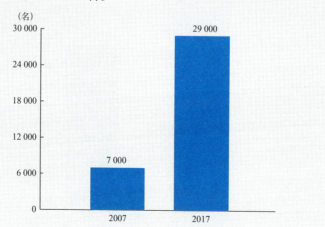

在职医生

- 2007 年：250 名执业医师。
- 2017 年：3 600 余名执业医师。

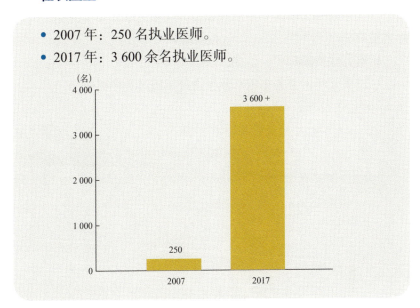

设施

- 2007—2017 年：新增超过 120 万平方英尺的医院面积和研究设施面积。

教学创新

- 2013 年：推出为期三年的医学博士课程体系。
- 计划推出 21 世纪课程体系：C21。

慈善捐款

- 2007—2017 年：捐赠总额达 22 亿美元。

- 纽约大学朗格尼医学中心目前在美国医学院排名中位列第三,仅次于哈佛大学医学院和约翰霍普金斯大学医学院,而之前的排名是第 34 位。
- 研究经费增加了一倍多。
- 过去十年的慈善捐款总额平均每年超过 2 亿美元。

前 言

纽约大学朗格尼医学中心取得的成就及其重要性

我认为,纽约大学朗格尼医学中心从 2007 年到 2017 年间成功蜕变的故事,是我们这个时代的医疗界最激励人心的故事之一。在不到十年的时间里,纽约大学朗格尼医学中心就从一家普通的医院跻身于世界一流医院的行列。十年前,该中心亏损了数千万美元;而如今,该中心不仅有了可观的盈余,还在医院、日间诊疗和家庭医疗中为患者提供优质的医疗照护服务,除此之外,中心在医学教学和研究方面也处于全美领先地位。这是怎么做到的呢?一家医院是如何扭亏为盈,成为世界一流的医学中心的呢?这些问题促使我写下了这本书。

我很高兴成为第一个从头到尾完完整整讲述这个故事的人。纽约市拥有多家优秀的医院和学术医疗机构,而我之所以选择纽约大学朗格尼医学中心作为深入调研的对象,是因为没有任何一家医院能够像它这样如此迅速而彻底地转型,并在患者照护、教学和研究方面均取得卓越的成就,而这也是美国乃至其他地方的许多医院和大学想要达成的目标。我采访了一手推动了这场变革的关键人物——纽约大学董事会和纽约大学朗格尼医学中心董事会的成员、领导变革的首席执行官兼院长罗伯特·I. 格罗斯曼(Robert I.

Grossman）[1]，还有他的许多现任和前任的下属员工，以及诸多在这场涉及患者照护、教学、研究和财务的神奇转变过程中同样发挥着重要作用的人。随后，我以灵感为针，以事实为线，编织出这个故事的完整画卷。

本书讲述的是一个机构的变革历程。它既不是对美国医疗系统变革的调研报告，也不是对纽约市医院间的对比，更不是对全美乃至全世界的医院和医学院的比较。然而，根据我的经验，纽约大学朗格尼医学中心发生的变革，无论以何种标准衡量，都是世界上绝无仅有的。我讲述这个故事绝不是要为该中心歌功颂德，而是希望它的经验教训能够帮助国内外的其他相关机构提升患者照护、研究和教学水平。要说我与纽约大学或纽约大学朗格尼医学中心有什么关联的话，那就是在为本书做调研的时候，我曾是该中心的一名患者。

我还要说明一点，纽约大学朗格尼医学中心的故事没什么神奇之处。美国人都坚信，只要有行动的自由，就能找到解决紧迫问题的办法，并适应不断变化的环境。该中心的转变并不是联邦、州或地方卫生政策变化的结果，也不是由于社区的人口或经济状况发生了什么变化，它所在的外部体制环境一直都很复杂。在这样的背景下它都能做到，那么美国和国际上的其他机构也同样能做到。本书就是在呼吁全美乃至全世界的医院和医疗系统行动起来，提高自己的水平。

撬动这场变革的神奇杠杆

对于那些希望改善自己医院或医学院的读者，或者那些希望改

---

[1] 又称鲍勃·格罗斯曼。此外，本书中还有罗伯特·伯恩—鲍伯·伯恩、肯尼斯·朗格尼—肯·朗格尼等对应简称。——译注。

善自己的零售、制造或服务业务的读者，我希望你们能从这个故事中找到我所说的"变革杠杆"。通过对变革引领者鲍勃·格罗斯曼的多次访谈，我对撬动这场变革的神奇杠杆有了更加深刻的理解。正是这些杠杆推动了纽约大学朗格尼医学中心摆脱过去的行为模式，迈向了卓有成效的未来之路。

文化转型

文化转型是其中最重要的杠杆。在鲍勃·格罗斯曼和纽约大学朗格尼医学中心董事会（Board of Trustees）董事长肯·朗格尼（Ken Langone）的领导下，纽约大学朗格尼医学中心的文化从自满情绪转变为格罗斯曼所称的**"进取型文化"**，即追求卓越的文化。它从一种满足于现状的文化转变为**"一种精益求精的文化"**。这种文化有几个关键要素：

- **敏捷性**

具备对变化做出快速和积极反应的能力。

- **精益管理系统**

这样的系统可以对出现的新机遇和新挑战快速做出反应。

- **信息可及**

不管是纵向的领导层和下属之间，还是横向的同事之间，信息都应该实时、透明、可操作。

- **患者照护**

对于参与患者照护、教学和研究以及行政管理的每个人，需要根据绩效标准对客观数据进行评估。

- **横向数据透明度**

鼓励每个专业人员见贤思齐，从而提高自己的工作表现。

- **清晰的沟通**

必须确保每个人都了解整个组织的长期目标和短期目标，同时还要了解个人努力在实现共同集体目标中发挥的作用。

- **打破各自为政的局面**

信息孤岛是多维组织的必然结果。打破孤岛之间的壁垒是提高集体绩效的关键。以前，大家各做各的工作，而为这些工作制定共同的目标和奖励，可以有效打破各自为政的局面。同时，公开透明的信息也可以起到同样的效果。

> 信息孤岛是多维组织的必然结果。打破孤岛之间的壁垒是提高集体绩效的关键。

- **专注**

坚持不懈的**专注**是这场转型的关键杠杆。纽约大学朗格尼医学中心过去十年来的口号是：专注、专注、再专注，努力成为世界一流、以患者为中心的综合型学术医学中心。

当我们开始运用这些杠杆去解决转型问题时，变革的齿轮就会开始转动，从而产生足以改变任何机构的力量。

纽约大学朗格尼医学中心的故事可不单单涉及管理——有效且充满活力的新型医疗和信息技术是其成功的关键所在；微创手术和医学影像技术的进步使日间诊疗网络得以建立；信息技术的进步实

现了实时数据收集和显示；纵向和横向数据的透明度使领导层和医务人员都能了解并不断改进治疗效果。我写本书的主要原因之一，就是想分享这些方法的成功经验。

在美国，关于如何支付医疗费用的争论一直在持续，而我们似乎忘记了一个基本的教训：在关注花了多少钱的同时，也必须关注钱花出去以后获得了什么。人们往往过于关注开销，忽视了质量的重要性。其实我们应该只购买质量过硬的产品。纽约大学朗格尼医学中心的故事让大家明白了一个道理：高质量的患者照护可以节省开支，卓越的质量同样具有成本效益。这也是许多制造公司学到的经验。

我的背景

凭借在学术界、商界和慈善界的经历，我能够全方位地评价纽约大学朗格尼医学中心的成就。我曾在哈佛大学医学院（Harvard Medical School）和哈佛大学公共卫生学院（Harvard School of Public Health）担任教授近二十年，指导癌症和艾滋病研究，并负责两个研究部门的工作。在过去的三十年里，我创办了十多家生物技术公司，向市场推出了八种以上的产品，包括第一种免疫细胞癌症疗法、第一种治疗艾滋病的蛋白酶抑制剂和第一种治疗自身免疫性疾病狼疮的新药。我现在是 ACCESS Health International 的董事长兼总裁，该基金会是我十年前创立的，致力于在全球范围内让人们有更多机会获得高质量、可负担的医疗服务。在此背景下，我写了这本书和其他几本书，包括《价廉质优》（*Affordable Excellence*）和《分秒必争》（*Every Second Counts*），每本书都讲述了一个医疗变革的故事。我的亲身经历告诉我，在大幅提高盈利的同时，还能在患者照护、教学和研究方面达到世界级卓越水平的故事，是前所未有的。

在撰写本书的过程中,纽约大学朗格尼医学中心的故事与我的人生故事交织在了一起。在完成大部分采访后,我被诊断出患有头颈癌,并在纽约大学朗格尼医学中心的珀尔马特肿瘤中心(Perlmutter Cancer Center)接受了治疗。如今,我写这本书,不仅是从专业角度出发,更是从纽约大学朗格尼医学中心一位患者的视角出发。虽然我已经顺利完成了治疗,但我还将继续接受健康监测,所以我知道,在未来的许多年里,我都将与纽约大学朗格尼医学中心继续这段不解之缘。

不管是作为一名在癌症医院工作多年的专业人士,还是作为一名患者,我都可以证明,自己得到了高质量的、以患者为中心的医疗服务。从某种意义上说,我们都会站在患者角度去看问题——要么是为自己,要么是为家人。我可以非常肯定地说,我在纽约大学朗格尼医学中心的就医体验比我在其他地方,哪怕是纽约和波士顿那些最著名的医院中的体验都要好。

以患者为中心的医疗服务给我这个患者带来了实实在在的好处。活组织检查后,仅仅五分钟内就有了明确的诊断。治疗方案的选择考验着一个团队的知识储备、经验的丰富程度以及洞察力。我的治疗方案的制定和执行都非常迅速。在讨论各种可能的方案时,我也是团队中的一员,这个团队不仅成员众多,他们之间的协调也是天衣无缝,完美无瑕。

> 我可以非常肯定地说,我在纽约大学朗格尼医学中心的就医体验比我在其他地方,哪怕是纽约和波士顿那些最著名的医院中的体验都要好。

我的所有医生和护士只需按一下按钮,就能随时获得有关我的病例的详细信息。我在一年前因为一个小问题进行初步登记时，填写了一些文件，仅此一次。其他的预约，我只需要扫描一下手掌就可以了。抽血后，医生在几分钟内就能在网上看到我的验血结果。预约后几小时内，我就能在患者平台上看到结果。也许更难能可贵的是，在纽约这个繁忙、有时甚至有些粗暴的城市里，我遇到的每个人都彬彬有礼、热情友好且乐于助人。

我觉得我的经历并非独一无二，我亲眼看到其他人也得到了和我一样的待遇。身患重病是非常不幸的，但不幸中的万幸是，我遇到了纽约大学朗格尼医学中心。作为该中心的一名患者，我虽没有亲历本书所叙述的变革历程，但它以最直接的方式向我展示了完善医疗系统的重要性。我希望有朝一日，在美国和其他地方，所有人都能享受我所获得的优质医疗服务，也希望这本书能让我们离梦想更近一步。

第一部分

愿景与战略

第 1 章

从逆境到希望

这是关于纽约大学医学中心（NYU Medical Center）——最近更名为纽约大学朗格尼医学中心（NYU Langone Health）——的故事。故事讲述了该中心如何在短短几年内从一所排名靠后的医学院一跃成为全美排名第三的医学院，仅次于哈佛大学医学院和约翰霍普金斯大学医学院；如何从一个发展停滞的研究机构跻身于顶尖研究机构之列；以及如何停止亏损，转而产生可观且可持续的盈利。该中心在患者照护、教学和研究三方面所取得的卓越成就，无论在商业界还是医学界，都算得上是最著名的逆袭案例之一。另外，新加入该中心的机构，无论是服务于低收入家庭的安全网医院，还是位于富裕地区的郊区医院（suburban hospital），都复制了该中心的成功模式，这足以说明纽约大学朗格尼医学中心转亏为盈、逆势突围的蜕变转型经历具有极大的参考和学习价值。

纽约大学朗格尼医学中心的转型发生在 2007—2017 年这一美国医疗领域的动荡时期，在这些年里，关于《平价医疗法案》（Affordable Care Act）的争论一直在持续，医疗服务的支付方式日新月异，医疗技术也发生了翻天覆地的变化。纽约大学朗格尼医学中心的转型发生在美国，甚至可能是世界上监管最严格的医疗环境——纽约市内，饱经多年的动荡和变革之后，桑迪飓风（Hurricane Sandy）又摧毁了大部分基础设施，导致医院、医学院和大部分研究被迫关闭或终止，造成了价值超过10亿美元的损失。在这种天不时、地不利的环境中，该中心依然转型成功，的确是一件非同凡响之事。

这次转型的核心在于格罗斯曼的领导。在许多与他共事的人眼中，他是一个"病态的乐观主义者"。他在医学、生物医学研究、信息技术和医学学术等领域都有着深刻见解，从而确保了转型能够成功。这次转型的关键还在于中心的首席执行官（CEO）格罗斯曼与董事长肯·朗格尼之间的紧密合作。时任纽约大学校长约翰·塞

纽约大学朗格尼医学中心首席执行官兼院长罗伯特·I.格罗斯曼（Robert I. Grossman）（左）和董事长肯尼斯·G.朗格尼（Kenneth G. Langone）（右），摄于2017年

克斯顿（John Sexton）和纽约大学董事长马丁·利普顿（Martin Lipton）的支持也非常重要，他们为接下来的变革奠定了基础并铺平了道路，其明智之举就是几乎完全放手让格罗斯曼独自大展身手。

逆境

在商界和学术界，大多数转型故事，无论成功与否，往往都始于逆境，纽约大学朗格尼医学中心的故事也不例外。这个当时被称为纽约大学医学中心的机构在20世纪六七十年代曾辉煌一时，但到20世纪末却一度衰败至濒临绝境。当时，人们认为中心的财务状况已经岌岌可危，如再不采取措施，整个大学都会被它拖垮破产。好在其及时进行了变革，这才挽狂澜于既倒，扶大厦之将倾。在本章中，我们将概述纽约大学医学中心的光辉历史、衰落以及迈向转型和重生的第一步。

> 在商界和学术界，大多数转型故事，无论成功与否，往往都始于逆境，纽约大学朗格尼医学中心的故事也不例外。

历史

纽约大学朗格尼医学中心的前身是1841年成立的纽约大学医学院（New York University School of Medicine）和1960年成立的纽约大学医院（New York University Hospital）。纽约大学医学院和纽约大学医院后来以蒂施（Tisch）家族命名，称为蒂施医院，在很长一段历史时期都颇具盛名。医院具有高质量的医疗服务，在心脏病学、心脏外科和神经外科领域成绩斐然。正是在这里，弗兰克·C. 斯宾塞（Frank C. Spencer）医生发明了新的心外科开胸手术方法。医学院还培养了许多伟大的医生科学家（physician scientists），他们在根治小儿麻痹症和治疗严重精神疾病等方面取得了突破性发现。

20世纪70年代，医院和医学院的研究经费在全美排名前十，但到了20世纪90年代就开始落后了。医学的发展日新月异，但纽约大学医学中心却裹足不前。到2007年，中心在医学院校质量与安全排名中位列倒数第三，在全美医学院排名跌至第34位；在获得美国国立卫生研究院（National Institutes of Health, NIH）资助方面仅排在第39位。

纽约大学朗格尼医学中心组织发展与学习的部门前执行主任理查德·伍德罗（Richard Woodrow）告诉我，纽约大学医学中心整个"就是一个自满、孤立的机构，只知道躺在功劳簿上坐吃山空"。到了20世纪90年代，它已成为：

> "一个温室般的工作环境。这里的工作人员特别真诚、友善和满足，与残酷的现实世界完全脱节。如果不想勤奋工作，也会想办法假装非常忙碌。大家都不怎么关心外部资金环境。内部也几乎没有任何问责措施，而预算一直在减少。大家普遍认为可以无视外面的世界，因为其医疗网络中的会诊医生会一直把自己的患者介绍到这所医院来；纽约大学医学院能够继续依靠其良好的历史声誉吸引卓越的科学家加入、吸引优秀的学生报考。这营造出一种友善且有礼的文化，重视以友善、专业、协作和博爱的形象示人。然而，在不知不觉中，一种以个人主义、自我陶醉、固步自封、自上而下、精英主义、规避风险、回避冲突为特点的医疗模式已经悄然形成。"

外部改变

正如外部环境变化引发的危机在任何机构都有可能随时发生一样,医疗的经济结构发生的变化,也给中心带来了危机。传统上,医院财政依靠患者自费和个人保险对特定服务的报销。到 20 世纪 90 年代末,学校董事会认为,自费患者的数量将锐减,保险公司将不再根据医院提供的单项服务数量,而是根据医院服务的患者数量向医院支付费用。这是管理式医疗服务(Managed Care)的时代。

复兴之路始于学校董事会。那时,他们认识到,医学中心的商业模式已难以为继。在我对校董威廉·康斯坦丁(William Constantine)的采访中,他指出:"医学中心一片萧条,资金短缺,寸步难行。你都不可能凭空让一座有着五十年历史的医院建筑达标,更别提开展什么招聘工作了。"

从左到右依次为马丁·利普顿(Martin Lipton)、约翰·塞克斯顿(John Sexton)、肯尼斯·G. 朗格尼(Kenneth G. Langone)和罗伯特·伯恩博士(Dr. Robert Berne),摄于 2012 年院长荣誉日

成本回收效率低下，账目管理对于一家如此规模的机构来说也不合格。纽约大学分管医疗的前执行副校长鲍勃·伯恩（Bob Berne），这位第一个向我介绍纽约大学朗格尼医学中心变革的人，告诉我："如果医疗服务的报销要按人头计算，那么医疗服务人员就必须对受保人的生命健康负责，我们就可以不再按疾病诊断相关分组和基于成本的程序支付费用了。董事会认为，我们还没有为这样的转变作好准备。"

董事会还意识到，纽约大学即将失去其主要收入来源之一，即药物类克（Remicade，英夫利昔单抗）的专利费，这笔收入一直在填补医学中心不断增加的亏损。类克之所以能成功上市是基于纽约大学医学院一位教授的研究，专利到期后，可观的专利使用费也将随之消失。纽约大学朗格尼医学中心高级副总裁兼分管教学、人事和教务的副院长史蒂夫·艾布拉姆森（Steven Abramson）在接受我们的采访时说："我们每年的预算赤字约为1.5亿美元。类克的专利使用费一直在填补这项亏空，而我们也知道这样的日子很快就要到头了。"

索尔·法伯（Saul Farber）曾于1966—2000年担任纽约大学医学系主任。他在1963—1966年和1982—1987年期间两次担任医学院代理院长，之后直到1997年一直担任医学院院长兼教务长。在此期间，医学院和医院都是纽约大学的行政单位，二者合称为纽约大学医学中心。法伯是一位杰出的医生，也是其他优秀医生的导师。在他的引领下，纽约大学以关爱文化和对患者的奉献精神而闻名。艾布拉姆森非常钦佩法伯，但他说："在索尔·法伯任职后期，资源锐减，转型十分困难，弄不到改革资金是常态。尽管他才华横溢，但现实情况是中心只能维持现状，各部门的领导力也停滞不前。"

纽约大学校长约翰·塞克斯顿在退休前夕接受我们的采访时回忆道："索尔·法伯是一位卓越的医生，也是一个了不起的人，但医学界正在发生剧变。新技术不断问世，医疗经济也发生了翻天覆地的变化。"他补充道:"2001年5月我被任命为校长,那时,我开始从战略角度审视这所大学。毫无疑问,医学中心已深陷泥沼。由于医学中心在大学中的运营占比相当大,它的问题有可能拖垮整个大学。"

马丁·利普顿是我的朋友,也是我以前的律师,当时,他作为纽约大学董事长的长期任期即将结束,他也认为"如果医学中心开始出现赤字,整个大学都会忧心忡忡"。大学董事会有充足的理由认为,医院的亏损可能会危及整个大学。纽约大学曾在20世纪70年代遭遇财务危机,学校被迫将布朗克斯校区(Bronx campus)出售给纽约市立大学(City University of New York),并基本上放弃了工程学院,将其与布鲁克林理工学院(Polytechnic Institute of Brooklyn)进行了合并。因为董事会存在这些顾虑,利普顿说:"在当时的大学董事长拉里·蒂施(Larry Tisch)和大学董事乔治·海曼(George Heyman)的牵头下,我们展开了一系列的讨论。我们考虑将医院独立出来,这样可以保护大学的其他部分。我们还开始琢磨是否应将其与另一家医院合并。"

比起执行领导层,纽约大学董事会更有远见,他们认识到变革的必要性,并作好了进行重大变革的准备。这与那些固步自封的资深员工形成了鲜明对比。

> 比起执行领导层,纽约大学董事会更有远见,他们认识到变革的必要性,并作好了进行重大变革的准备。

一次失败的合并

机构在遇到困难时往往会考虑合并。有些合并能重振濒临倒闭的公司，而大多数情况下则不然，有些合并最终会将原本的烂摊子搞得更加难以收拾。合并失败的一个常见原因是无法适应外部环境的变化，而这些变化才是导致危机的关键，医学中心所计划的合并就属于这种情况。

当时，纽约大学努力纠正其医学院和医院的问题，其最初的举措之一就是尝试与另一家机构合并。最终，纽约大学选择了纽约的西奈山医院（Mount Sinai），这是一家拥有自己医学院的医院。根据谈判达成的方案，两所医学院将合并为纽约大学医学院（NYU School of Medicine），两家医院将合并为西奈山医院（Mount Sinai Hospital）。鲍勃·伯恩对这一方案的解释是："西奈山医院负责管理医院，纽约大学负责管理医学院。"

纽约大学医学院的教师们反对医学院合并，于是起诉了纽约大学。虽然后来诉讼被驳回，但他们仍然不服。鲍勃·伯恩说："随着合并谈判的推进，索尔·法伯于1997年辞去了行政职务。"由于教师们的反对，合并方案作出了修改，医学院继续作为独立的机构运营，而双方都保留了纽约大学的学位授予权。但董事会仍然决定合并两家医院。伯恩说，董事会"本以为这样做可以避免引起教职员工不满，但他们后来才意识到自己错了"。

两家医院于1998年合并。纽约大学朗格尼医学中心高级副总裁、临床事务与战略副院长兼首席临床官安德鲁·布罗特曼（Andrew Brotman）在合并后便来到了纽约大学医院任职。在我们长时间的访谈中，他回忆道："在波士顿期间，我经历了五次医院合并。在纽约大学-西奈山医院合并后的第一次医院会议上，我仅在五分钟内就知道合并将以失败告终。"

威廉·康斯坦丁说："简直胡来。你越是深入了解，就越会意识到所有的东西都是用'透明胶'勉强维系在一起的。"

约翰·塞克斯顿回忆说："表面上，西奈山医院和纽约大学之间互为补充甚至相得益彰，但实际上却根本行不通。"

纽约大学很快就想结束与西奈山医院的合并。日后成为纽约大学董事长的威廉·伯克利（William Berkley）回忆说："马丁·利普顿在处理机构拆分（demerger）方面做得非常出色。只有像他这样有背景和有技能的人才能完成这项事务。"利普顿是美国顶尖的并购律师之一。1997年，合并谈判启动；1998年，谈判完成；2001年，董事会同意拆分。但由于双方都承担了大量债务，他们无法快刀斩乱麻。

解决医学中心危机的第一次尝试就这样失败了。合并更像是试图甩掉一个威胁整个大学的包袱，而不是试图解决导致中心衰落的根本问题。最终，董事会决定终止合并，纽约大学医院又重新归属于大学，原本面临的问题非但没有解决，还新增了5亿美元的债务。

转型的第一步

一次失败的合并可以促使董事会和管理层重新审视其业务和运营的基础。合并失败后，纽约大学的领导人开始认真思考如何生存、恢复元气并发展壮大。纽约大学朗格尼医学中心前高级副总裁兼副院长、医院运营总监罗伯特·普雷斯（Robert Press），在与我讨论转型过程时说："有时候，就像人遭遇挫折一样，与西奈山医院失败的合并所带来的问题让我们变得更加坚强。不是失败本身让我们变得更强大，而是我们开始认真思考如何生存和恢复元气。"

> 与西奈山医院失败的合并让我们变得更强大。并不是失败本身让我们变得更强大，而是我们开始认真思考如何生存和恢复元气。

约翰·塞克斯顿在决定解除合并后不久就与纽约大学董事会碰面,并告诉他们:"我向你们保证,到九月我们会提交一份方案,把所有情况都考虑在内。很有可能我们的方案是将医学院交给另一个有能力负担医学院的大学。"接着他话锋一转:"但我们不太可能走到那一步,因为我知道如果我们没有一个一流的医学院,那我们就成为不了一所一流的研究型大学。但我们必须扪心自问,我们是否能承担得起运营一个医学院的压力。"

鲍勃·伯恩说:"合并失败后的那段时间对纽约大学来说太难熬了。我们必须在情感、财务、组织和结构上进行重建。最初几年步履维艰,大家对未来忧心忡忡。虽然我们在教学和研究方面仍然非常出色,但合并一事给了我们重重一击,我们知道,前方将有大量的修复工作等着我们去做。"

纽约大学董事会深入研究了导致问题的根本原因。首先,他们认识到医院和医学院需要作为一个整体来运作,而不是两个经常针锋相对的组织。理查德·伍德罗说:"医院和医学院是两个截然不同的独立机构,它们坐拥诸多优秀人才,但却是一盘散沙。事实上,我甚至不愿意称其为一个机构,它更像是一群个体,为了让患者在贝尔维尤医院(Bellevue,曾是纽约大学的教学医院)以外有一个备选的去处,而东拼西凑成的一个散装医院。"

在寻找新机遇的过程中,董事会作出了几项战略性的决策。其中之一就是通过让一个人同时管理医院和医学院来整合中心的领导层。统一领导被视为是确保整个机构朝着共同目标努力的一种举措。

> 统一领导被视为是确保整个机构朝着共同目标努力的一种举措。

第1章 从逆境到希望

1998年夏天，罗伯特·M.格利克曼（Robert M. Glickman）被任命为院长，负责监督机构的重整事宜。格利克曼曾担任哈佛大学附属医院、波士顿贝斯以色列女执事医学中心（Beth Israel Deaconess Medical Center）的主任医师和医学系主任。2001年夏天，格利克曼、鲍勃·伯恩、杰克·卢（Jack Lew）、约翰·塞克斯顿和纽约大学的首席财务官提出了他们的想法。塞克斯顿说："最终，我们在2001年9月10日的理事会议上提出了这个方案，很快就获得了理事们的批准。这个方案包括两个部分，即'清算合并带来的遗留问题'和'确定如何建立明确的管理架构'。"

此后，他决定由鲍勃·伯恩负责大学与医学院之间的联络工作。随着拆分工作的展开，纽约大学开始考虑以怎样的组织架构来开展医疗活动。伯恩说："我们意识到，医院和医学院的整合是有优势的。我认为，任何重大举措——例如，在放射学、心脏病学或康复学领域创立新项目——都会牵涉到学校和医院。在许多学术医学中心，医院和医学院的负责人不断就项目、人员和资源进行艰难繁杂的谈判。我们决定将学校和医院作为一个综合的学术医学中心来管理，这对我们颇为有利。"

从危机中恢复往往需要从根本上调整业务单位之间的关系。将医学院和医院交由统一的领导就是这样一个决定，将大学的财务与医学院和医院的财务分离开来的决定也是如此。

鲍勃·伯恩强调说："了解医院和医学院组织结构的演变非常重要。"他解释说，在与西奈山医院合并之前，"医院完全是大学的一部分，就像英语系一样。我们有医学院、文理学院和医院。作为合并工作的一环，医院脱离了大学体系，而成为西奈山医院的一部分。当医院重新回归时，校董们对组织架构进行了整改，大学是医院的唯一参与机构，但医院拥有自己的董事会，由（纽约大学）董事会任命，并且只负责医学中心的事务。校董们认为这样的整改大有裨益。"

因此，医院组建了一个由大学任命的董事会。不过，大学董事会有义务审查医院董事会作出的一些决定，包括涉及额外债务或重大资产收购的决定。医院的预算和财务情况将由大学董事会审查，但并不需要大学董事会批准，而是由医院董事会批准。此外，医院董事会还将担任医学院的咨询委员会。也就是说，该董事会实际上会负责监督整个医学中心。

在组建新的医学中心董事会的过程中，有九位本身也是大学董事会成员的人被任命为医院的咨询委员会成员。伯恩说："实质上，我们设置的医学院咨询委员会与医学中心的董事会几乎完全相同。"

伯恩说，设置这种架构的一个初衷是，大学希望医学中心董事会"从学校和医院的共同利益出发，而不仅仅是关注医院的利益"。伯恩补充说，如今，"大学董事会在医学中心事务上投入了大量时间。在我的印象里，提交给大学董事会的提案，都是经过了医学中心董事会的全面审查和推荐的。大学任命医学中心董事会成员，通常由医学中心董事会推荐。共有八到九人同时在两个董事会任职。"

所有这些改革举措的最终效果是建立了一道"财务墙"，将大学与医学中心的财务划清界限。医学中心的财务亏损将不再对大学的生存构成威胁。反之，如果医学中心走出危机并扭亏为盈，大学在财务上也不会因此受益。我猜他们现在一定悔不当初。

与西奈山医院合并失败后，直接促成了医院和医学院管理的兼并，医学院院长和医院首席执行官将由同一人兼任。这可是一个非常有权力的职位，任职者需要有足够的能力对医学中心进行重大变革。担任这一职务的人可以带领所有临床和学术部门的负责人向共同目标迈进。这种合并领导架构的举措有一个很大的优势，那就是灵活性，也就是让一个复杂组织能对快速变化的环境及时恰当地作出反应。

在学术医学中心，医院首席执行官和院长的工作通常是分开的，部门主任往往也非常独立，都有各自部门的议程和计划。纽约大学的校董认为，如果由一个人同时担任这两个职务，就不会出现目标混乱的情况。这个人有权确定每个部门将如何为医学中心的三大使命——教学、研究和患者照护作出贡献。每个部门的主任都要对执行计划负责，以落实这三大使命。

鉴于新的管理结构取得了显著的成功，我强烈建议尽早将这两个职位合并。如果有的国家有新建医学院的计划，我建议采用统一管理的模式，而不是沿用院长和首席执行官分设的传统模式。

将学校和医院的管理进行整合，由一个人负责新机构的管理，是一个具有远见卓识的决定，它为整个机构最终的蓬勃发展奠定了基础。但万事开头难，这个计划执行之初还是经历了一些波折。

格利克曼于1998年受聘担任医学院院长，从2001年开始，他成为首个担任这一新设的联合职务的人。尽管校董们已经推行了改革，但格利克曼还是没能把握住这一新式管理结构调整带来的机遇。这场变革亟须一位更有远见的领导者，如果没有精力充沛且具有远见卓识的领导，仅靠优化组织架构和行政管理通常还不足以促成机构成功转型。好在就像我们将要看到的那样，这场变革为最终的成功创造了必要的条件。

> 如果没有精力充沛且具有远见卓识的领导，仅靠优化组织架构和行政管理通常还不足以促成机构成功转型。

在接下来的五年里，医院和医学院依旧半死不活，人们期待的复苏和复兴的景象并没有出现。在格利克曼任职期间，几乎没有能够用于发展或提升的资金，设施年久失修，员工士气低落，整个医院弥漫着阴郁的气息。

肯·朗格尼是家得宝（Home Depot）公司的前董事长，应其朋友兼律师马丁·利普顿的邀请，他同意加入大学和医学中心的董事会。很快，朗格尼就成了主要赞助方。2000年，他向纽约大学医学中心捐赠了1亿美元；2008年，他和妻子伊莱恩（Elaine）又捐赠了1亿美元。为了纪念他们的贡献，该机构更名为纽约大学朗格尼医学中心。

在朗格尼-格利克曼时期，医学中心确实取得了一些进步。格利克曼从斯米洛（Smilow）家族获得了2500万美元的捐款用于新大楼建设，虽然这对于中心的发展颇有帮助，但仍远远低于最初的1.5亿美元的目标。格利克曼聘请了一些部门主任，将全职医生的人数从80人增加到约350人。

在回忆昔日往事时，朗格尼向我讲述了很多精彩的故事："我和很多人聊过，他们清楚且强烈地表达了沮丧和失望的情绪。"格利克曼的领导风格并没有改善当时的困境。事实上，他更像是一个过渡时期的领导，而不是医院和医学院所需要的变革型领导，他非常抗拒批评和异己之见。2006年，格利克曼宣布他将在第二年卸任，这比他十年的合同期限提前了好几年。

寻找新的领导层

寻找新的领导层的工作启动了。在确定最佳人选之前，大学董事会需要决定是找一位兼管医学院和医院的领导，还是分别找两个人来管理医院和医学院。董事会在这两个选择上出现了分歧。伯恩说："许多校董认为，医学中心的医院部分应作为企业来经营，并由有商业经验的人来领导，而医学院则应由具有很强学术资历的人来领导。最初的想法是招聘一名学术能力强的领导者担任医学院院长，再找一名医疗运营能力强的人来管理医院。"

鲍勃·伯恩提出了决定性的论点。他解释说："如果我们把职责分开，恐怕就会丧失一个独特的优势，又会出现高层领导之间需要彼此协商沟通的局面,这不仅没必要而且会让决策变得复杂且缓慢。"在他看来:"在学术医学中心的重大决策中,很少只涉及纯粹的临床或纯粹的科研事务。重大决策需要医院员工和医学院教师之间的密切合作。如我所说,如果我们找两个不同的人,那找到的可能是两个只管自己那一摊事的人。但如果我们找一个人,就有可能会找到一个能胜任双重任务的人。"

董事会委托了一家猎头公司来寻找一位能担任院长兼首席执行官的人选。伯恩说:"董事会由七八名教职员工组成。"大学董事长马丁·利普顿和医学中心董事长肯·朗格尼两位校董也发挥了积极作用。朗格尼坚信,医学中心需要找到一位能同时担任首席执行官和院长的人选,正如伯恩所提议的那样。

在谈及这次求贤行动时,马丁·利普顿说:"我们的首要标准是找到我们所能找到的最优秀人选,同时希望这位人选能兼具医学素养和商业头脑。我们收到了许多简历,共邀请了 16 名候选者进行一个小时的面试。随后我们将范围缩小到 6 人,这些人都再次参加了长达一天半的面试。最后,我们认真考察了两三个人,格罗斯曼成为我们一致赞同的人选。"这一过程始于 2006 年夏天。伯恩说:"经过秋季的正式会面,在 2007 年 3 月,我们确定了格罗斯曼作为最终人选。"

罗伯特·I. 格罗斯曼

格罗斯曼接受任命时已经 59 岁了。他在纽约大学朗格尼医学中心工作了 6 年,担任放射学系主任,兼神经内科、神经外科、神经科学和生理学教授。格罗斯曼毕业于杜兰大学(Tulane University)和宾夕法尼亚大学(University of Pennsylvania),是一名出色的医生和科学家,擅长将基础科学转化为临床实践。

当格罗斯曼接受首席执行官兼院长职位遴选小组的面试时,朗格尼说:"我非常了解他,我认为他会是一位优秀的领导者,可以在医学、科学和管理方面都表现得非常出色。"朗格尼亲眼见证了格罗斯曼在担任放射科主任时的工作表现,他相信格罗斯曼可以在更广阔的舞台上展现领导才华。

在担任放射科主任期间,格罗斯曼就已经证明了自己是一位优秀的管理者,他重振了放射科,并将其变成了一个能盈利的部门。此外,格罗斯曼在为他的部门争取设备时还取得过一次颇为有趣的胜利。格罗斯曼解释说:"我刚接手的时候,放射科很不入流,设备也很糟糕。有人对我说:'我们就是西门子磁共振成像的一个展位。'我问:'那我们能得到什么好处?'他们回答说:'我们能得到一些脉冲序列。'我说:'这种交换似乎不太公平。让我们拭目以待,看看作为一个展位,我们对他们到底有多少价值吧。'"

格罗斯曼发布了一份招标书,招标一家供应商为放射科提供所有设备。这是一个"赢者通吃"(winner-take-all)的提案,让西门子和通用电气进行竞争。最终西门子以价值1亿美元的一揽子方案胜出。

格罗斯曼这一番"神操作"引起了朗格尼的注意。格罗斯曼显然对放射科有着深刻的认知,朗格尼表示他对这次交易以及格罗斯曼对放射科高效的管理印象深刻。"当我看到他将部门管理得这么好时,我真的很激动,我预感到这个人将有很大的潜力和发展空间。后来的事实也证明,格罗斯曼这种人堪称凤毛麟角。大多数科学家都是连续工作七天便筋疲力尽,不会再去考虑管理问题,但格罗斯曼不一样,他不仅科研能力强,管理水平也毫不逊色。"相比之下,朗格尼说:"他的管理技能和远见卓识令人喜出望外。"

约翰·塞克斯顿回忆说:"在选择格罗斯曼的过程中,我与肯进行了几次长时间的交谈。最后,我独立作出了聘用鲍勃的决策,但肯也热情地给予了支持。"

把领导转型的人选聚焦在内部人员身上是一项关键决定。朗格

第1章 从逆境到希望

尼希望由内部人员担此重任，在他看来，选择像格罗斯曼这样具有成功领导医院重要部门经历的内部人员有明显的优势。他认为一个智慧又成功的内部人员已经对组织有了详细的了解，比如机构的优势和劣势，包括哪些人擅长管理工作、哪些不擅长等。

纵使格罗斯曼有很多优点，选择他也不是一点风险都没有的。他不具备领导学术医学中心所应具备的大多数资历。此前他没有商业经验，从未接受过管理或行政方面的培训或指导，没有担任过任何外部董事会成员，也从未管理过比放射科更大的部门。

格罗斯曼承认，自己并不符合这些条条框框。他坦言："我不是按照常规方式被提拔至这一位置的，我从未读过商学院，不知道董事会是什么，也从未与董事会共事过。高塔姆·穆昆达（Gautam Mukunda）写过一本关于初出茅庐的领导者（unfiltered leaders）的书，名为《不可或缺：领袖的闪光时刻》（*Indispensable: When Leaders Really Matter*）。根据穆昆达的定义，我着实是一个初出茅庐的领导者。温斯顿·丘吉尔和富兰克林·罗斯福都是初出茅庐的领导者的典范。初出茅庐的领导者有可能比经验老道的领导者取得更大的成就，但风险要高得多。"格罗斯曼说："我对自己能够扭转局面充满信心，但这也许只是痴心妄想。毫无疑问，我坚信自己可以扭转局面，这可能是因为我从未读过商学院，也从未接受过商业课程教育。"他还补充说，"但我确实很清楚问题到底出在哪里。"

理查德·伍德罗认为，鲍勃·格罗斯曼的上任将会"是这个机构所需要的震撼事件"。事实证明，格罗斯曼是领导纽约大学朗格尼医学中心的最佳人选，他成了中心强有力的领导者。他在任职期间取得的辉煌成就证明了他的能力，他也因此被誉为"具有见微知著能力的领导者"。

我相信，格罗斯曼在工作中展现出的技能和经验，可以成为任何组织在寻找新领导者时的参考范本。学术医学中心尤其应该寻找学术成就突出、资历优秀的临床医生，候选人的领导水平和人员管理技能同样至关重要。格罗斯曼的成功也充分体现了统一领导架构的优势，因其可以确保所采取的行动都符合整体利益。

> 格罗斯曼在工作中展现出的技能和经验，可以成为任何组织在寻找新领导者时的参考范本。学术医学中心尤其应该寻找学术成就突出、资历优秀的临床医生，候选人的领导水平和人员管理技能同样至关重要。

在接下来的章节中，我们将回顾那些促成纽约大学朗格尼医学中心成功转型的战略和领导决策，然后我们将探讨为扭转这一局面所采取的具体措施。我们将看到由格罗斯曼发起并得到董事会支持的管理策略，正是这些策略最终让医学中心从平庸走向了世界一流水平。

第 2 章

愿 景

机构转型离不开愿景和规划蓝图。愿景是一个能鼓舞人心的未来展望,让每个人都清楚自己努力的方向;而规划蓝图提供了从黯淡现在通往光明未来的具体路径,它概述了前进道路上的具体任务、里程碑和路标。规划蓝图还可以让每个人都了解自己在实现未来理想的过程中扮演着怎样的具体角色。

这样的愿景和规划蓝图在鲍勃·格罗斯曼接管纽约大学医学院和医院时还没有形成。整个机构仿佛陷入分裂和瘫痪的状态,既没有清晰的目标,也找不到明确的改变现状的出路。

格罗斯曼认为实际情况甚至更糟。医学中心在许多方面已经成为一个各自为政、功能失调、士气低落的涣散团体。医院经常与医学院争夺稀缺资源,大学曾试图摆脱医院却未能成功,这让医学院的许多人感到沮丧。为了说明这种情况,格罗斯曼经常讲起他刚到纽约大学时的一段窘迫经历。他刚到那的时候,办公室里的一根水管爆裂了,墙面被严重损毁,石膏也脱落下来。当时他正在为放射科招募员工,办公室的这种状况给人留下了不好的印象。然而他发现,想要将该修缮的地方修好几乎是不可能的。他对我说:"最后,管道爆裂一个月后,院长过来看了看说:'确实,情况看起来很糟糕。'然后医学院和医院不得不协商这面墙归谁管,这根修一下要耗费 5 000 美元的水管归谁管。医学院和医院经常相互推诿,谁都不想出钱。结果,改革事宜就此搁置,一点进展都没有。"

制定愿景宣言

即便如此,格罗斯曼还是看到了一个巨大的契机。他知道纽约大学朗格尼医学中心可以走向卓越。他怀有一个愿景:一支才华横溢且敬业奉献的团队,结合现代医疗技术的全部力量,能够将纽约大学朗格尼医学中心转变为一个在患者照护、教学和研究方面达到世界一流水平的机构。接着,他着手制定了一份鼓舞人心的愿景宣言。

纽约大学朗格尼医学中心将成为"世界一流的、以患者为中心的综合学术医学中心"。

格罗斯曼对纽约大学朗格尼医学中心的愿景并非无稽之谈。此前六年,他一直担任放射科主任。他对放射科进行了现代化改造,并将其效率和盈利能力提升到了新的高度。作为科室主任,他目睹并参与了医学中心的经营,对需要采取的行动都有很清晰的思路,也知道许多问题的根源在哪里。制定一份能展现他观点的愿景宣言则需要纽约大学医学中心全体成员的共同参与。

为了获得医学中心对这一愿景的认同,格罗斯曼聘请了一家咨询公司,与整个医学中心的高层领导开展广泛合作,其中包括医生、科学家、护士和高级行政人员。他们对每个小组进行了深入访谈并举办了研讨会,征求了 100 多名员工的意见和反馈,格罗斯曼与领导层团队也认真听取了反馈意见。在接下来的几个月里,格罗斯曼和领导层团队与纽约大学朗格尼医学中心的全体成员进行了大大小小的会谈,确保大家理解并拥护愿景中提到的未来变革。格罗斯曼告诉我,就像他对纽约大学朗格尼医学中心的全体员工说的那样,"愿景宣言中的每个词都有其意义"。现在,让我们来看看每个词的含义。

第2章 愿景

格罗斯曼和领导层团队与整个纽约大学朗格尼医学中心的全体成员进行了大大小小的会谈,确保大家理解并拥护愿景中提到的未来变革。

世界一流

世界一流意味着在所做的每一件事上都要跻身世界前列。医学中心必须在未来的希望与当前的现实之间找到恰当的平衡。立志在全纽约市成为佼佼者意义重大,也极具挑战性。而要在各个方面都达到世界一流,则是要做到超越。这一愿景中提到要将纽约大学朗格尼医学中心打造为在患者照护、研究和教学方面的全球最佳机构之一。

在担任首席执行官之前,格罗斯曼早在准备放射科新设备竞标时就开始构思医学中心的愿景了。他惊讶地发现,当时根本没有这样的愿景,于是他便开始制订自己的愿景宣言,高级领导层也聚在一起共同参与执笔。当时与格罗斯曼一起从事组织发展工作的理查德·伍德罗告诉我:"我记得我们的讨论中提到了'良好'这个词。鲍勃立即说:'不,不是良好,是卓越。我们需要成为纽约乃至世界上最一流的。'这是我第一次听到这个概念。在此之前,他与高层领导的对话往往是在收入减少的境况下进行适度的战略管理调整——例如如何削减或控制成本。"

格罗斯曼承认:"打造世界一流的医学中心是一个相当大胆的想法,但它打动了这些人,让他们相信我们可以做得更出色。"纽约大学朗格尼医学中心的领导层和员工就"世界一流"的概念顺利地达成共识。大多数人都非常积极地支持这一愿望。他说:"纽约大学朗格尼医学中心的医生和科学家们已经不甘于医学中心屈居于纽约市和全美其他学术医学院和医院之下的境况。虽然不是所有人都认同,但是成为'世界一流'的想法引起了这里大多数人的共鸣。"

以患者为中心

"以患者为中心"这几个字对于纽约大学朗格尼医学中心的愿景和运作至关重要。在格罗斯曼看来,纽约大学朗格尼医学中心所做的一切都必须以患者的利益为出发点。对格罗斯曼来说,以患者为中心不仅包括提供医疗照护,而且要远远超出诊疗疾病范畴。"以患者为中心"还意味着要培养出新一代出色的医生,让他们能够为患者提供最优质且体贴入微的医疗照护。"以患者为中心"也意味着开展前沿研究,以便未来的患者能够得到科学和医学所能提供的最佳医疗照护。纽约大学朗格尼医学中心高级副校长、副院长兼首席信息官纳德尔·梅拉比(Nader Mherabi)认为:"这意味着,我们在这里为患者探寻新的治疗方法、教育模式并培训优秀的医生。我们所做的一切都是为了患者。我们不是为了研究而研究,而是希望找到攻克疾病的疗法。这就是鲍勃的愿景,把所有环节都连接起来,为患者带来更好的结局。"

以患者为中心意味着纽约大学朗格尼医学中心的每一位员工,包括在门口迎接患者、引导患者穿过大楼、维护设备或清洁设施的员工,都将以最贴心的关怀和尊重对待每一位患者。这意味着医生和患者能够即时、详细、透明地获得每位患者的健康状况信息,无须填写无数的报告和进行重复的文书工作。这还意味医学中心的每个人,不管在什么岗位,都要明白自己在为患者提供最优质的医疗照护中扮演着至关重要的角色。肯·朗格尼坚信,以患者为中心还意味着纽约大学朗格尼医学中心的每一位员工都应该受到同等程度的尊重。肯·朗格尼在建立家得宝公司时所采用的尊重客户和员工的原则,与他现在满怀激情努力建设的全新的纽约大学朗格尼医学中心的以患者为中心的理念密不可分。

第2章 愿景

"以患者为中心"这几个字最早是在高级领导层讨论愿景宣言时提出来的。据理查德·伍德罗所说，在格罗斯曼为高层员工组织的一次答谢会上，讨论了愿景宣言的制订，决定将"以患者为中心"写入愿景宣言。理查德·伍德罗称："一开始，许多医生觉得'以患者为中心'是对他们的一种侮辱。他们认为，医生不需要官僚机构强加的标准。同时他们认定，医生有自己的职业标准，不希望别人来告诉他们如何与患者相处。'以患者为中心'这个词在当时确实遭到了反对。"

我在为撰写本书而进行的数十次访谈中发现，现在整个医学中心，包括医生在内，都普遍支持"以患者为中心"的理念，并且认为患者满意度是衡量服务质量的关键指标。

在患者眼中，许多医疗机构在经营时似乎只考虑为医生和员工提供方便，而患者只是研究项目的试验品。格罗斯曼则对医疗机构的使命有着不同的看法。在他看来，卓越的患者照护是医疗机构存在的唯一理由。随着医学中心的振兴，患者将成为医学中心一切工作的核心。他也常常把"一切以患者为中心"挂在嘴边。

首席护理官兼合作创新副院长金伯利·格拉斯曼（Kimberly Glassman）在回忆格罗斯曼的愿景的完整含义及其对员工的意义时说："当时'以患者为中心'的理念备受争议。"格罗斯曼非常明确、慎重地传达了这样一个观点："纽约大学朗格尼医学中心的一切工作都是为了服务我们照护的患者，以及服务我们通过研究可以接触到的其他人。纽约大学朗格尼医学中心可能取得的医学和科学进步将造福世界各地的人们。"

综合学术医学中心

"综合学术医学中心"一词反映了理事会和格罗斯曼为纽约大学朗格尼医学中心的未来规划的新架构。格罗斯曼明白，纽约大学朗格尼医学中心必须进行巨大的变革才能实现完全整合。他下定决心将医学中心的所有业务，包括患者照护、研究和教学服务等都整合到一个统一的管理和财务架构中，而且所有业务都需要向一个管理团队汇报。建立一个涵盖所有患者和医疗业务、所有研究、所有教学和所有行政职能在内的统一、综合且透明的信息系统将会成为综合学术医学中心理念的核心所在。

格罗斯曼认为，纽约大学朗格尼医学中心既不是单纯的医学院和医院，也不是一所拥有医学院的医院。所有行动都是整体框架中不可分割的一部分。在一个真正以患者为中心的医疗机构中，组织内的所有部门最终都必须齐心协力来保障患者的利益。这就意味着医学院和医学中心不能分开，它们必须作为一个统一的组织运作，拥有统一的行政管理和统一的医疗路径。所有人都要为患者的福祉贡献一份力量。

> 一个真正以患者为中心的医疗机构中，组织内的所有部门最终都必须齐心协力保障患者的利益。

伍德罗在回忆格罗斯曼制订愿景的过程时说："他开始尝试与正在组建的新领导团队一起分享医学中心的愿景。那些曾经与他共事过的人能够立刻领悟这一愿景的内涵，而那些医学中心的老员工就一知半解，所以他得想办法去说服这些老员工。"伍德罗补充说："鲍勃擅长一对一交流，也很擅长与小团体打交道。"随着时间的推移，他也学会了如何有效地与大团体沟通对话。如今，纽约大学朗格尼医学中心从上到下的每个人，都能够理解、认同这个共同的愿景，并引以为傲。

规划蓝图（the road map）

担任纽约大学朗格尼医学中心首席执行官兼院长一年半后，鲍

第 2 章 愿景

勃·格罗斯曼坐下来,在一页手写纸上起草了一份规划蓝图——将创建世界一流、以患者为中心的综合学术医学中心的愿景变为现实。这一页纸的内容既总结了他上任后最初 18 个月所发生的点点滴滴,又形成了一份精确的指南,概括了医学中心从过去的困境走向实现未来愿景所需的一切行动。这份规划蓝图必然是复杂曲折的,这个多元化机构的所有部分将会被整合为一个清晰的整体。这份蓝图概括了格罗斯曼的个人愿景和拟订的行动纲领,分享这一规划蓝图能够引领其他人沿着相同的路线齐头并进。

> 鲍勃·格罗斯曼坐下来,在一页手写纸上起草了一份规划蓝图——将创建世界一流、以患者为中心的综合学术医学中心的愿景变为现实。

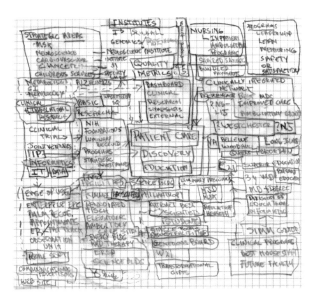

格罗斯曼起草的创建世界一流、以患者为中心的综合学术医学中心的规划蓝图

世界级医疗系统：纽约大学朗格尼医学中心的成功蜕变

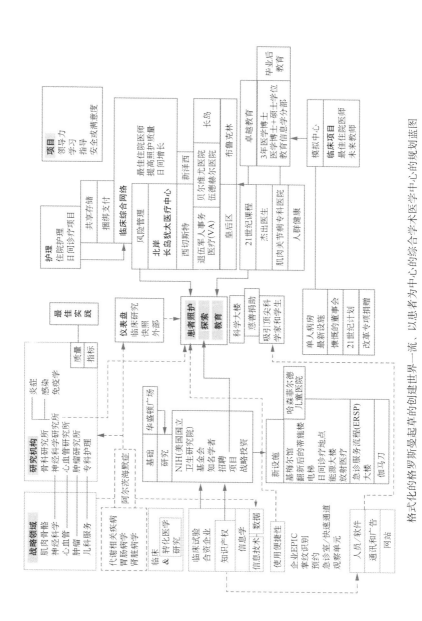

格式化的格罗斯曼起草的创建世界一流、以患者为中心的综合学术医学中心的规划蓝图

详解规划蓝图

核心使命

在规划蓝图中央,格罗斯曼列出了纽约大学朗格尼医学中心三个相互关联的使命:患者照护、探索和教育。这三项使命都支持以患者为中心的医疗服务。在这三个领域都达到世界一流水平是这场转型的基石。格罗斯曼规划蓝图中总结的其他每一项工作都与核心使命密不可分。

最佳实践

在规划蓝图的顶部中央,有"最佳实践"几个字。这些字眼提醒我们,纽约大学朗格尼医学中心希望在所有工作领域都能达到世界一流水平。他们将要在患者照护、研究和教学方面学习或创造最佳实践案例。

战略领域

格罗斯曼意识到,专注是成功的关键。考虑到现有资源,格罗斯曼知道,至少在初期医学中心不可能在所有医学领域都做到出类拔萃。所以他决定将重点放在社区需求最大的五个战略领域,以及医学中心已经颇具实力的领域。蓝图右上方展示的这些领域分别是肌肉骨骼、神经科学、心血管、肿瘤和儿科相关的医疗服务。格罗斯曼还概述了未来需要重点关注的学科,包括代谢相关疾病、阿尔茨海默症、肠胃病学和肾脏病学。

研究机构

与这五个临床医学学科密切相关的是研究机构。这些研究机构吸引了来自学术部门的教职员工。每个研究所的研究都以专注于完成其使命为中心。例如，神经科学研究所的研究既推动了包括脑科学在内的神经系统基础知识的发展，又支持了针对大脑和周围神经疾病新疗法的研究。有些研究所在格罗斯曼任职之前就已存在，有些则是后来才成立的。这两个方框之间的连线显示了研究机构与患者诊疗相关部门之间的联系。此处还设想了一个未来的研究所，重点研究方向归纳为"I^3"，即：炎症（inflammation）、感染（infection）和免疫学（immunology）。

质量

"质量"一词被置于顶部的方框中，体现了格罗斯曼为确保患者照护、研究和教学的各个方面都达到最高质量的不懈追求。正是这种追求，使得纽约大学朗格尼医学中心的医院连年获得全美最高质量与安全标准的认可。

指标

"指标"这个词同样被单独放在页面顶部的方框中。它体现了格罗斯曼的决心，即纽约大学朗格尼医学中心的所有工作表现都应实时测量，以评估绩效并确保责任落实。格罗斯曼设想建立一个全面、实时、透明、集成且统一的数据库。这些数据将在纵向和横向上都保持透明，并且是实时且可操作的。数据将汇总在仪表盘（dashboard）中，易于使用，并能满足用户的个体化需求。

衡量指标意味着对每个目标的进展情况进行量化考核。这是格罗斯曼执行计划的核心要点。衡量指标为所有事务提供了客观的评价标准。主观考核指标不会影响对绩效的评估。在格罗斯曼的管理理念中，工作人员必须遵守约定的标准。衡量指标可以清楚地展示他们是否达到了标准。

质量指标的一个关键要素是仪表盘。仪表盘以清晰易懂的图形形式可视化展示实际绩效与预期目标的对比。它可以直观地显示大量关于医院和医学院所有日常事务的衡量指标。格罗斯曼设想的仪表盘可以实时显示纽约大学朗格尼医学中心正在发生的一切。仪表盘将提供所有活动的纵向和横向视图。所有医生、科学家和行政人员都可以查看自己负责的所有事务。医学中心的全体员工也可以查看自己的工作表现,并将自己的工作表现与从事类似工作的其他人进行对比。医院和医学院的每个人都可以将自己的业绩与同行的业绩进行比较。管理人员可以清楚地了解自己和团队的业绩。

> 仪表盘以清晰易懂的图形形式可视化展示实际绩效与预期目标的对比。它可以清晰地显示大量关于医院和医学院所有日常事务的衡量指标。

改善患者体验

规划蓝图的左下方总结了格罗斯曼认为可以改善患者个人体验的措施。排在最前面的是使用便捷性和信息化(IT)。紧随其后的是企业 Epic 系统。

这一部分触及了以患者为中心的医疗核心。Epic 是一个医疗信息管理系统。企业 Epic 系统包括电子健康记录,可将每位患者的全部电子病历统一存储。记录中的信息将能够被即时地分享给与患者有互动的所有医生和辅助人员。

企业 Epic 系统可以识别和准确地记录他们为患者提供的所有医疗服务,并确保从支付方获得足够的成本回收。正如我们将看到的那样,格罗斯曼很早就决定摒弃现有的电子病历系统,并用企业 Epic 系统替换,这一大胆的决定在实现医学中心从平庸到世界一流的转变中发挥了至关重要的作用。

格罗斯曼还计划实施其他的改革措施以改善患者的就医体验。其中包括安装掌纹识别系统以减少重复性文书工作。每次预约时，患者只需将手掌放在读取设备上即可进行登记。纽约大学朗格尼医学中心部署了 MyChart 系统，这是一个用户友好型在线系统，患者可以通过该系统查看自己的医疗记录。MyChart 系统可以跟踪预约信息、汇总检查结果、传达医生建议，并实现患者与照护人员在线交流。

项目

项目的执行需要既精通本专业技能又致力于改革的人才。格罗斯曼意识到有必要提高所有项目参与者的技能。他计划制订一些项目来培养他的团队获得领导技能和专业管理技能。学习（learn）和指导（mentor）这两个词概括了他的想法。他计划制订项目来改善涉及患者照护相关的所有流程和程序的医疗安全，并专注于提高患者满意度。

护理

在页面的最上方，有一个专门介绍护理工作的方框。为了实现卓越的医疗服务，格罗斯曼的规划蓝图强调了护理的重要性。格罗斯曼认为，护理人员是与患者沟通的独立力量，护士们不应该被视为医生的下属。他设想将护理人员按楼层而不是按科室进行组织管理。这种模式将在医疗结构中赋予护士强有力的话语权，这也是变革中的一项重大决策。

纽约大学朗格尼医学中心被公认是一个对护士友好的单位。格罗斯曼关于护理组织的思想渗透到了日间诊疗的相关理念中。从一开始，他的想法就是将患者从医院转移到门诊治疗，而在这个过程中护士则至关重要。正如上文所述，这种想法最终铸就了他的一项伟大成就。护理与包含"临床综合网络"字样的方框相连，反映了格罗斯曼对护理工作与患者照护各方面结合的重视——无论是在医院内还是在医院外。

> 护士们不应该被视为医生的下级。他设想将护理人员按楼层而不是按科室进行组织管理。这种模式将在医疗结构中赋予护士强有力的发言权。

临床综合网络

标有"临床综合网络"（Clinically integrated network）的方框了代表格罗斯曼过去十年中推动转型的重要远见之一。格罗斯曼是最早认识到新技术正在改变医疗服务方式的人之一。在过去的一百年里，美国和其他国家的医疗体系一直以住院部为基础。几乎所有的手术和重大医疗行为都是在每周七天、每天二十四小时开放的病房里进行的。手术后，患者会在医院里待上几天甚至几周。

格罗斯曼了解到，新的手术术式加上成像技术和内窥镜手术的进步，使得大多数在医院进行的手术可以在日间诊疗中心进行。患者可以在早晨前来就诊，晚上便可回家。格罗斯曼决心将基于住院的诊疗转变为日间诊疗模式。他认为，日间诊疗不仅能降本增效，而且能便捷患者。患者无须住院显著降低了院内感染风险。日间诊疗中心可以设在患者居住的社区。在规划蓝图中，"日间增长"（ambulatory growth）这个词概括了这一概念。

建立一个综合的照护网络还需要在人员配置上作出巨大的改变。所有在这个网络中的医生必须是纽约大学朗格尼医学中心的全职员工，而不是自己执业的咨询医生。这种转变会影响到谁将成为员工以及新医生在哪里执业，当然不会一蹴而就。这一理念还意味着，需要在曼哈顿和布鲁克林的巨大医疗网络中投入，这些区域是当时患者的主要来源地点。日间诊疗网络也可能会延伸到威彻斯特郡和长岛,这也是许多纽约工作者通勤的两个区域。"最佳住院医师"一词很好地概括了计划中的人事变动。

随着日间诊疗中心网络规模的扩大,就可能需要建立自己的社区医院作为常规照护的枢纽以满足需要住院患者的需求。对于这些社区的患者来说,有社区医院会更加方便,因为这些医院距离住所更近,但是非常复杂的病例仍然会被转诊到曼哈顿的医院。

建立综合照护网络并不意味着病房会消失,医院仍将继续作为复杂患者的治疗中心、医科学生的教学中心以及研究生的医学培训中心而存在。然而,建立这样一个网络确实意味着大多数患者将在门诊接受治疗。格罗斯曼意识到,医疗网络的概念意味着医院本身将受到限制而无法适应新的患者照护模式。在纽约大学朗格尼医学中心,绝大多数病房都将改为单人病房。"VA"代表退伍军人事务医疗,"贝尔维尤"代表纽约大学朗格尼医学中心的教学医院。伍德赫尔、长岛、皇后区和布鲁克林将可能成为新的日间诊疗网络和当地枢纽医院的备选地区。

正如之前提到的,建立一个适用于所有病房和日间诊疗中心的全面信息系统对于构建该网络至关重要。在所有机构之间,数据将全部变得公开透明。

不仅对于纽约大学朗格尼医学中心而言,也是对美国各地和各个国家的医疗系统而言,格罗斯曼对纽约大学朗格尼医学中心的未来设想都是一个变革性的愿景。

不仅对于纽约大学朗格尼医学中心而言,也是对美国各地和各个国家的医疗系统而言,格罗斯曼对纽约大学朗格尼医学中心的未来设想都是一个变革性的愿景。格罗斯曼是最早意识到并实施医疗

领域基础性变革的人之一。这种变革对患者更友好,能提供更高质量的医疗服务,比以前的医疗服务更安全,而且实现了降本增效。我建议,纽约大学朗格尼医学中心的愿景和规划蓝图应当被推广至全美乃至全球。

探索

规划蓝图的左中下部概括了未来的科学探索和研究计划。探索和研究分为两大类:临床研究和基础研究。

临床研究以患者为根本。在临床试验中,新的疗法和程序要在严格规范和确定的条件下在患者身上进行测试。通过临床试验得到有利结果,是采用既安全又有效的新药物和疗法的前提。格罗斯曼预见到,纽约大学朗格尼医学中心将与其他机构以合资企业的形式开展合作,在临床试验中发挥更关键的作用。格罗斯曼希望将纽约大学朗格尼医学中心打造成为美国国立卫生研究院(NIH)以及整个行业开展临床试验的首选之地。这不仅仅是一个收入来源,他还希望纽约大学朗格尼医学中心能参与新药的开发和临床试验,这将使医学中心始终站在技术发展的最前沿,创造知识产权,同时也可以孵化新公司。纽约大学朗格尼医学中心可能在这些发展阶段中获得经济利益。对发明进行专利保护以获取知识产权也是中心发展创收的一个重要方面。他将建立一个强大的技术转移办公室,并在纽约大学朗格尼医学中心研究基础上对处于早期发展阶段的公司进行战略投资。他知道,最近基于一位纽约大学医学中心科学家的研究成果转化研发的药物类克,为纽约大学带来了近10亿美元的特许权使用费创收。

格罗斯曼知道,要想成为基础研究领域的世界领导者,他需要吸引他所说的"名人新秀",即那些声名显赫并具有吸引其他卓越科学家的魅力的科学家。

基础研究旨在拓展未知领域的边界。聚焦于了解我们机体的深层基本功能以及疾病的根源。基础研究的进展大多由才华横溢、富有创新精神的科学家推动。格罗斯曼深知，要成为基础研究领域的世界领导者，需要吸引他所说的"知名学者"，即那些拥有卓越声誉并能吸引其他优秀科学家的魅力型科学家。这些知名学者还能吸引来自美国国立卫生研究院以及支持疾病特异性研究和杰出科学家职业发展的基金会的资金。格罗斯曼还鼓励科学家和临床医生共同提交被称为"项目计划资助"的联合申请。这类资助通常比个人资助规模更大，并促进从实验室到临床的成果转化。

新设施

规划蓝图还概述了对现有设施进行大规模翻新和建造新大楼的计划以容纳大幅扩展的研究项目。现有的蒂施医院（Tisch Hospital）将全部翻新。基梅尔馆（Kimmel Pavilion）将兼并所有私人住院病床和整个哈森菲尔德儿童医院（Hassenfeld Childresn's Hospital）。

纽约大学朗格尼医学中心将启动一项雄心勃勃的计划，在曼哈顿、布鲁克林和长岛购置和建造新的日间诊疗场所，并配套现代化的能源工厂、能源大楼和放射治疗设施。更换陈旧的电梯看似微不足道，但在早期实际上是一项非常重要的、可以鼓舞士气并提高效率的变革举措。

教育

教育是学术医学中心的一项核心使命。格罗斯曼在蓝图的右下角专门阐述了他对纽约大学朗格尼医学中心未来医学教育的思考。顶部的"卓越教育"和"吸引顶尖科学家和学生"概括了成为医学教育领域引领者所需采取的措施。当时，纽约大学医学院在全美排名第34位。在格罗斯曼的领导下，这一情况发生了改变。到2017

年，医学院在全美排名第三，仅次于哈佛大学医学院和约翰霍普金斯大学医学院。

格罗斯曼还建议对课程进行重大改革，即"21世纪课程"。格罗斯曼和他的团队计划对医学教育体系进行改革，将课堂知识与临床经验相结合，促使学生为将来的医学职业规划作好准备。正如我们将在接下来的章节中看到的那样，这不是纸上谈兵。

规划蓝图提出了医学教育的改革思路，包括将医学教育学制从传统的四年缩短为三年。这将是美国一流医学院的首创。缩短为18个月的临床前课程，为将医学学位与一年的硕士学位课程（包括工商管理硕士或公共卫生硕士）结合创造了机会。硕士课程将依托实力雄厚的纽约大学研究生院。此外，联合了纽约大学20个专业的住院实习与医学学位的三年制培养方案，也是全美首创。

> 规划蓝图提出了医学教育的改革思路，包括将医学教育从传统的四年缩短为三年。这将是美国一流医学院的首创。

规划蓝图包含了教育信息学分部（Division of Education Informatics）和模拟中心（Simulation Center）等关键词。格罗斯曼认为，通过系统性整合信息技术的新教育方法，可以改进和优化医学教育。由此，纽约大学朗格尼医学中心将成为医学教育技术方面的世界级领跑者。

融资

落实规划蓝图中描述的计划需要大量投资。规划蓝图下方的中心位置总结了格罗斯曼对融资变革的思考。在此列表的顶部是"慈善捐助"一词。中间是"慷慨的董事会"（Generous Board），底部是"改革专项捐赠"(Transformational Gifts),但格罗斯曼知道这些资金不足以为他心中所想的所有行动买单。他与肯·朗格尼和董事会其他成员一起,积极开展筹款活动,使得纽约大学朗格尼医学中心平均每年获得超过 2.4 亿美元的慈善捐款。这些捐赠加上医院收入的稳健资金流,为医学中心未来的转型提供了源源不断的动力。

成功

与愿景宣言和规划蓝图一样,在制定转型计划时,格罗斯曼高瞻远瞩,提纲挈领且事无巨细,令人印象深刻。而比起制订愿景和规划蓝图,更振奋人心的是,2009 年起草的计划中的一切愿景到 2017 年都已成为现实,而这要归功于格罗斯曼及其团队出色的执行能力。能够深谙各个组成部分的复杂性,并在一张纸上总结出它们之间的关联,这是一位伟大领导者所需的特质,也是许多其他企业的首席执行官可以借鉴的重要经验。

> 比起制订愿景和规划蓝图,更振奋人心的是,2009 年起草的计划中的一切愿景到 2017 年都已成为现实。

在接下来的章节中,我将详细介绍转型愿景和规划蓝图的每个元素。我希望我的讲述能足够清晰,为美国乃至全世界的其他人提供指导,帮助他们开创自己的道路,为所有人创造一个更加成功的未来。

第3章

领导力、文化、沟通、衡量标准

强大的领导力和执行力能将愿景变为现实。纽约大学朗格尼医学中心有幸拥有三级强大而高效的领导团队：格罗斯曼及其组建的高级行政团队；肯·朗格尼、马丁·利普顿和纽约大学朗格尼医学中心董事会；以及代表纽约大学中央行政部门的鲍勃·伯恩。在纽约大学朗格尼医学中心的转型过程中，这些领导力发挥了关键作用。

格罗斯曼掌舵

当格罗斯曼就任首席执行官兼院长一职时，他就清楚地知道，仅仅对组织结构进行微调无法保证纽约大学的医院和医学院能够作为一个整体高效运转。为了打造一个真正一体化的机构，他需要吸引新的伙伴与他一起执掌舵盘。

大力整顿管理层

在谈及他刚上任那段时间的情况时，格罗斯曼向我透露，他知道如果想要创建一种全新的文化和一家无缝融合的医学中心,那么医院和医学院的大部分行政领导团队都必须离开。他说:"基于这个信念,我在上任第一天就辞退了五个人。"被他解雇的员工包括医院院长和高级副院长、医学院高级副院长、人力资源高级副总监以及首席医学官。财务总监因为即将退休才得以幸免。

"改变绝非易事。在当前这种情形下,人们一贯的生活方式被骤然打破。"纽约大学朗格尼医学中心的管理人员乔伊丝·朗(Joyce Long)说道,她曾在包括格罗斯曼在内的四位院长的领导下工作过。她接着说道:"这真是一次极具创伤性的经历。很多员工的内心都受到了极大的冲击,因为他们多年来所习惯的安逸文化似乎正在土崩瓦解。不过,虽然领导层的解雇来得猝不及防,但在他们的管理下,这个组织确实已经变得陈腐自满。为了组织的生存和发展,变革势在必行。"的确,在朗看来,"有时候,祸兮福之所伏。我敢说,这件事就是如此!"

其实,格罗斯曼并没有合适的人选来立刻接替那些在第一天就被他从大楼里请出去的人员。史蒂夫·加莱塔(Steven Galetta)是纽约大学朗格尼医学中心神经科和眼科教授,同时也是神经内科主任。他说道:"我给你讲讲我 2007/2008 年左右第一次来这里时的故事吧。当时,我要去 15 楼格罗斯曼的办公室。他的办公室在那个楼层的最里面,需要穿过一条长长的走廊。当我穿过走廊时,我看见整个楼层里每间办公室都是空的,宛如一座鬼城。我当时心里就在琢磨'接下来会怎么样呢?',然后我就看到了他独坐在最里面的办公室里。"虽然那时正在进行一场重大变革,但"他依旧像往常一样欢乐,那是一种近乎病态的乐观、快乐的模样。"

格罗斯曼解雇人员的规模之大着实令人震惊。著名管理顾问、纽约大学朗格尼医学中心董事钱德里卡·坦登(Chandrika Tandon)表示:"我合作过的首席执行官不下 40 位,然而鲍勃或许是唯一一位让我觉得操之过急的人,我对他说,'鲍勃,这进展得实在太快了。你究竟是怎么想的呀?你不能一下子对这么多事情进行变革'。"

> 格罗斯曼辞退的那些人其实早在两三年前,甚至四年前就应该被解雇了。无论他们有没有能力,他们在其位却没有谋其政。

这并不是又一个新任首席执行官辞退原有管理人员安插自己新团队的案例,他只是辞退了那些他认为没有把工作做好的人,这一观点也得到了许多董事会成员的认同。

纽约大学朗格尼医学中心董事会成员威廉·康斯坦丁在回忆这些早期艰难的时光时说道:"格罗斯曼辞退的那些人其实早在两三年前,甚至四年前就应该被解雇了。"康斯坦丁认为:"无论他们有没有能力,他们在其位却没有谋其政。"从药房的运营到手术室的健康和安全,再到财务部门的专业技能,各个方面都存在问题。康斯坦丁表示:"医院运营的每一个环节都举步维艰。我们甚至没有一个能够梳理思路并解决各种问题的行政部门。"

纽约大学朗格尼医学中心的另一位校董托马斯·墨菲(Thomas Murphy)言简意赅地表示:"他清除了所有无用之人。"直到格罗斯曼上任后,这些改变才得以实现。

格罗斯曼曾与肯·朗格尼探讨过他调整高层管理人员的计划。朗格尼说,当时他对格罗斯曼说:"无论你要做什么,都要尽快。宣布你已经作出了必要的改变,从现在起我们将向前看。没有人想等另一只靴子落地。"

虽然格罗斯曼行动迅速,但康斯坦丁说:"我认为这正是我们所需要的。"他补充说:"我认为,如果我们从外面请来一位首席执行官,他们可能需要花一年的时间来搞清楚格罗斯曼工作一上午就能弄清楚的事情。"

旧管理机构被解散后，格罗斯曼开始建立新的组织结构，旨在整合医院和医学院的工作人员。与此同时，他开始物色新的人选。布罗特曼说，格罗斯曼告诉他的第一件事就是："我不会设立医院院长这个职务。你将负责项目、医生和中心，其他人将负责医院的运营工作。"布罗特曼接着说："我们两人将平起平坐，共同分担责任。"

史蒂夫·艾布拉姆森（Steven Abramson）博士在每周查房时与住院医生合影

布罗特曼补充说："当鲍勃告诉我他正在做的事情并给我看组织结构图时，我对他说：'你这简直是疯了。这完全是一团糟。'他回答说：'嗯，我们就像是一片片云朵，云朵和云朵之间会有重叠。'鲍勃不喜欢组织结构图。长话短说就是，我错了，他是对的。有了他选择的人，这个方法奏效了。"

格罗斯曼没有为医院聘请院长，而是亲自负责医院和医学院的工作，这样他与各部门负责人之间就不再有等级之分。管理层的每个人都身兼两职，一方面为学校服务，另一方面为医院效力。格罗斯曼解释说："当我们改变制度时，我们取消了整个管理层级。因此，他说："我们拥有一个开放的系统，不存在管理层级。所有层级都集中在这一层，在我的办公室里。我们是一个扁平化的组织，非常灵活。"

> "我对他说，'你这简直是疯了。这完全是一团糟。'格罗斯曼回答说：'嗯，我们就像是一片片云朵，云朵和云朵之间会有重叠。'"

格罗斯曼建立的结构既使组织扁平化又使其得以拓展；"孤岛"将被"云朵"所取代。

调整科室主任

解雇了大部分现任高层管理人员后，格罗斯曼一边着手对纽约大学朗格尼医学中心的最高层进行了重组并替换相关人员，一边将注意力转向了下一级管理层。正如他所解释的那样："早期，我走访了各个系，开展了问答活动。我说：'这就是我们的目标，这就是问题所在。'我指出研究人员的工作效率不高。我告诉他们，我们需要设定目标。我们创建了我所说的快照流程。"

格罗斯曼表示，将根据客观标准对新的管理团队进行严格的衡量和审查。他还会继续创建一个高科技管理信息系统，能够实时提供各种属性的衡量指标。他说："一旦这个系统投入运行，我们就掌握了他们的所有指标。我们能清楚地掌握他们在做什么，要去往哪里。我们也能知道哪些有效，哪些无效。这让我们对每个科室的绩效有了清晰的认识。我想消除我所说的'模糊之雾'，也就是那种没有数据支撑的氛围，在这种氛围中，人们不需要对自己的绩效承担责任。"

在接下来的几年里，他更换了33位科室主任中的30位。所有免职的原因都是没有达到既定的绩效标准。他解释说："我们共同制定了绩效衡量标准。我们不会仅根据一年的表现就作出最终决定。随着时间的推移，我们淘汰掉了所有业绩不佳的人，并引进了充满活力的人。"

更换了33位科室主任中的30位，这一举措可谓极具革命性。但是，格罗斯曼还表示："我们削减了终身教职员工的薪资。对于那些没有独立基金支持的人，我们收回了他们的实验室空间。在实施新标准的过程中，我们几乎没有遇到任何异议。"他是如何获得支持的呢？格罗斯曼说："我们看的是数据。这些决策与政治因素无关。我们会问每个人：'你符合我们设定的世界一流的标准吗？'"

聘用新团队

格罗斯曼在撤换纽约大学朗格尼医学中心众多高管和科室主任的同时，也深入参与了他们继任者的聘用工作。格罗斯曼试图在这一过程中采用同样的客观衡量标准，但他也坦然承认这其中融入了大量的直觉判断。

威廉·康斯坦丁说："选择系里最年长的成员担任科室主任的悠久传统早已不复存在。格罗斯曼在多年的工作中积累了一些技能，这些技能在他选择下一代领导者时发挥了重要作用。"

格罗斯曼表示："我进行过大量研究，获得了多项美国国立卫生研究院的基金资助，曾担任研究部门的主席，还在国立卫生研究院理事会中任职。因此，我对科学有着深刻的理解，形成了一种科学管理风格。"

格罗斯曼认为："在学术界，传统的选择领导者的方式就是查看简历，然后评判'这个人发表了X篇论文，获得了Y项资助，筹集了 Z 笔资金。'接着，对候选人进行逐一面试。"相比之下，格罗斯曼说："我认为我很善于发现谁非常优秀，谁有能力改变一个部门。这更多的是一种直觉。"他深入参与了科室主任的遴选工作。他说："我设有一个遴选委员会，负责分析和推荐候选人。"并补充说："但最终决定权在我。选对人非常重要。如果选错了人，一切都会倒退。在招聘 30 位新主任时，我犯过一个错误，但我已经纠正了这个错误。"

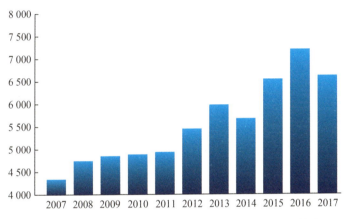

2007—2017 年纽约大学朗格尼医学中心研究人员发表的论文数量

一旦确定了某个职位的理想人选，他在招聘这个人时就会非常执着。史蒂夫·加莱塔说："鲍勃刚当上首席执行官兼院长那会儿就想招聘我担任神经科主任。多年来，他常常会打电话给我说：'我想请你担任神经科主任。'我说，'鲍勃，谢谢厚爱，但我不想当神经科主任，我志不在此。'"

在四年里，加莱塔接到了格罗斯曼的 12 通招募电话。加莱塔说："我清楚地记得最后一次通话。那是四月的一个下午的六点，我当时坐在自己的车里。他打来电话说，'我想请你当主任。'我告诉他，我做不好这份工作。他说，'为什么这么说呢？'我说，我不太喜欢和人谈钱。他接着说，'你不用担心这个，我们都是集中管理。'事实也确实如此。"加莱塔又说："我认为纽约大学朗格尼医学中心的一个非常重要的特点就是流程非常集中。它的运作方式与大多数医学中心非常不同。在大多数学校，新任科室主任会拿到一份预算。我称之为'嫁妆'。然后，科室主任就可以放开手脚花钱，而不必考虑整个机构的使命。在我看来，我们目前成功的关键因素就是集中化。每个部门的计划都必须与整个医学中心的愿景和使命保持一致，并为其提供支持。每位科室主任都了解我们工作所处的更广阔的机构视野。我们朝着共同目标奋力前行。"

> "在大多数学校，新任科室主任都会获得一份预算。我称之为'嫁妆'。然后，科室主任就可以放开手脚花钱，而不必考虑整个机构的使命。我认为，我们目前成功的关键因素就是集中化。"

加莱塔补充说："我与鲍勃·格罗斯曼的协议是独一无二的。在我们进行协商时，我对鲍勃说：'鲍勃，我需要 X。'他回复说：'你会得到你需要的东西。我可能会投入更多资金，因为我不想把你限制在那个数字上。'这就是我们的对话。他从没说过要给我一个预定的预算或招聘人数。如果不是鲍勃，我绝不会接受这份工作。我必须相信他会说到做到。他做到了，他绝对做到了。我信任鲍勃·格罗斯曼。如果他没有信守承诺，我们现在就会变得非常非常糟糕。我刚来的时候，部门的情况真的很困难。这里有一些很出色的人，但部门需要进行重组。"到 2017 年年中，在格罗斯曼的支持下，加莱塔破天荒地为他的部门新聘了 114 名神经科医生。

第3章 领导力、文化、沟通、衡量标准

传播愿景

在格罗斯曼着手安置新的高级职员时，理查德·伍德罗解释说，下一个主要任务是"在机构内部统一愿景"，并"向整个纽约大学朗格尼医学中心传达这一愿景"。纽约大学朗格尼医学中心组织发展与学习部门前主管伍德罗认为，格罗斯曼在实施愿景时面临着"巨大"的挑战，原因有以下几点。

伍德罗说："首先，格罗斯曼必须创建一个共同的愿景，这个愿景既要立足过去，又要尊重过去，同时还要具有明显的变革性。"他还提道："在很多人心目中，纽约大学朗格尼医学中心已经是一所世界一流的机构，因此许多人都认为这一愿景是对他们的一种侮辱。"所以，伍德罗补充道："人们对拆除传统之墙的意愿非常低。"

为了"推动这一愿景变成现实"，伍德罗说，纽约大学朗格尼医学中心聘请了一家精品咨询公司 TruePoint，该公司理应"与内部组织、学习发展部门以及新兴的高级领导团队合作"。伍德罗说，他所在的部门与 TruePoint 一起，引入了倾听型组织的概念，即高层人员倾听基层人员的声音，并真正给予关注。他们在整个医院和医学院的员工中挑选了 100 人进行访谈。"我们要找的是学校和医院里深受所有人信任的人。我们力求获得尽可能广泛的代表性。"伍德罗解释说。

金伯利·格拉斯曼是负责合作创新的副院长兼首席护理官，她是被选中的八位主要领导之一，负责在医学中心内对一百位主要领导进行访谈。"我们自称为'八人帮'。"她说，"大多数向高层领导汇报工作，这些高层领导直接向鲍勃汇报工作。"

每次访谈安排了两个小时，根据格拉斯曼的说法："我们的初衷是采访那些互不相识且工作领域不同的人。我被指派采访基础科学科室主任和我们的顶尖研究人员，以及几个临床科室的主任。"

格拉斯曼解释说:"我们会询问每个人对愿景声明草案的看法。我们有一个特定的访谈模板,并且会作记录。在预订会议时,没有人愿意将两个小时排满。结果,大多数会议都超时了,因为人们一旦开始谈论自己的想法,就停不下来。"

在这一过程结束时,格拉斯曼说:"我们八个人在会议室中间围坐成一圈。高层领导坐在我们身后,聆听我们的发言。当我们结束讨论后,他们才可以提出澄清性问题,我们只能回答是或否。他们不能发表意见。我们讨论了各自根据一百次访谈所了解到的人们对愿景声明的看法。"

> "我们都知道医学中心的使命所在……那就是为患者服务、培养未来的医疗照护人员以及推动医学科学的发展。"

面试官重点问了这几个问题:对愿景声明各部分的含义是否有明确的认识?受访的不同群体之间是否有明确的一致性?人们是否认为这一愿景很不切实际?人们认为问题究竟出在哪里?

关于"世界一流"的概念没有太多争论,格拉斯曼说:"但是许多基础科学家对'以患者为中心'和'综合学术医学中心'这两个词心存顾虑。在他们所处的文化中,其研究是靠拨款支持的。他们想知道这一愿景对他们有什么实际意义。许多人认为,这意味着他们将被迫与临床医生密切合作,而这可能会占用他们的研究时间,更不用说许多人抱怨他们很难找到临床合作者。许多人非常明确地表示,他们认为愿景声明对某些人来说可能很好,但与他们毫无关联。"

格拉斯曼说:"我们就愿景声明达成了共识,我坚信这对在这里工作的每个人都大有裨益。我们也都知道医学中心的使命所在,那就是为患者服务、培养未来的医疗照护人员以及推动医学科学的发展。"

达成共识，结成同盟

达成共识无疑是这一进程的基本目标之一。伍德罗说："这项工作拉开了结盟进程的序幕。同样重要的是讨论每个群体认为的本机构在迈向愿景之路上所处的位置。这些讨论引发了批判性评估。我们听到了这样的评论：'我们喜欢这种文化；我们对资源匮乏深感不满'，'我们痛恨高层人士似乎并未真正了解机构的真实情况'。长期被掩盖的问题开始浮出水面。"因此，这一访谈过程拓宽了工作人员的视野，使他们不再各自为政。伍德罗说："我们开始创造一种关于纽约大学朗格尼医学中心身份的叙事——不是我们说我们是什么，而是我们真正是什么。"

格拉斯曼和其他"八人帮"成员负责制定一份《战略和组织方向声明》，并与全体员工分享。反过来，员工们也被邀请为这份声明补充意见。格罗斯曼认为，"树立对愿景的信念"至关重要。他希望向机构表明，这比批评者所说的要好得多，同时也指出了哪些地方可以改进，哪些地方应该改进。

> 格罗斯曼还举行了一系列全员大会，他在会上报告事态发展并回答听众的问题。他说，人们可以而且应该提出自己的意见和建议，无论是积极的还是批判性的，高级管理层都会认真倾听。

伍德罗补充说："我记得有这样一个结果，那就是需要把讨论从'我'变成'我们'。我们需要从高度个人主义的文化转变为拥有共同身份和文化的一体。我们还达成了一种共识，即'我们很好，但还称不上卓越'。我们必须提高标准。我们为自己的组织感到自豪，但也为过去的一些事情感到羞愧，比如设备状况糟糕、财政资源匮乏以及有好想法的人却无法发声。"

在与工作人员进行这些访谈和讨论的同时，格罗斯曼还举行了一系列全员大会，报告事态发展情况并回答听众的问题。最初，格罗斯曼会发表事先准备好的演讲。他传达的一个重要信息是，人们可以而且应该提出自己的意见和建议，无论是积极的还是批判性的，高级管理层都会认真倾听。

伍德罗表示："人们应该对自己的表现负责这一理念就是从这些讨论中产生的。鲍勃很快就抓住了问责制这个理念。"

为了推行这一理念，史蒂夫·艾布拉姆森说："下一步是与每位领导合作，制定一套明确的目标。他们被要求描述自己认为在接下来的一年里需要做的事情。我们努力确保每个目标都与总体愿景相契合。我们还制定了绩效基准，对于那些达到或超过目标的员工，我们会发放年终奖金。"

在此期间，格罗斯曼和他的副院长们开始每周举行一次会议，就整个组织的情况交流信息。对格罗斯曼来说，这是一种改善沟通、加强合作的手段。这些会议有助于打破各自为政的"孤岛"状态，并聚焦整合的机会。与早些年不同，那时候不同意见并不受欢迎，乔伊丝·朗说，每个人从格罗斯曼那里听到的信息都是："即使是负面的，我也想听——好的、坏的、丑的。我想知道发生了什么。"

信任与问责

随着格罗斯曼的管理团队着手实施新愿景并制定一套流程和程序，格罗斯曼为纽约大学朗格尼医学中心带来了一种独特的管理风格。他赋予下属极大的权力，并不进行微观管理，而是保持参与。他会时刻关注进展情况，并在必要时介入，与下属讨论想法或帮助其解决问题。

普雷斯举例说:"在一次会议上,我提到我们需要通过杜绝浪费来减少医保患者的住院损失。格罗斯曼说:'你说得对。那你为什么不牵头一个项目来减少损失呢?我认为我们的目标应该是在三年内将医保住院患者的损失减少50%。'我说:'我觉得我做不到。'他说:'不,不,你得去做。我会给你一些帮助。你可以和决策支持部门的负责人一起工作。'我很早就清楚,我们需要关注价值——质量除以成本,而不仅仅是成本控制——并让我们所有的员工都参与进来。当我告诉鲍勃我认为这是最佳关注点时,他说:'很好,就这么办吧。'"

> 格罗斯曼为纽约大学朗格尼医学中心带来了一种独特的管理风格。他赋予下属极大的权力,并不进行微观管理,而是保持参与。他会时刻关注进展情况,并在必要时介入,与下属讨论想法或帮助其解决问题。

纽约大学朗格尼医学中心高级副校长兼基建与设施副院长薇姬·马奇·苏纳(Vicki Match Suna)自1994年以来一直在此工作。她记得在格罗斯曼履新后不久,就与他坐下来进行了交谈。"他从一开始就表明:'我想创造一个追求卓越和高质量的环境,你得告诉我在你的领域中怎么做才能实现这一点。'当我提出我认为我们需要走的道路,即按照他的愿景改造我们的园区时,他立即说:'成交,不是问题。我觉得这非常有道理,我们就这么做。'作为一名领导者,这对我来说是莫大的鼓舞。"

纽约大学朗格尼医学中心的许多其他人也与我分享了类似的经历。格罗斯曼给予员工计划和执行的自由。他不进行微观管理。他与员工一起确定目标,然后支持员工制定实现目标的途径。虽然格罗斯曼不会对员工指手画脚，但每个人都肩负着责任。员工有自己的目标和目的，他们应该努力实现这些目标，或者解释为什么没有实现。

罗伯特·普雷斯强调，格罗斯曼灌输问责制的方式是依靠仔细、全面、客观的衡量标准。普雷斯这么认为："鲍勃非常注重衡量标准和绩效指标。他的这种专注让我们取得了巨大成功。他做的第一件事就是建立一个企业范围的仪表盘。这个仪表盘的搭建永远不会完结，因为我们会在上面不断增加新的功能。"

格罗斯曼同意这一评价，他认为问责制对改进工作至关重要："我们不断强化对质量与安全的承诺。对于表现不佳的员工，我们会予以辞退。"他补充道："我每天都致力于提高质量与安全。每周二上午，我都会召集所有医院管理人员开会。我们会回顾正在发生的一切事情，不断改进我们的方法。"

以研究方面为例，史蒂夫·艾布拉姆森表示："在鲍勃·格罗斯曼到来之前，纽约大学朗格尼医学中心对研究基金和教职员工绩效缺乏明确的预期。许多科室主任和教职员工都没有基金资助，而他们已经过了学术生涯的黄金时期。在很长一段时间里，这种情况都没有任何改变。这种停滞不前的状况造成了严重的后果。多达20%的研究型教职员工没有获得任何基金资助，也不指望未来能获得资助。这些没有基金资助的教职员工们的年薪总计超过2 000万美元。当时的文化氛围是，这些没有基金资助的教职员工有权利在退休前一直领取全额薪水。由于不再有固定的退休年龄，大多数教职员工年复一年地留任。许多教职员工之所以维护这种权利文化，很大程度上是因为他们担心将来自己也会陷入没有基金资助的境地。"

布罗特曼也认为："格罗斯曼扭转了医学院的研究文化。他对整个研究事业大加鞭策，格罗斯曼的大致意思是：'你们认为自己很优秀，成果斐然。让我给你们看看数据，向你们证明，你们并不如我们希望与之相比的那些人那么优秀，那么多产。'"布罗特曼补充说:"格罗斯曼和史蒂夫·艾布拉姆森做了大量的工作。他们彻底改变了研究事业的文化氛围,并将其推向了大科学。他们鼓励教授们共同努力,获得合作研究基金,而不是单独获得研究基金。他们确保人们对自己的研究表现负责,并以获得的基金和发表的论文来加以衡量。"

根据艾布拉姆森所说,格罗斯曼的改革最终花了5—7年的时间才得以实现。他解释说:"鲍勃上任后,我们做的第一件事就是成立一个教职员工委员会来制定绩效标准,同时参考其他顶尖院校的做法,与当前的最佳实践保持一致。这项工作花了大约一年时间,既要制定标准,又要让教职员工一致同意进行改革。我们制定了一套标准,并在接下来的几年中加以实施。主要内容包括要求每位教职员工的研究薪资的60%由基金支付。我们决定逐步实施这一规定,第一年为50%,第二年为55%,此后为60%。我们于2007年提出了这一建议,该政策2008年生效。到2009年,我们实施了60%的要求。我们给了教职员工一些时间来适应这一变化。2010年,我们宣布将开始降低校外基金资助比例低于20%的教职员工的薪资。这不仅是对纽约大学朗格尼医学中心学术终身职位制度的重大挑战,也是对全美学术终身职位制度的重大挑战。"

文化

在管理科学专业的学生中,一直存在着这样一个争论:在推动质量改进的过程中,究竟是流程更重要?还是文化更重要?是精心设计并实施具体的方法和程序以达到预期效果更重要?还是建立一系列态度和愿望,引导人们采取正确的手段,达成既定目标更有效?格罗斯曼一再表明,他坚信文化的重要性。在他看来,文化有几个组成部分。

> "在许多医院里,有些外科医生自以为是上帝一般的存在……我们的员工里有着极为出色的外科医生,但他们绝不是上帝。我们不存在其他医疗机构遇到的政治化行为问题。我们绝不能容忍此类情况发生。"

在格罗斯曼大力推行的"以患者为中心"的文化中,其中一个要素是反对"自命不凡"。他说:"我们没有所谓的'不良行为者',即那些围绕自己建立个人崇拜的人。在许多医院里,有些外科医生自以为是上帝一般的存在。他们认为自己可以肆意妄为。我们的员工里有着极为出色的外科医生,但他们绝不是上帝。我们不存在其他医疗机构遇到的政治化行为问题。我们绝不能容忍此类情况发生,我们不允许在手术室里出现过激行为。如果有人有出格行为,那么他们就会被开除。我们有手术室礼仪规范,我们以专业的态度对待每一个人。这是我们文化的一部分。"格罗斯曼强调,在纽约大学朗格尼医学中心的以患者为中心的文化中,"任何不良行为者很快就会意识到,他们在此无法立足。我认为这一点非常重要,我们的文化就是以患者为中心构建的。今天,每个人都理解这种文化"。

解决终身教职问题

纽约大学朗格尼医学中心的另一个要素是抵制员工敷衍了事,只做最低限度的工作,不允许他们处于"模棱两可的漩涡中"。艾布拉姆森说,淘汰表现不佳者的过程极为艰难。他解释说:"当时的教职员工委员会由众多成员组成,他们认为终身教职保障了教职员工目前的薪资,通常也是最高的薪资,不与资金、出版物或表现挂钩。"他补充道:"与教职员工委员会中这些有影响力的成员的

第3章 领导力、文化、沟通、衡量标准

激烈争论至少持续了两年，坦白讲，虽然争论的激烈程度有所降低，但至今仍在延续。在全员大会上，一些教职员工诋毁学校和院长。幸运的是，我们得到了核心教师和董事会的支持。2012年，在经过两年的宽限期后，我们开始逐步降低长期未达到资助标准的教职员工的薪资。"

与此同时，艾布拉姆森说："我们还制定了一项慷慨的退休方案。"最初的方案规定，如果教职员工放弃终身教职并退休，最多可获得3年的薪资，以及总金额最高可达50万美元的款项。约有40名教职员工按照该方案退休。艾布拉姆森说，随后很快又推出了一项方案修订案，其特点是："一个分阶段退休方案，在我看来意义更为重大。该方案允许教职员工在3年内逐步向退休过渡。在医学院担任教职员工，在丰富的医生和科学家群体中担任研究员和教师，是一件非常有成就感的事情。要从这个群体中脱离出来往往颇为艰难，尤其是在做出了几十年贡献之后。许多终身教授并不愿意退休，也没有为退休作好准备。由于终身教授还可以赚取可观的收入，退休可能就更不具有什么吸引力了。因此，我们需要改变文化，建立公平、可执行的生产力指标，并提供一条受人尊重的退休途径。"

新退休方案的特色是将退休分为三步过渡期。选择该方案的教职员工宣布退休日期。在随后的一年里，职责和薪资按照基准的75%进行设定，然后在第二年降至50%。第三年，教职员工转为兼职状态，但可领取相当于基准全职薪资一到两倍的报酬。"这是一种让人们慢慢关停实验室的方法，"艾布拉姆森说，"在分阶段关停期间，他们将保持全职终身教职职位。分阶段方案改变了人们对退休的态度。该退休方案促成58位教职工签署协议，在11年的时间里共节省了近1 500万美元。"

实施起来并不容易。艾布拉姆森说："2013年，我们被两名教师起诉。他们得到了美国大学教授协会（AAUP）的支持。该协会

曾多次在大学试图降低薪资时为终身教职员工辩护。"纽约州纽约郡最高法院对此案进行了判决，法官驳回了诉讼，判定纽约大学胜诉，支持学校制定绩效准则的权利，以及在实施过程中降低薪资的权利。这与教职员手册中描述的终身教职条款相符。上级法院推翻了这一裁决，下令恢复诉讼并继续进行调查。

但在艾布拉姆森看来，这些法律诉讼的结果"很可能会成为全美范围内的一个里程碑，为降低那些产出不足的终身教职员工的薪资开创一个法律先例，而这是一个在全美范围内饱受激烈争论和备受争议的问题"。

> "这里不接受平庸。有那么一些压力，有那么一些动力去展现自我，追求卓越。我认为这种理念是从高层渗透下来的。这是一个特殊的环境，你必须全力以赴。"

渐渐地，格罗斯曼的新模板站稳了脚跟。简·维尔切克（Jan Vilcek），一位教职员工兼校董，其有关研究促进了类克的研发，他说："在最初的几年里，格罗斯曼激怒了一些人。不过，在过去的几年里，我没有听到任何关于他领导能力的负面言论。"

艾布拉姆森说："鲍勃·格罗斯曼接手后，医院的文化发生了转变——建立了与其他大型学术医学中心一致的期望。我们耗费了 7 年时间才完全改变了这种文化。文化的改变，对学术生产力期望的提高，是促成纽约大学医学院在《美国新闻与世界报道》中的排名从 2007 年的第 34 位上升到如今第 3 位的因素之一。"

史蒂夫·加莱塔强调了问责制的重要性。他说："这里不接受平庸。有那么一些压力，有那么一些动力去展现自我，追求卓越。我认为这种理念是从高层渗透下来的。这是一个特殊的环境，你必须全力以赴。我们很幸运，可以招聘到一群全心全意完成我们使命的员工。"

加莱塔指出:"在这里,从上到下,没人愿意屈居第二,每个人都想成为最出色的那一个。这里的每个人都朝着同一个方向努力。我真的认为这就是对卓越的强烈渴望,只有达到这个水平,你的工作才算完成。我们的工作尚未完成,我们感觉到了巨大的动力。就像是我们所有的桨都在水里,每个人都在齐心协力地划船。这就是我认为与众不同的地方。"

> "每个人都想成为最出色的那一个……我们感觉到了巨大的动力。就像是我们所有的桨都在水里,每个人都齐心协力地划船。这就是我认为与众不同的地方。"

格罗斯曼认为,持续沟通是保持质量控制和实现问责制的重要组成部分。在他任职早期,他与所有33个科室的主任每周召开一次会议。

格罗斯曼说:"这是一场结构严谨的大型会议。我们探讨了我们正在做的事情,以便每个人都能理解到位。我尽量每年或至少每隔一年与各科室召开一次会议。我每年至少与每个科室主任进行一次一对一的会谈。每个月,我都会撰写并分发一篇关于这种文化的文章,文章题目叫作'保持联系',它很受欢迎。"

由于对开放交流的重视,格罗斯曼说:"这里的人们知道,如果他们有更好的做事方法,我们乐意尝试,看看是否可行。"

职业道德

组织文化不是凭空设计和实施的。它必须经过培育和滋养,而这一过程的关键部分就是高层的基调。这种观点认为,最高管理层的行为方式、言行举止所传递的信息会被组织的其他成员吸收和同化。如果管理层偷工减料或弄虚作假，那么组织内的其他人会上行下效。如果高层管理人员表现出很高的道德标准，迅速而广泛地传播信息，或当着其他人的面批评下属，那么组织中的其他人就会认为他们也可以效仿。

艾布拉姆森说，格罗斯曼建立了一种融合乐观主义和衡量标准的特殊基调。"我知道，像鲍勃·格罗斯曼这样乐观的人并不多。"艾布拉姆森说。

普雷斯对此表示赞同："鲍勃绝不是容易气馁之人。如果别人告诉他，他设定的某个目标无法实现，他会说：'不，我们能做到。'我们已经实现了鲍勃设定的那些大多数别人视为不切实际的目标。"

例如，增加教师的研究经费是格罗斯曼的目标之一。他说，他将要求所有研究人员至少获得一项美国国立卫生研究院的基金资助，最好是两项。当时，很少有研究人员能获得美国国立卫生研究院的基金资助。许多人怀疑他们能否实现这一目标。但格罗斯曼帮助研究人员撰写基金申请，并为他们提供提交基金申请所需的其他支持。

"毫无疑问，我们实现了这个目标，"普雷斯说，"在患者照护的质量与安全方面，鲍勃也有类似的目标。当他担任首席执行官兼院长时，根据我们的基准组织——大学卫生系统联盟的评定，我们的质量与安全性在全国排第60位左右，远低于中等水平。"鲍勃与前高级副校长兼副院长、医院运营总监伯纳德·伯恩鲍姆（Bernard Birnbaum）密切合作，发起了这项倡议。自2013年以来，纽约大学朗格尼医学中心在质量与安全方面一直名列全国第一或第二。

格罗斯曼的乐观主义与抱负紧密交织在一起。他经常明确表示自己对此寄予厚望。例如，伯克说："我记得我对我们的团队说过，

'我们必须习惯工作模式的转变。仅有一两个百分点的利润率已经不行了。你们必须向10%的目标迈进'。"医院运营部前主管普雷斯说,格罗斯曼非常有干劲,他喜欢为格罗斯曼效力:"他从不满足于现状。无论我们做得多好,他都希望我们能更上一层楼。鲍勃会庆祝我们的成功,但他不希望我们安于现状。成为卓越是一个不断变化的目标。如果安于现状,就会落后。鲍勃的目标是让我们的医学中心成为世界一流,与世界上任何其他机构不相上下,甚至更胜一筹。这一愿望已写入我们的使命宣言。"

> "卓越是一个不断变化的目标。如果安于现状,就会落后。"

衡量标准

在纽约大学朗格尼医学中心的文化中,乐观主义和抱负等主题固然十分重要,但格罗斯曼所确立的基调中最关键的要素当属对衡量标准的着重强调。格罗斯曼坚持认为,他和其他人不应该被观点左右,而应该让数据来引领。他建立了一个全面的实时信息系统,并以此为指导作出决策。在组织的每一个角落,在开展的每一项活动中,都要对投入和产出进行严格的衡量。花费了多少钱?耗费了多少时间?该手术的患者死亡率是多少?与去年相比,今年该手术的患者平均住院天数是多少?

格罗斯曼努力地部署新的做法并对其进行严格衡量,尽管在他任职初期资金紧张,但他仍然准备投入资金。艾布拉姆森说:"鲍勃·格罗斯曼的到来改变了整个局势。他没有看着每年1.5亿美元的赤字说'削减预算,你不能这样做,你不能那样做',而是说

'我们要通过战略性地投入资金摆脱困境'。在缺乏资金成为一个严重的、潜在的生存问题时,他采取了大胆的举措。"

最值得一提的是,正如本书稍后阐述的那样,格罗斯曼上任后,投资 2 亿美元建立了名为企业 Epic 的新信息系统。艾布拉姆森坚称,此类决策具有变革性意义。他说:"我们的新信息系统是我们成功的主要原因,这是毫无疑问的。我实在想不出与我共事过的人中有谁甘愿冒这样的风险。"

格罗斯曼强调客观衡量和问责制,因此他需要一个高度复杂和全面的管理信息系统。正如肯·朗格尼所说:"鲍勃只在一个祭坛前顶礼膜拜,那就是能力和才干。他以数据为导向。如果认为因为鲍勃聘请了你,你就不必全力以赴,那就大错特错了。鲍勃在作决策时极为客观,甚至对他自己的决策也是如此。如果数据显示他雇错了人,他就会作出改变。我们已经更换了几个他聘用的部门主管。世界上最难做的事情之一就是纠正自己的错误决策。"

早期胜利

格罗斯曼虽然不遗余力地依据数据进行决策,并专注于改进纽约大学朗格尼医学中心活动的主要方面,但他也深知象征性姿态和行动的重要性。他明白,人们需要早期胜利来激发热情和积聚动力。

重新设计备受诟病的蒂施医院电梯就是早期胜利的案例之一。多年来,纽约大学董事会主席威廉·伯克利一直在说:"我们医院需要新电梯,这一点非常明确。每个人都对这些电梯深恶痛绝。它们降低了工作人员的生活质量。"电梯的速度慢是出了名的,乘客往往需要先下楼,然后才能上楼。乘电梯往往要耽搁很长时间,而且电梯似乎永远都很拥挤。

第3章 领导力、文化、沟通、衡量标准

> 鲍勃告诉我们:"虽然我们花在电梯上的钱无法帮助患者明天就康复,但它改变了人们的工作感受。"

伯克利说:"在鲍勃到来之前,每个人都在解释为什么会存在这个问题,为什么我们不能解决它。格罗斯曼却不这么认为。他将电梯故障变成了一个突破性的社区时刻。一个长期赞助的家族匿名捐赠了一大笔资金,专门用于建造蒂施医院电梯塔,这是一座独立的建筑,与医院相连,可以通往十八层的病房。通过将服务于患者楼层的电梯数量增加一倍,新电梯塔改变了医院员工和访客的日常生活。他还将这笔捐赠资金用于扩建和翻新主大厅,为患者和访客增添了新的便利设施。纽约大学朗格尼医学中心还利用这笔捐赠资金翻新了大楼一楼和所有患者楼层的入口。当新的入口和电梯塔楼启用时,社区成员的感激和赞赏之情溢于言表。

伯克利说:"这彻底改变了人们的印象。"在伯克利看来,"格罗斯曼明白,让员工知道我们愿意花钱修复需要修复的地方是多么重要。鲍勃告诉我们,'虽然我们花在电梯上的钱无法帮助患者明天就康复,但它改变了人们的工作感受'。"伯克利说,电梯的故事很有说服力,因为它说明格罗斯曼"知道如何让人们理解一个机构正在朝着正确的方向前进"。

除了加快推进蒂施医院电梯的改善工作之外,伯克利还指出:"另一个微小但意义重大的早期变化是,鲍勃大大改善了食堂的伙食。"无论是员工还是探望患者的人,都对医院食堂提供的物美价廉的高档食品赞不绝口。食堂既有常见的披萨和金枪鱼三明治,同时也会每天推出特价菜品,如八块钱一份的羊排。自助餐厅和电梯一样,都是机构改革的显著标志。

遵循规划蓝图

格罗斯曼担任首席执行官所采取的措施与他担任放射科主任时的做法如出一辙。院长兼首席执行官办公室经理希拉·罗森（Sheilah Rosen）回忆说："他彻底改变了放射科。他的目标是将放射科打造成世界一流的科室。他要求每个科室主管准备一份报告，将各自的科室与他们认为其他机构最好的科室进行比较。根据他们的报告，放射科制定了一项战略计划。他每周二与放射科副主任碰面，进行非常开放的讨论，并鼓励他们畅所欲言。有时他们会与他意见相左。这时，他要么说'我同意你的观点'，要么就解释为什么他不同意。当他成为院长兼首席执行官时，他与副院长们举行了类似的会议，氛围同样开放。"在其他方面，格罗斯曼也沿用了他担任科室主任时的做法。

在他作出并持续推行一系列困难重重、经常引起争议的决策之际，他的地位得益于三个特质的支撑。其一，他不但愿意甚至渴望听取他人的意见，还鼓励他们公开表达观点，以此作为获取信息并获得指引的渠道。另一个重要特质是他对客观数据的倚重。他不徇私情，也无怨恨之心；大力推动开发能衡量纽约大学朗格尼医学中心每一个角落的数据，数据指引他走向哪里，他就去哪里。此外，他的权威性也因其作为备受推崇的放射科医生而得到加强。加莱塔说："鲍勃不仅是一位优秀的科学家，他的临床能力也非常出色。"

在格罗斯曼领导这场变革的同时，还有另外两个重要的领导和权力来源：他的董事会和大学的等级制度。

第4章

董事会

在许多商业组织架构转型的故事中,目光往往过分聚焦于首席执行官一人,而忽视了其他关键因素。在某些商业转型的叙述中,董事会的职责似乎仅限于选拔一位新的首席执行官。然而,作为多家公司的创始人和董事长,我有着不同的见解。诚然,选拔一位合适的首席执行官对于公司的成功至关重要,但这仅仅是董事会众多职责中的一个方面。董事会的责任远不止于此,其角色和影响力贯穿于公司转型的始终。

> 在领导这场变革的过程中,存在着两种至关重要的领导和力量源泉:一是董事会;二是大学的等级制度。

为成功创造有利条件

一个高效的董事会是创造成功条件的关键。首先,董事会必须深刻认识到组织架构变革的必要性,并积极响应这一需求。其次,董事会应全力支持新任领导者的愿景和规划，为其提供坚实的后盾。为了确保新任领导者能够顺利开展工作，董事会需在必要时提供所需的协助，特别是在财务方面。此外，董事会还需为新任领导者排除干扰。董事会还可以考虑将日常决策权委托给一个精干的内部执行小组。

在现有企业中，常常存在一些权势强大的参与者，他们可能会利用与董事会成员的关系来破坏或阻挠那些他们认为可能威胁到自己权力和地位的改革。为了保护转型变革的顺利进行，董事会必须确保转型变革领导者不会受到这类恶意中伤。

明确董事会不应涉足的领域同样至关重要。董事会切不可干扰或插手日常的执行工作。作为一个团体，董事会应像鲍勃·格罗斯曼那样行事，同意变革的大致方向，并赋予变革者相应的权力，使其能够自由地执行既定计划，同时要衡量结果并要求变革者对结果负责。纽约大学朗格尼医学中心一直以来都拥有一个符合这些标准的董事会，并将继续秉持这一优良传统。

> 在众多机构中，董事会或校董通常只是每月或每季度出席一次会议，对管理层的提议一概投赞成票，而与管理层之间的实质性互动却寥寥无几。然而，纽约大学朗格尼医学中心却打破了这一常规。在格罗斯曼为学校规划战略和发展方向时，董事会积极参与其中，助力其完善构想并实现自己的抱负。

纽约大学和纽约大学朗格尼医学中心的董事会，尤其是肯·朗格尼和马丁·利普顿，在推动纽约大学朗格尼医学中心转型中发挥了举足轻重的作用。同时，代表大学校长约翰·塞克斯顿行事的鲍勃·伯恩也作出了重要贡献。大学董事会为在格罗斯曼转型计划中处于核心位置的综合医学中心构建了框架。医学中心的校董不仅在战略规划和执行层面提供了宝贵的指导意见,还在筹款活动中发挥了主导作用,从而为格罗斯曼的战略实施提供了有力支持。此外,大学行政部门也积极参与其中,为格罗斯曼创造了有利的初始条件,使他能够将纽约大学朗格尼医学中心转型为一个综合性且取得显著成绩的医学中心。在此之后,即使格罗斯曼推行的某些政策遭到批评,被认为可能不适合大学或医学中心的环境,董事会和行政部门也始终与他同舟共济。行政部门曾多次拒绝向那些试图破坏格罗斯曼政策的人提供支持。

锐意进取的董事会

在众多机构中,董事会或校董通常只是每月或每季度出席一次会议,对管理层的提议一概投赞成票,而与管理层之间的实质性互动却寥寥无几。然而,纽约大学朗格尼医学中心却打破了这一常规。在格罗斯曼为学校规划战略和发展方向时,董事会积极参与其中,助力其完善构想并实现自己的抱负。他们不仅出资筹款,还提供各种建议和想法,并与更广泛的企业和社区的其他成员展开合作。

纽约大学前任校长约翰·塞克斯顿在阐述纽约大学朗格尼医学中心董事会的重要性时指出:"在领导层出现真空状态时,例如在20世纪90年代末朗格尼医学中心所面临的情况,那些通常不介入日常运营的杰出人士往往会站出来填补这一空缺。正因如此,我们的校董,特别是肯·朗格尼和马丁·利普顿两位成员,在大学,特别是朗格尼医学中心的直接管理中,发挥了比以往更加关键的作用。"

除了朗格尼和利普顿之外,还有几位董事会成员在纽约大学朗格尼医学中心的转型过程中发挥了重要作用，其中就包括蒂施家族的两名成员。他们延续了其家族与大学之间的深厚合作关系。值得一提的是，劳伦斯·蒂施于1978年担任了大学董事会主席，并与纽约大学前校长约翰·索希尔（John Sawhill）保持着紧密的合作关系，这一点得到了利普顿的证实。在2003年拉里·蒂施（Larry Tisch）离世后，他的儿子汤姆（Tom）及其妻子艾丽斯·蒂施（Alice Tisch）继续在纽约大学朗格尼医学中心董事会任职。

当需要时，其他董事会成员能够运用他们的影响力。董事会由一群有影响力且行事果断的商业领袖组成。最近的校董包括：

肯尼斯·G. 朗格尼，主席－总裁兼首席执行官－英维迈联合公司

菲奥娜·B. 德鲁肯米勒，联合主席－创始人－FD画廊

劳伦斯·D. 芬克，联合主席－董事长兼首席执行官－贝莱德集团

威廉·R. 伯克利，执行主席－W.R. 伯克利公司

凯西·博克斯，执行总监－土地就是生命

小埃德加·布朗芬布伦，管理合伙人－增值集团

小沃尔特·W. 巴克利，创始人兼总裁－巴克利·穆汀资本管理公司

苏珊·布洛克·卡斯丁

肯尼斯·I. 陈乐伍，董事长兼总经理－通用催化剂公司

梅兰妮·J. 克拉克

威廉·J. 康斯坦丁，投资顾问总经理－1919投资顾问公司

杰米·戴蒙，首席执行官兼董事会主席－摩根大通公司

洛里·芬克

路易斯·法拉加，联合创始人兼联合首席投资官－私人股权投资公司盖亚投资公司

第 4 章 董事会

保罗·弗雷斯科

特鲁迪·**E.** 戈特斯曼

梅尔·卡玛辛

赛德尼·拉皮杜斯，已退休合伙人－华平投资有限公司

托马斯·**H.** 李，董事长－托马斯·**H.** 李资本有限公司

小劳伦斯·**C.** 利兹，董事长－巴克汉姆资本管理公司

马丁·利普顿，律师－合伙人－瓦切尔·利普顿、罗森与凯茨律师事务所

史蒂夫·**F.** 马克，总裁－马克房地产集团

罗伯托·**A.** 米格诺尼，董事长－布里杰管理公司

爱德华·**J.** 明索夫，董事长－爱德华·**J.** 明索夫地产公司

托马斯·**K.** 蒙塔格，首席运营官－美国银行

托马斯·**S.** 墨菲，董事长兼首席执行官（已退休）－资本城市／美国广播公司（ABC）

小托马斯·**S.** 墨菲，联合创始人－克雷斯特维尤合伙有限责任公司

弗兰克·**T.** 尼科尔，董事长兼首席执行官－凯尔索公司

黛布拉·佩雷尔曼，总裁兼首席执行官－露华浓公司

罗纳德·**O.** 佩雷尔曼，总裁兼首席执行官－马凯安德鲁斯与福布斯控股有限公司

艾萨克·珀尔马特，首席执行官－漫威娱乐公司

劳拉·珀尔马特

道格拉斯·**A.** 菲利普斯，首席执行官－GYST 顾问有限公司

理查德·**P.** 里奇曼，创始人兼董事长－里奇曼集团

琳达·戈斯登·罗宾逊，高级顾问－黑岩集团

小 **E.** 约翰·罗森沃尔德，副董事长－摩根大通

阿兰·**D.** 施瓦茨，执行董事长－古根海姆伙伴有限公司

巴里·**F.** 施瓦茨，执行副主席兼首席行政官－麦安德鲁斯

与福布斯控股公司

伯纳德·**L.** 施瓦茨，董事长兼首席执行官-BLS 投资有限公司

拉里·**A.** 西尔弗斯坦，董事长-西尔弗斯坦物业有限公司

卡洛拉·索洛蒙博士

小威廉·**C.** 斯蒂尔，名誉主席-辉瑞公司

查尔斯·**M.** 斯特林，合伙人-法瑞尔·弗里茨律师事务所

丹尼尔·桑德海姆，首席执行官-D1 资本管理公司

钱德里卡·坦登，总裁-坦登资本联合公司

艾伦·**R.** 索普，总经理-黑石集团

艾丽斯·**M.** 蒂施

托马斯·**J.** 蒂施，管理合伙人-四位合伙人-布朗大学校长

罗伯特·**M.** 瓦莱塔

简·**T.** 维尔切克，医学博士、哲学博士-微生物学教授-纽约大学医学院

布拉德利·**J.** 维克斯勒，董事会主席-IMAX 公司

安东尼·韦尔特斯，执行董事长-黑艾薇集团有限责任公司

总而言之，董事会成员的变动相对缓慢，其中包括来自纽约金融界的精英和慈善家。虽然董事会整体实力强大，但并非所有成员都直接介入医学中心的日常运营。根据该大学前校长马丁·利普顿的说法，"大型董事会通常不会在各类问题上作为一个整体统一行动，而是依赖于其下属的各个委员会来完成大部分实际工作"。

在推动纽约大学朗格尼医学中心的发展中，肯·朗格尼和马丁·利普顿这两位董事会成员扮演了至关重要的角色。他们不仅为鲍勃·格罗斯曼提供了持续的日常协助、指导与建议，还给予支持和庇护。自格罗斯曼上任以来，他与朗格尼每天都会进行数次电话沟通。值得一提的是，马丁·利普顿与格罗斯曼每天都会致电交

流，这种密切的沟通方式一直持续到 2015 年他从董事会主席的职位上退休。

肯·朗格尼

自从加入医学中心以来，肯·朗格尼就扮演着重要、多面且极为引人瞩目的角色。他既是医学中心董事会主席，也是纽约大学董事会的重要成员。他一直是鲍勃·格罗斯曼的常驻顾问。在医院里，他也是备受瞩目的人物。他几乎每周都会来医院几次，并且常常参加员工聚会。除此之外，他还代表纽约大学朗格尼医学中心与政治领导人和潜在捐助者建立了稳固而富有成效的联系。

格罗斯曼表示："肯·朗格尼是一位极为出色的董事会主席。如果说有谁能起到举足轻重的作用，那必定是肯·朗格尼，他能力超群，并全心全意地支持我。同时，他也是一位卓越的募捐者。他慷慨解囊，总计为我们提供了超过 3 亿美元的资助，并与我们的董事会和主要捐助者紧密合作，共同助力我们实现了筹集 30 亿美元慈善资金的目标。直至今日，他依然全力以赴地为我们的事业贡献着力量。"

> "肯·朗格尼一旦决定支持谁就会力挺到底。从某种程度上来说，医学中心今日的成功是鲍勃·格罗斯曼与肯·朗格尼朗格尼携手合作的成果。"

肯·朗格尼不仅在纽约大学担任董事，同时也是医学中心董事会的成员，这种重叠的董事会结构反映了两个机构间的紧密联系。纽约大学董事会主席威廉·伯克利在阐述朗格尼与格罗斯曼之间的紧密关系时指出:"纽约大学医学中心的董事会,在许多方面都呈现出创业公司创始人的董事会特质,而非传统大型公司的董事会风格。我们可以清晰地看到,董事会的运作模式与创业公司颇为相似,这在大学董事会中实属罕见。"他进一步补充道:"这无疑形成了一种独特的共生关系。"

董事会副主席兼高级职员安东尼·韦尔特斯(Anthony Welters)对此深表赞同。他指出:"肯·朗格尼的作用绝不可低估。若董事会与领导层之间存在分歧,首席执行官在推动改革时将面临巨大困难。"

一位校董这样评价肯:"肯·朗格尼一旦决定支持谁就会力挺到底。从某种程度上来说,医学中心今日的成功是鲍勃·格罗斯曼与肯·朗格尼携手合作的成果。"

朗格尼始终与格罗斯曼保持着密切的联系,不仅在机构运营的各个环节为他提供宝贵的建议和意见,而且还积极深入地与纽约大学朗格尼医学中心的各级员工进行互动,同时也与所有其他利益相关者保持着良好的沟通。

朗格尼坚信:"世界上最有力量的三样东西是激励人心的关键所在——亲切温暖的话语、体贴入微的举动以及对工作的满腔热忱。"他坦言:"如果你能诚挚地向人们展示某件事情对你的重大意义,并表达你全身心投入做这件事的决心,他们就会理解你的愿

纽约大学朗格尼医学中心董事会主席肯·朗格尼(左)出席员工答谢午餐会

景,并竭尽全力予以支持。反之,如果感受不到你的热忱和执着,他们可能会选择离开。"

朗格尼的管理风格持续地强化了不断完善、勇往直前和追求卓越的决心。朗格尼明确表示:"我们必须让医学中心的每一位员工都深刻地感受到,我们与他们并肩作战。只要他们全心全意地投入工作,我们就会竭尽全力给予他们回报。"

> 朗格尼坚信:"世界上最有力量的三样东西是激励人心的关键所在——亲切温暖的话语、体贴入微的举动以及对工作的满腔热忱。"

南希·桑切斯(Nancy Sanchez)作为人力资源和组织发展与学习的高级副总裁兼副院长,对朗格尼赞誉有加。她认为,朗格尼不仅为员工注入了崭新的精神风貌,还在推动医学中心创新发展之际,切实提升了团队的士气。桑切斯指出,朗格尼将他在家得宝公司的丰富经验引入医学中心,在医学中心全力打造了一支高度敬业的员工队伍。她进一步阐述道:"我很清楚,他由衷地相信每位员工都是不可或缺的。朗格尼以身作则,始终践行这一理念。他的办公室离这里不远,他随时可能会亲临现场指导,与员工沟通交流,关怀备至,他不仅热情地向保安问好,还能记住每位员工及其家属的状况。他定期与教师、护士们召开全体会议,与后勤人员也关系融洽。他平易近人,赢得了众人的喜爱,每个人都喜欢与他交谈。而且,他还会出席员工表彰活动。"

朗格尼认为,他将曾在家得宝强调的客户服务理念引入了纽约大学朗格尼医学中心。他力求确保"以患者为中心"不只是一句口号,而是真正成为决策的核心指引原则。朗格尼指出,这种高度参与和友善的互动方式已然成为他的独特标志。

"这就是我的做事风格。举个例子，当年，伯尼·马库斯（Bernie Marcus）和阿瑟·布兰克（Arthur Blank）负责家得宝公司的日常经营。大约三年后，我们召开了一次家得宝外部董事会议。这些董事们中没有一个人有零售方面的经验。我开始分享一些关于运营细节的看法。其他董事会成员好奇地问：'你从哪里学到这些的？'我回答说：'在店里。'他们接着问：'什么意思？'我回答说：'我经常去店里和员工们聊天，他们告诉了我很多实际情况和建议。'然后，我提议说：你们想想看，我们可以制定一项政策，要求每位主管每隔3个月必须暗访3家商店。在店里转转，与顾客和店员聊一聊。之后，他们需要找到店长，表明身份，然后说：'帮忙将十几个员工召集到休息室，我想和他们聊聊。'等店员到了之后，你就说：'我是公司的董事之一。你们有什么意见、你们有哪些困扰、我们有哪些做得不好需要改进的地方？'我们当场就制定了这项政策。"

朗格尼在医学中心一直秉承着同样的管理理念。谈到他个人的行事风格时，他告诉我："这听起来可能有些夸张，但我希望你能理解，对我来说，这绝不是做做样子而已。每当我走进医院，我总希望能发现地上有一些小东西，这样我就可以亲自弯腰捡起。我希望每个人心里都能这么想：'如果他都不觉得做这件事降低身份，那我也不应该这么认为。'我特别留意保安们，与他们握手并真诚问候：'你怎么样？一切都顺利吗？'同时，我还会告诉他们：'你们的工作做得非常出色，这里就做得非常好！'"

纽约大学朗格尼医学中心的多位高管表示，朗格尼与员工的互动在关键时刻为他们增添了动力，并对整个医学中心的管理和运营产生了深远的影响。南希·桑切斯强调："对于员工来说，最令他们触动的莫过于肯能记住与他们的每一次交谈。我屡次向管理人员强调，薪酬和福利待遇固然重要，但真正能打动人心的，是每日对员工贡献的感谢，公开认可他们的优异表现，以及愿意停下脚步与他们真诚交流所体现出的那份尊重。这正是肯所秉持的理念，也是我在实践中一直遵循并倡导所有领导者效仿的管理哲学。"

神经科学研究所所长理查德·钱（Richard Tsien）也证实了朗格尼的深远影响力。他表示："肯极具魅力和感染力，同时也是一个有着坚定信念的人。"钱进一步补充道，朗格尼的影响力已经深入每一位员工的心中。他解释说："如果你在电梯里随机询问一位员工在这里的工作感受，几乎每一个护士、清洁工和医生都会回答，'我非常喜欢这里'。这种积极的氛围是可以真切感受到的，它无疑会激励人们更加高效地工作，为患者提供更优质的服务。"

尽管朗格尼在纽约大学朗格尼医学中心经常扮演着举足轻重的角色，但他对于何时以及如何介入医学中心的活动始终保持着审慎的态度。他坦言："我最不愿意做的就是未经邀请就擅自介入或横加干涉。"然而，他也明确表示："如果有人向我发出邀请，我必定会全力以赴。"

马丁·利普顿

除了朗格尼之外，另一位关键的董事会成员是马丁·利普顿，正是他将朗格尼招揽进来。利普顿在纽约大学朗格尼医学中心与大学之间的关系中起到了至关重要的桥梁作用。他能够利用自己在法律工作中建立起来的庞大关系网，这个关系网涵盖了他在涉及大型企业并购业务中认识的众多有影响力且富裕的人士。

有这样一类学生，他们怀揣着深切的感激之情，迫切地希望回馈曾给予他们无尽帮助和支持的母校，而利普顿就是这类学生的典型代表。他出生于1931年，1955年从纽约大学法学院毕业。在长达60年的岁月里，他不仅担任了纽约大学的教员、纽约大学和朗格尼医学中心的董事会成员，还与多位纽约大学校长建立了深厚的友谊，并成为母校的重要捐助者。事实上，利普顿为母校所作出的贡献，堪称忠诚校友的典范，他扮演了所有可能想象得到的角色。

利普顿在谈及与格罗斯曼和朗格尼这个"三人组合"时表示："我们之间的情谊日益深厚，因此时常聚在一起探讨各种议题。"他进一步强调，这种密切的联系不仅限于他们三人之间，更扩展到了"朗格尼夫妇、利普顿夫妇和格罗斯曼夫妇"这三对夫妻之间，他们在各种社交场合也会碰面，关系同样很亲近。

> "我们的董事会及其领导层的重要性不言而喻。如果没有一个全力支持我们的董事会作后盾，前行之路将布满荆棘。我们很难顺利抵达终点，甚至会失去前进的动力，白白消耗大量的精力，做很多无用功。"

得益于与格罗斯曼、朗格尼以及利普顿的紧密合作与互动，鲍勃·伯恩表示："医学中心和大学的董事给予了我们充分的信任与支持，使我们能够慎行险途，并顺利推进我们所需的各项事务。"他进一步补充道："肯·朗格尼在医学中心堪称卓越的领导者，而马丁·利普顿在大学也发挥了杰出的引领作用。他们彼此理解，相处融洽，这无疑是我们的一大幸事。我们的董事会及其领导层的重要性不言而喻。如果没有一个全力支持我们的董事会作后盾，前行之路将布满荆棘。我们很难顺利抵达终点，甚至会失去前进的动力，白白消耗大量的精力，做很多无用功。"

类克带来的收益

朗格尼的商业背景和他作为政治捐赠人的身份，在纽约大学朗格尼医学中心都发挥了良好的作用。他在财务方面的专业知识和积极主动的管理作风在有关类克的谈判中得以彰显。强生公司持有药物类克销售许可证和销售权,提出向纽约大学朗格尼医学中心支付8 000万美元作为最终特许权使用费。朗格尼决定亲自调查这一提议:"我要求与该公司的代表见面。见面时我说:'好吧,你帮我理一下,你们是怎么得出8 000万美元这个数字的?'他们说:'嗯,这款药物每年的销售额预计将达到1亿—2亿美元,你们能拿到4.5%的收益。8 000万美元就是这个特许权使用费流的净现值。'"

当时,朗格尼说道:"'容我进行一番深入调查后再给你们回复'。我联系了10位负责药品行业的华尔街分析师,咨询了他们对类克未来销售额的预估情况。他们的预测结果普遍显著高于强生公司给出的数字。据此,我意识到未来特许权使用费的实际价值极有可能会大幅超越我们当下所讨论的8 000万美元。"

朗格尼考虑后向强生公司的人员致电并直言不讳地说:"烦请解答下我的疑惑。我们了解到,市场分析师们对类克未来销售额的预测与贵公司给出的数据有很大差异。对此,你们怎么解释?"强生公司的人员回应道:"你们毕竟是教育机构,靠外部资金维持运营。我们担心你们可能会因为风险太大而有所顾虑。"然而,朗格尼坚定地回应:"拜托!我们是成熟的大机构,有能力承担风险,而且对于销售不感兴趣。我们只希望能够得到合理回报。谢谢。"

朗格尼进一步阐述道:"当时,大学的财务团队并非完全支持我们的决定。在专业人士与像我们这样具备实践经验的人之间,常常存在着微妙的紧张关系。他们曾尝试说服校董会接受强生公司的提议。然而,我果断打电话给马丁·利普顿,告诉他:'马丁,我们不能轻易接受这个提议。'所幸,利普顿完全理解并支持我的观点。从那之后,纽约大学朗格尼医学中心以明智的决策,继续以约6.5亿美元的价格出售了未来的收入流,并在特许权使用费超出预期阈值时,还获得了额外的或有特许权使用费。"

伯恩坚定地表示："肯的见解完全正确。强生公司显然在谈判中故意压低了我们应得的特许权使用费。"

大学

除了校董会之外，另一个在推动或阻碍纽约大学朗格尼医学中心复兴方面发挥着关键作用的领导和权力中心，便是大学的中央行政部门。纽约大学校长约翰·塞克斯顿在其中的表现尤为突出。他积极推动结构性变革，将医院和医学院置于同一领导团队之下。塞克斯顿校长不仅与校董会共同作出了关键性的决定，选择鲍勃·格罗斯曼作为领导，更在后续的工作中给予了格罗斯曼自由发挥的空间。事实上，纽约大学在这场复兴中的价值并非体现在它直接做了多少事情上，而是更多地体现在它所秉持的"无为而治"的原则上。大学并未过度干涉或推翻格罗斯曼的决策。

纽约大学校长约翰·塞克斯顿在推动纽约大学从一所主要由纽约市居民构成的走读学校，转型为一所享誉全国的顶尖研究型大学的过程中，发挥了举足轻重的作用。

约翰·塞克斯顿曾任纽约大学法学院院长，于 2002 年荣任该校校长，并持续领导至 2015 年。他在推动纽约大学从一所主要由纽约市居民构成的走读学校，转型为一所享誉全国的顶尖研究型大学的过程中，发挥了举足轻重的作用。塞克斯顿在回顾自己即将担任校长之际，提及了他与副手鲍勃·伯恩在 2001 年夏天共同为医学中心的未来所作的精心规划。他回忆道："我们当时制定了一项壮丽宏伟的蓝图，旨在推动医学中心的长远发展和卓越表现。"塞克斯顿进一步强调，他们的规划并不仅限于医学中心本身："我们最终制定的是一项覆盖全校、旨在推动科学卓越发展的全面战略。我最自豪的事情之一是，在过去的15年里，纽约大学对待科学的态度已经发生了根本性转变。"

塞克斯顿坦诚地回顾道："我们最初的设想其实相当简单。然而，随着时间的推移，它逐渐演化为一条清晰的发展路径，而非仅仅是策略本身。我们面临的首要抉择是坚定不移地继续深耕医学领域，紧随其后的是将我们的医院从西奈山医院独立出来。随后，我们作出了另一个至关重要的决定，即为我们的医疗活动寻觅一位新的领航者。同时，我们明智地决定将医院首席执行官与医学院院长的角色合二为一。"

塞克斯顿进一步补充道："在这个决策中，我认为鲍勃·伯恩的功劳占了99%。"他表示，正是在他的提议与支持下，我们才作出了聘请单一首席执行官兼院长的明智之举。"

鲍勃·伯恩

塞克斯顿强调，在新架构和领导层稳固确立之后，鲍勃·伯恩便成了他的得力助手。约翰·塞克斯顿进一步阐述道："在我出任大学校长之初，我已有清晰的设想，即让鲍勃·伯恩成为我在医疗事务领域的得力'分身'。在我们共同开启新征程时，这样的职位设置尚属创新之举，前所未有。"

塞克斯顿与伯恩相识多年。在塞克斯顿担任纽约大学法学院院长的岁月里，伯恩是瓦格纳公共服务学院的院长。塞克斯顿满怀感慨地回忆道："更为重要的是，我们亲如兄弟，无条件信任彼此。因此，我决定将医疗事务的重任全权交托给伯恩。我对他说：听着，我希望你能全天候地投入医疗事务的管理中。"

塞克斯顿表示："尽管伯恩没有医学背景，但他和我在很多问题上的看法不谋而合。在合作初期，我们每天都会至少交流半小时，他总能及时让我了解最新情况。甚至在合作的最初六七年里，我们依然保持着每天至少沟通半小时的习惯。若遇到紧急情况，我会毫不犹豫地与他并肩作战。"

从纽约大学朗格尼医学中心来看，伯恩所做的工作有时已经超出了纽约大学朗格尼医学中心管理人员的工作范畴。在大学应付账款系统出现故障、账单支付流程受阻的紧急情况下，伯恩能够迅速介入，积极在两所机构间进行沟通与协调。他不仅及时解决了账单支付的瓶颈问题，更在医学院与医院财务整合的工作中发挥了举足轻重的作用。

伯恩的办公室紧邻塞克斯顿的办公室，这一位置安排象征着他们在工作上的紧密联系。塞克斯顿明确表示："我已向医学院院长、医院首席执行官、牙科学院院长以及护理学院院长讲清楚了，他们应直接向伯恩汇报，他就代表着我。"伯恩在这个岗位上一直坚守到2017年才退休。

从多个角度来看，塞克斯顿和伯恩在纽约大学朗格尼医学中心的转型中起到了举足轻重的作用。这主要归功于他们没有过多干预：他们既没有阻挠格罗斯曼和朗格尼对纽约大学朗格尼医学中心进行大刀阔斧的改革，也没有对格罗斯曼提出的战略产生过任何猜疑，更没有袒护那些对格罗斯曼的做法持有异议并企图绕过他直接向大学高层反映问题的医学中心的内部人员。格罗斯曼对此评价道："我认为，校方知道他们肩负众多职责，因此只要我不向他们伸手要钱，我所做的一切都不会受到干涉。"

格罗斯曼表示："能够自主行动确实是一件幸事。我所渴求的，仅仅是他们的默许与支持。我不希望有人采用迂回战术，比如向校长告状说，'格罗斯曼正在摧毁这个机构，他正在破坏终身教职制度'。只要能够妥善应对这类问题，你就可以放手去做真正需要做

第4章 董事会

的事情。在这方面,约翰·塞克斯顿和鲍勃·伯恩做得非常出色,他们有效地阻止了教职工对我们尝试的改革进行干扰。"他接着补充道:"这对我来说是莫大的帮助。与许多向大学伸手要钱的改革者不同,我从未向学校要求过一分钱的资助。"格罗斯曼还指出:"我们选择自力更生,建立了自己的筹款项目,而不是向大学乞求资金支持。"

> 在推动纽约大学朗格尼医学中心——这家备受瞩目的医疗机构进行全面而颇具争议的改革过程中,格罗斯曼赢得了校董和纽约大学管理层的鼎力支持。

与此同时,塞克斯顿赞扬道:"鲍勃·格罗斯曼和他的'仪表盘团队'真是令人钦佩!他充满了干劲和活力。只有具备这种强烈的动力才有可能在质量与安全领域达到顶尖水平。另外,我们还有一位同样充满激情的伙伴——肯·朗格尼。肯将他丰富的商业战略眼光与对细节的极致关注融入医学中心的工作中。无论是大胆的创新举措,还是细微如地板的清洁程度,无一不受到他的高度关注。他如同一股不可阻挡的力量,推动着我们不断前行。"

尽管决策框架为我们提供了必要的支持,但利普顿强调:"鲍勃·格罗斯曼的独特之处在于,他成功地塑造了一个秉持'将这家学术医学中心打造成全球最顶尖'的文化氛围。这一愿景深得人心,不仅全体员工和校董会对此深信不疑,就连约翰·塞克斯顿也给予了高度认同。通常情况下,医学中心和大学管理层之间难免存在某种微妙的紧张关系,但在这里,大家的目标高度一致。更为难得的是,格罗斯曼不仅设定了这一宏伟目标,更身体力行地为之付出努力。他通过追求世界一流的卓越标准,不仅为我们树立了一个既重要又具有挑战性的标杆,更让每个人深信,我们有能力也有责任共同实现这一目标。"

在推动纽约大学朗格尼医学中心实施全面且颇具争议的改革计划时,格罗斯曼赢得了校董和纽约大管理层的鼎力支持。在变革过程中,创新者往往容易被那些对改革持观望或反对态度的部门所孤立,甚至可能遭到其他权力中心的阻挠。然而,在纽约大学朗格尼医学中心,这样的困境并未出现。

塞克斯顿提道:"我们团队的动态相当有意思。肯·朗格尼和鲍勃·格罗斯曼是推动医学中心走向卓越的两大驱动力。他们二人皆胸怀壮志,渴望成就更大的事业,为社会贡献力量。与此同时,鲍勃·伯恩总能脚踏实地。他们三人的结合,构成了我们团队完美的核心力量。马丁·利普顿和我会全心全意地支持他们。我们是一个不可分割的整体,每个人都深知这一点。"塞克斯顿进一步补充道:"鲍勃·格罗斯曼把我们看作是一个紧密的团队。肯·朗格尼、马丁·利普顿、鲍勃·伯恩和我,我们都毫无保留地支持他,敬爱他。这种紧密的团队联系,让我们的工作成效大不相同。"

第二部分

执 行

第 5 章

全面、综合、透明、可行的实时信息

鲍勃·格罗斯曼告诉我:"要将纽约大学朗格尼医学中心打造成我心中设想的机构,我的首要任务是进行结构改革,其次就是采用信息技术。"从一开始,格罗斯曼就专注于建立一个全面、综合、透明的信息系统,以便纽约大学朗格尼医学中心的管理层能够实时了解情况、发展方向以及需要达到的目标。本章将介绍该系统的创建过程。

盲飞

2007 年,格罗斯曼与所有部门会面。他需要详细的绩效信息来支持所进行的讨论。当他询问那些应该知道如何以及从哪里获取数据的人员时,却被告知:"鲍勃,我们做不到。"他们给他看了一摞又一摞包含了他所需要信息的表格,但拿到这些表格后,格罗斯曼根本无法从中提取自己所需的信息,"感觉就像是在驾驶一架没有控制面板的波音 747 飞机"。在他担任院长兼首席执行官后不久,他召集了一群同事,说道:"我感觉自己像是在盲开一架大型喷气式飞机。我无法获得引领这所机构所需的信息。"

现代管理的一条公理是:衡量什么,就管理什么;管理什么,就衡量什么。没有衡量和基准,就不可能知道一个复杂组织的发展情况,也不可能提升绩效。格罗斯曼对信息技术的关注源于他早年担任放射科主任的经历。2001年,格罗斯曼就任放射科主任时,该科室在全美排40名开外。格罗斯曼实施了一项计划,系统地将自己部门的一系列属性与全国排名前五的放射科进行比较。他确定了放射科达到世界一流水平需要改进的具体领域。到2006年,纽约大学朗格尼医学中心放射科已跻身全美放射科数一数二之列。格罗斯曼准备把同样的方法运用到他的新岗位中。

> 现代管理的一条公理是:衡量什么,就管理什么;管理什么,就衡量什么。

寻找信息

格罗斯曼需要的信息在哪里呢?当时的信息技术部门主管对此毫无头绪。在一次会议上,当时比格罗斯曼低几级的部门主任纳德尔·梅拉比把格罗斯曼拉到一边,告诉格罗斯曼自己负责整个医学中心信息技术设备的安装和维护工作,因而知道哪里可以找到他需要的信息。他告诉格罗斯曼,他可以解决格罗斯曼的问题,但有一个条件。梅拉比告诉我:"我说了一些让首席信息官感兴趣的东西,他问我,'你能帮忙吗?'我说,'我可以,但有条件。'他问我'什么条件?',我说'我要求院长承诺每月与我和我选择的团队会面一小时。我们将共同讨论如何设计一个满足他需求的系统。不过,这个会议不能有格罗斯曼的直接下属(包括您和所有副院长)参加'。"

首席信息官纳德尔·梅拉比在新的纽约大学朗格尼医学中心布鲁克林院区进行培训

梅拉比确实解决了格罗斯曼的问题。如今,他担任高级副校长、副院长兼首席信息官。格罗斯曼仍然每月与梅拉比的团队单独召开会议,并且每次会议都没有格罗斯曼的直接下属参加。

纽约大学医学院负责高级应用的助理院长乔纳森·魏德(Jonathan Weider)解释说:"如果没有提出这项要求,纳德尔和他的仪表盘团队(包括整个中心的人员)就会承受来自上司的压力,而我们就会继续受限于传统的方法。"

信息技术人员与业务部门之间的成功互动,对于创建一个能够支持和推进整个组织目标的信息系统至关重要。

梅拉比补充说:"鲍勃同意了这些条件……在我们的会议上,鲍勃直接与那些了解事情实际运作方式的人员会面。"

"与我们会面的团队成员并非技术专家。他们是中层管理人员，清楚在哪里可以找到实际数据，也明白事情到底是如何运作的。当院长说'我想要这个东西'的时候，他们知道院长需要的数据是否存在。"

根据我的经验，信息技术人员与业务部门之间的成功互动，对于创建一个能够支持和推进整个组织目标的信息系统至关重要。要使这种互动奏效，业务主管必须清楚地阐明他们的目标以及他们提升绩效所需的信息。

信息透明

格罗斯曼表示："我决定完全依据指标和基准来管理学校和医院。"信息技术团队需要每一位经理或团队负责人确定可以收集或开发的数据，以便提供这些信息。

在讨论要达成目标所需具备的条件时，梅拉比称格罗斯曼有着清晰的愿景。系统与业务的整合势在必行。梅拉比说："在信息技术领域，整合具有非常特殊的内涵。无论医生是在办公室使用先进技术、进行临床试验、申请研究经费，还是订购医院或实验室用品，一个整合的系统都能作为一个整体无缝运行。所有功能必须相互连接，它们必须浑然一体。在综合性学术医学中心，医生、医院、研究员和财务团队可以各取所需。"

格罗斯曼希望该系统不仅能提供纵向透明度，还能提供横向透明度。这意味着它需要提供各部门上下游活动链的信息，同时也需要让整个医学中心的工作人员都能横向访问这些信息。

梅拉比说："我们称之为'跨任务整合'，这意味着无论你是进行教学、研究，还是提供患者照护……所有的基础信息都将融为一体。我们致力于整合各个部门，为我们的患者带来更好的治疗效果。"

> "鲍勃的跨任务整合愿景堪称独一无二,没有人曾做到这一点。"许多信息系统各自为政,数据可以在同一单元内部上下流动,却无法在单元之间流动。格罗斯曼同等看重"横向"和"纵向"的透明度。

梅拉比所说的"学术医学中心各方整合的愿景"将推动这项技术的发展。他补充说:"我立刻就明白了。我理解格罗斯曼对技术的投入,以及技术对实现他的愿景有多么关键。"据梅拉比称,"鲍勃的跨任务整合愿景堪称独一无二,没有人曾做到这一点。"许多信息系统各自为政,数据可以在同一单元内部上下流动,却无法在单元之间流动。格罗斯曼同等看重"横向"和"纵向"的透明度。

硬件和软件

在鲍勃·格罗斯曼上任之前,纽约大学朗格尼医学中心一直在努力改进信息系统,2005 年耗资 4 000 万美元安装了 Eclipsys 住院患者电子健康记录系统。格罗斯曼说:"我决定拆除 Eclipsys,安装一个更全面的信息系统。我想要安装一个覆盖整个机构的电子健康记录系统,涵盖日间诊疗、住院、预约和计费等板块。大家觉得我疯了。我们刚在 Eclipsys 上投入这么一大笔钱,现在又要把它拆掉,安装一个全新的系统。这需要耗时 3—4 年,花费将近 1 亿美元。我说:'没错,但我们需要一个综合信息管理系统。'信息技术的致命伤在于界面管理。管理界面所需的人员成本很高,而且往往行不通,会让人抓狂。我认定我们必须有一个单一的综合信息管理系统。"

当纽约大学朗格尼医学中心发布招标书后,威斯康星州维罗纳市一家专门从事医疗软件的私企 Epic 系统(Epic Systems)脱颖而出。格罗斯曼和他的信息团队与 Epic 合作了数年。他们率先优化了最初为医院开发的企业系统，使其适用于学术医学中心。纽约大学朗格尼医学中心在这个新系统上投入的费用超过了 1.8 亿美元。格罗斯曼认为，这大大低于其他机构在类似系统上的花费，尤其是那些试图自建而非购买系统的机构。

梅拉比指出，格罗斯曼在选择 Epic 时参与了大量工作。除了在 Epic 上的初始支出外，梅拉比说："我们在信息技术方面投入了大量资金。在过去的 5—7 年里，我们在技术方面投资了约 7 亿美元。7 亿美元的投资不仅用于仪表盘，它涵盖了各个方面：所有系统和流程、电话、Epic、所有业务的电子健康记录、企业系统、采购、集中处理系统、人力资源系统和拨款管理系统。"梅拉比解释说："我们从头开始构建一切，因为我刚到任时，需要投资的东西太多了。"

> 原始的实时数据对于任何医疗信息系统的功能而言都至关重要。该系统还需要易于使用和更新。

梅拉比回忆说："当时的任务非常艰巨。2011 年，我建立了一个以服务为导向的先进信息技术部门，以实现这一愿景。为了组建这个部门，我们不得不更换一些人员，并帮助他们在其他地方找到职位。我们组建了一个新团队。几乎所有的事情都发生了变化，从废除以前的网络、安装先进的系统电子设备，到企业系统、改造研究系统，再到将所有系统连接起来。"

数据存储

对于任何医疗信息系统来说，其功能都离不开原始的实时数

第5章 全面、综合、透明、可行的实时信息

据。该系统还需要有易于使用和更新的特点。为了解决这个问题,梅拉比建立了统一的数据仓库。他的团队创建了简单明了的流程、数据输入和更新方法。

负责高级应用的院长助理兼教育信息学助理教授乔纳森·魏德强调,任何出色的信息管理系统的起点都是一个强大的数据仓库,"在这个数据仓库中,每个人产生的所有数据都被输入并统一存储"。他所强调的"每个人"产生的所有数据涵盖了从日常的维护任务到最复杂的医疗程序所产生的数据。此外,魏德还力求确保数据一旦进入仓库,就无需再作任何更改。所有数据在进入数据仓库之前都要经过严格审核。信息管理团队不负责数据的完整性,这是数据产生者的责任。魏德解释说:"如果你对这些报告有任何疑问,不要给纳德尔打电话。你可以点击小问号符号,获取度量数据所有者的姓名,然后给她打电话,提出你的问题。"

在梅拉比看来,这是 Epic 系统的主要优势之一。"我认为我们做对了三件事。第一件事是投资数亿美元建立了一个整合到一个大平台上的系统,这对我们之后的每一项工作(包括仪表盘)的成功都至关重要。"但梅拉比接着说:"第二件事是将数据完整性的责任从信息技术部门转移到业务、运营和管理部门。数据完整性问题的源头不在信息技术部门,而是在业务部门。"

正如魏德所说:"当一个经理说,'这些数据是错的,正确的数据在我这儿'的时候,那可就麻烦了。"

当数据出现问题时,梅拉比说:"必要时,经理在相关运营主管的协助下,必须进行调查并提供解决方案。他们不能给分析部门和数据仓库打电话,要求他们'在仪表盘上解决问题'。"

梅拉比还说他们所做的第三件事也非常重要:"架构正确才能保证系统正确运行……我们与数据产生者合作,确保数据输入正确无误。"他还提到,工作流程是实际工作和输入数据的方式,与数据管理一样至关重要。"如果系统运行正常,仪表盘上的数据就能

反映源系统的数据,这反过来又意味着仪表盘能准确呈现企业的实际情况。"

> 这是一个永无止境的持续改进和对变化作出响应的过程。如果不对工作流程进行重组,确保数据输入的正确性和时效性,整个企业就会失败。

构建结构化工作流程

围绕实时输入的数据对工作流程进行重组至关重要。优秀的硬件和软件固然必要,但仅靠它们仍不足以提供实现格罗斯曼愿景所需的准确、及时的信息。整个医疗和研究综合体的每个流程都需要与实时录入的数据兼容。

梅拉比的信息团队由一百多名医生、护士和技术人员组成,全程负责整个医学中心的工作,调整工作流程,优化数据录入。这是纽约大学朗格尼医学中心整个信息革命中最耗时、最困难的环节。这是一个永无止境的持续改进和对变化作出响应的过程。如果不对工作流程进行重组,确保数据输入的正确性和时效性,整个企业就会失败。

> 在医疗保健领域,人们通常会尝试优化信息系统,以满足特殊需求,但这并非以患者为中心,而我们所希望的是一切都能为患者和医疗工作服务。

梅拉比说,在开发该系统时,重点始终放在全系统解决方案上。"在这些讨论中,企业整合高于一切。我们不会为了满足某个部门的需求而优化系统,信息流和整合的优先级高于个人需求。在医疗保健领域,人们通常会尝试优化信息系统,以满足特殊需求,但这并非以患者为中心,而我们所希望的是一切都能为患者和医疗工作服务。"

梅拉比举例说道:"在以前,科主任可能会问,什么是最适合他所在科室的心脏病科系统?这对心脏内科来说可能是最优化的系统,但如果使用专为心脏内科医生设计的系统,你又该如何安排患者的全部就诊经历呢?患者会怎么做?给每个办公室打电话吗?还是使用多个系统呢?"他补充说:"由于技术与运营深度融合,适当整合我们的技术系统可以加强企业业务整合,这当然也是院长的其中一个愿景。这一整合还能使报告成为正常运营的副产品,而不是一项单独的活动。"

梅拉比再度举例说:"如果我想招聘一名员工,我不用打电话给人力资源部。我只需进入 *atNYULMC* 门户网站,点击'招聘'按钮。我先填写工作要求,然后点击发送。如果我所在的部门有人想要招聘一名工程师,那个人同样也会以电子方式提交申请,而在提交者再次看到申请之前,该申请可能会经过两级审查。作为首席信息官,我最终会以电子方式接受或拒绝该申请。"

在系统开发过程中,格罗斯曼要求不断改进数据收集和分析工作。格罗斯曼坚持认为,建立这一信息系统的任务不能一股脑丢给信息技术部门,也不能委托给其他人。

他补充说:"更重要的是,我们在患者照护方面也采用同样的原则。我们不会让护士来填写申请药物的文件。医生直接在线上下达药物医嘱,也可以在线上开具影像检查申请。他们不需要打电话

给放射科预约。如果医生为患者开药，医嘱会以电子形式发送至药房。药剂师不用像之前一样誊抄医嘱，而是检查医嘱的完整性，确保患者所用药物是安全的。系统会自动检查药物的相互作用。一旦药剂师确定医嘱是安全的，机器人就会在我们的自动化药房中填写药物医嘱，将配发的药剂放在病房的药车上。药车和药品在护士到来之前都会保持锁定状态。"

在系统开发过程中，格罗斯曼要求不断改进数据收集和分析工作。格罗斯曼坚持认为，建立这一信息系统的任务不能一股脑丢给信息技术部门，也不能委托给其他人。

仪表盘

格罗斯曼信息技术计划的核心是仪表盘。就像汽车的仪表盘一样，系统仪表盘能够提供各个变量状态的概览，而这些变量对成功至关重要。仪表盘展示了实时信息流，并以图表形式呈现汇总结果。就像医学图表汇总患者的生命体征一样，仪表盘也能实时汇总整个企业的活动和属性。

从鲍勃·格罗斯曼的热情中可以充分看出，他对自己的仪表盘非常自豪。他就像一位键盘上的钢琴演奏大师。在亲自向我展示仪表盘时，他说："管理仪表盘是我的创意。两年来，我每个月都和所有掌握数据的人坐在一个房间里，他们和我一起梳理信息。我没有让行政部门的其他人进入这个房间。想法只能有一个，如果你让每个有想法的人都参与进来，那就什么也做不成了。他们认为自己无所不知，然后就会变得难以理解。"格罗斯曼解释说："我自己建立了仪表盘。我会提出，'这是我想要的。这些是我需要的'。有很多人和我一起工作，他们提供了很多反馈和想法。这些仪表盘至今仍然充满活力。"

第5章 全面、综合、透明、可行的实时信息

> 想法只能有一个，如果你让每个有想法的人都参与进来，那就什么也做不成了。

格罗斯曼为自己开发了一个主仪表盘，汇总了整个纽约大学朗格尼医学中心的各种属性。他自豪地说："现在每个人都有一个仪表盘。这个地方已经完全联网了。你只要说出医院任何一个部门的名字，他们都会有针对他们的具体工作专门定制的仪表盘。"

我还要补充一点，根据我作为人类基因组科学公司（Human Genome Science Inc.，一家深度依赖海量数据的公司）董事长兼首席执行官的个人经验，要建立一个全企业范围的信息管理系统，就必须由最终用户——首席执行官一心一意地进行指导。我认为，许多地方和国家的医疗信息系统之所以造价高昂但屡屡失败，就是因为缺乏这种一心一意的指导。

整合

虽然纽约大学朗格尼医学中心的各位管理人员都有自己定制的仪表盘，但格罗斯曼补充说："有些信息会自动汇总到我的仪表盘上，而且每个人都能看到这些信息。整个医院都是通过仪表盘进行管理的。"各部门都有动力向格罗斯曼的仪表盘输入信息并加以使用，原因在于该仪表盘上有各部门所需的大量结果信息，如死亡率、发病率和感染率等数据。通过仪表盘，每个人都能看到自己相较国内标准（乃至国际标准）的情况。

格罗斯曼指出："建立仪表盘能促进整合，这是我当初没有完全预料到的。仪表盘有助于实现整合，因为坐在桌旁的每个人都拥有自己特定的数据源。数据就是力量。突然之间，每个人都必须分

享自己的数据,所有人都必须共同努力。当有人说,'我需要这个特定的数据,院长想要它'时,事情一下就办成了。这个过程需要的不仅仅是愿景。它需要领导者说,'必须这样做'。我们做到了。这个系统花了三年半的时间才建立起来。过渡时期的管理非常艰难。"仪表盘及时打破了各自为政的局面。

> 仪表盘及时打破了各自为政的局面。

仪表盘为纽约大学朗格尼医学中心的大多数高级管理人员带来了价值,因为它能及早提示管理人员在哪些方面未能达到绩效目标。仪表盘突出了成功之处,帮助管理人员更加及时地作出决策。医院运营部前主管罗伯特·普雷斯表示,纽约大学朗格尼医学中心的质量与安全排名从第60位跃升至第1位,在这个过程中,仪表盘发挥了重要的作用,因为它帮助管理层实时作出更好的决策。普雷斯说:"我们分析了用于确定排名的数据,就如何提高每项指标的绩效制定了计划,确定了每项指标的负责人,为整个临床团队制定了参与计划,并在每个关键领域都设定了明确的目标。"

> 纽约大学朗格尼医学中心的质量与安全排名从第60位跃升至第1位,在这个过程中,仪表盘发挥了重要的作用,因为它帮助管理层实时作出更好的决策。

普雷斯指出:"联邦医疗保险和联邦医疗补助服务中心(Centers for Medicare and Medicaid Services)制定了全国性的衡量标准,因此,我们分析了我们在每项衡量标准方面的表现。我们的首席质量官玛莎·拉德福德（Martha Radford）在应对挑战的过程中发挥了核心作用。"

据普雷斯所言，"她自己就是一个很好的例子，鲍勃给她指明方向并为她提供完成工作所需的资源，让她得以发挥作用。玛莎成立了一个特别工作组，确定临床负责人，并将该负责人作为每项关键措施的联络人。我们至少每月召开一次会议，以审查数据，核对朗格尼医学中心在特定指标上的全国排名情况。我们分析数据，并确定下一步该如何改进。因为当时仪表盘仍在开发中，所以最初的数据并不像现在这么及时。随着仪表盘的改进，它对朗格尼医学中心的工作就变得非常重要"。

这些仪表盘能提供全面、实时的评估标准，因此在提高服务质量方面发挥了重要作用。梅拉比说："在我们内部使用时，质量评估非常重要。我们希望提供最高质的医疗服务。质量评估对支付环节也越来越重要，政府想知道他们花了那么多钱买到了什么。"

人机交互

仪表盘改变了纽约大学朗格尼医学中心员工的工作方式。仅靠安装最新的硬件和软件是远远不够的。在向真正的现代信息化组织转型的过程中，最困难的部分在于改变人们的工作方式，使他们适应将实时信息输入信息系统。

梅拉比坚持说："我们不会改变行医方式……我们改变的是医生的工作方式。我们培训大家以数字化的方式开展工作。医生必须以数字形式输入所有处方。医生不能让护士填写处方单，系统会协助医生。例如，如果一名住院医生已经开具了 X 光检查单，系统会告知医生患者近期做过 CT 扫描，并询问医生是否确实要开具 X 光检查单。"

> "我们不会改变行医方式……我们改变的是医生的工作方式。"

梅拉比接着说道:"我们还增添了所谓的高级决策支持。决策支持系统可以帮助医生避免错误,作出更明智的决定。举个例子,静脉注射管是一种感染源,因此我们现在会询问医生,患者开始进食后,医生是否希望继续进行静脉给药治疗。为患者开具饮食医嘱后,医生就会收到提示,考虑是否将该患者的所有药物改为口服药物。这就是决策支持。医生仍有最终决定权。"

布罗特曼还说:"该系统确实需要医生做更多的工作,但其优势很大,因此医生可以忍受额外但方便患者的工作。下午三点看诊的患者,当天晚上就可以在家里看到此次就诊的结果。患者很喜欢这一点。"

透明仪表盘有助于促进部门间的协调配合。这对服务质量产生了积极影响。当患者从一个医生转诊到另一个医生,或从一个科室转诊到另一个科室(如从外科到放射科再到神经内科)时,患者过去会经历似乎无休止的重复检查、问卷调查和诊断性检查,而整合系统在很大程度上避免了这些问题。

医生和患者一样从该系统中获益良多。例如,布罗特曼表示:"医生可以迎来更多患者,因为患者喜欢这个系统。他们愿意前来就诊。那些由多位医生负责的患者对该系统尤其满意,因为他们的诊疗会自动得到协调。参与患者诊疗的医生也很喜欢这个系统,因为他们可以看到患者的所有情况,包括其他医生所做的所有工作。所有信息都是透明的。"他补充说:"整合信息系统极大地改善了我们专培医生的收入状况。"

布罗特曼接着谈到了干净、全面的数据在财务方面的优势。

"有个指标叫作'干净报销率',它指的是未因差错拒付的报销申请所占的百分比。过去我们的比率约为90%。使用 Epic 后,这一比例达到了99.3%。评级越高,付款速度越快,拒付率越低,这对医生直接有利。"

信息系统还影响着研究员的工作。魏德说:"我相信仪表盘已经影响了研究员的工作方式。我们衡量每位研究员的经费收入。我们还鼓励研究员提交合作经费申请,支持合作工作的经费通常比个人经费要多。在过去几年中,医学中心获得的经费金额大幅增加。我相信这些衡量标准确实会改变行为。当然,资助金额并不能直接衡量科学的质量,我们还跟踪每位研究员发表论文的数量以及每篇发表论文的引用次数。"

此外,他说:"这些数据还包括已收到和待接收的经费信息。我们构建的第一批仪表盘中就有一个用来显示每个部门和每位研究员的经费总额。例如,我们可以看到,截至目前,这个部门已获得5 300万美元的经费,还有4 100万美元的经费待批。我们可以显示每位研究员从基金经费中获得的工资比例,或每个部门获得的管理费用数额。任何可以访问控制面板的人员都可以查看我们的全部经费组合。我们在内部共享未公开的信息,部分原因是为了激励我们的研究员。"

> 透明度为医生和研究人员提供了强大的动力,促使他们尽心尽力地工作。医生们好胜心强。由于同行可以看到他们的成果,因此他们有动力超越自己的同行。

大多数管理学书籍在提及管理研究人员时都束手无策,认为研究人员具有个人主义倾向、意志坚定,并且对上级的指令持抵触态度。纽约大学朗格尼医学中心创造了一种变革性的方法,使得研究人员能够承担起责任，从而显著增加了合作和产出，具体表现为有两名或更多研究人员参与的合作经费数、发表成果和总经费收入的增加。

透明度为医生和研究人员提供了强大的动力，促使他们尽心尽力地工作。医生们好胜心强。由于同行可以看到他们的成果，因此他们有动力超越自己的同行。例如，他们可能会努力降低并发症发生率，使自己成为系统中的佼佼者。同样，研究人员也希望获得与同行一样多的基金、发表成果和引用次数。医学院的教师也希望别人看到他们在学生那里获得了很高的评价。

纽约大学朗格尼医学中心受托人、经验丰富的知名管理顾问钱德里卡·坦登说："纽约大学朗格尼医学中心的数据库非同一般。"她还说："仪表盘是我所见过的实时、端到端透明系统的最佳典范。"

持续改进

纽约大学朗格尼医学中心的信息管理系统在不断发展。梅拉比说："我们建立了强有力的管理机制。每月，我们会与院长和所有副院长一同开会讨论信息技术问题。每项任务——临床照护、研究和教学——都设有一个管理委员会，用来决定每个项目的需求和应该完成的任务。这些会议促进了透明度和责任制。"

展望未来，梅拉比说："当下，我们关注的是信息系统如何改善患者体验，以及如何让患者参与到自己的治疗当中。我们相信，包括互联网医疗在内的信息技术只是解决方案的一部分。"他还说："我们正尝试在适当的时候利用技术让患者参与进来。我们深知技术并不是全部的解决方案。我想找到让患者使用分析工具来了解和管理自身医疗问题的方法，这样他们就能更好地管理自己的诊疗了。"

数据驱动精神

数据驱动精神已经在医学中心根深蒂固，魏德表示："我们现在假定，每个人都会按照正确输入数据的要求开展工作。这是常态，不是例外。任何偏离这种做法的行为都需要有真正特殊的缘由。本地优化而非全面优化的提议面临着很大的阻碍。这是仪表盘加强工作流程一致性的一种方式。这并不是我们想要或期望的结果。但是，对数据一致性的要求已经在工作流程和要求人们做的事情上产生了非常大的影响。"

对数据的重视来自最高层。史蒂夫·加莱塔说："鲍勃对仪表盘极为推崇，他能告诉你一些你或许都不清楚的关于你所在部门的事情。与他见面时，你最好打起十二分精神。他对你们部门的指标可谓了如指掌。"

仪表盘已经变得极其重要，熟练使用该系统已成为纽约大学朗格尼医学中心的一项招聘要求。布罗特曼说："我们告诉每个人，我们是一个以指标为导向的组织，我们会对绩效进行评估。我们聘用的每个人都必须能够熟练使用我们的信息管理系统。我们不会聘用那些坚持使用其他系统工作的人。"

> "鲍勃对仪表盘极为推崇，他能告诉你一些你或许都不清楚的关于你所在部门的事情。与他见面时，你最好打起十二分精神。他对你们部门的指标可谓了如指掌。"

纽约大学朗格尼医学中心的外科医生帕雷什·沙阿（Paresh

Shah）说："纽约大学朗格尼医学中心在信息技术方面拥有深厚实力，这是我在很多地方所未见的，特别是在可操作信息方面。数据和可操作信息之间存在很大差异。许多医院拥有大量数据，但可操作的信息则全然不同。建立一个中央数据储存库，不仅将财务数据和行政数据结合起来，还将实际运营数据和临床数据结合起来，这是一项重大成就。"

目前还没有其他医院复刻纽约大学朗格尼医学中心对信息技术的重视程度。格罗斯曼说："其他医疗系统已经开发出先进的数据管理能力，但是，我还没有发现哪家机构拥有像这里开发的这样全面、实时、透明、整合、自由交互的系统。"

> "我们之所以成功，是因为我们坚持不懈地追求卓越。"

格罗斯曼解释了其他医学中心未采取同样做法的原因："人们都在尝试这样做。经常有人来这里问我，'你是怎么做到的？'这很难，因此他们没有这样做。我们之所以成功，是因为我们坚持不懈地追求卓越。"

格罗斯曼补充道："你必须始终专注于持续对该信息系统进行改进。即使我们的系统已经成熟，它也在不断变化。"他认为："关键因素不是技术本身……软件很简单。我们升级软件，它看起来就会更好。我们考虑的是过程。我认为，它之所以如此成功，其中一个原因就是只有我一个人作决定。如果有10个副院长而不是我一个人来作决定，那就永远不会成功。"

纽约大学朗格尼医学中心的办公室经理兼首席执行官希拉·罗森说："我们的技术是最先进的。"但她坚持认为，如果没有格罗斯曼掌舵，这项技术将毫无意义。在她看来，格罗斯曼对"这项技术能为我们带来什么以及他希望这项技术走向何方"有着清晰完整的

第5章 全面、综合、透明、可行的实时信息

愿景。

格罗斯曼有关领导力的观点在《哈佛商业评论》2017年11—12月的月刊中一篇题为《医疗保健需要的信息技术转型》的文章中得到了印证。这篇文章的作者是尼基尔·R. 萨尼（Nikhil R. Sahni）、罗伯特·S. 哈克曼（Robert S. Huckman）、阿努拉格·奇古鲁帕蒂（Anuraag Chigurupati）和大卫·M. 卡特勒（David M. Cutler）。作者总结称："妨碍组织推动IT部门转型的障碍是可以克服的。领导者和临床医生的意愿和支持是克服障碍的关键。"格罗斯曼发挥了领导作用，并带动了临床医生。他对现有技术进行了调整，以满足自己的愿景和仪表盘的要求，他还建立了组织激励机制，确保每个人都参与到为信息系统提供数据和其他输入的工作中，并深入参与到对系统输出结果的记录和响应中。

纽约大学朗格尼医学中心采用的信息技术使得该机构的大量活动变得透明，并且可以进行客观衡量。每个人都可以知道一切进展情况。对一些人来说，尤其是在刚开始的时候，这是一种威胁。这里几乎没有秘密可言，也没有任何地方可以藏匿那些表现不尽如人意的流程和人员。但最终，大多数人都认识到了广泛而深入的信息管理的价值。他们知道别人做得怎么样，也清楚自己的表现。这促进了竞争，也培养了团队精神。

> 格罗斯曼说："我炸毁了各自为政的系统。我彻底摧毁了它们。既不再有各自为政的系统，也不再有任何隐藏之处。到处都是同一个愿景，同一个数据库，同一条信息。"

由于对所有事情都进行了测量和监控，最终打破了传统各自为政的系统和不同组织部门之间的巨大鸿沟。正如格罗斯曼所说："我炸毁了各自为政的系统。我彻底摧毁了它们。既不再有各自为

政的系统，也不再有任何隐藏之处。到处都是同一个愿景，同一个数据库，同一条信息。"他补充说："通过真正整合医院和学校，我们创造了巨大的灵活性，而灵活性对决策制定非常重要。"

钱德里卡·坦登是纽约大学朗格尼医学中心和纽约大学的董事会成员，同时也是坦登资本联合公司（Tandon Capital Associates）的创始人兼首席执行官，该公司曾为多家大型企业提供管理咨询和重组服务。坦登向纽约大学工程学院捐赠了一亿美元，她说："鲍勃使用仪表盘的方式让我重新审视了自己对管理的基本信念。我曾经赞同其他管理专家的观点，他们认为，一旦一个领导者管理超过五个、六个或十个指标，他就什么也管理不了了。他们的观点是，有太多的变量需要考虑。领导者应该持续专注于那些对成功最重要的因素。"但是，她接着说："鲍勃让我看到，同时有效地管理众多指标是可能的。鲍勃从组织的高层、中层和底层角度观察正在发生的事情。"

> 信息就是力量，格罗斯曼掌握着大量信息。但他通过组织将信息向下推送，让组织中的每个人都能看到这些信息。他没有把信息当作对老板的威胁，而是将其作为帮助他们开展工作的工具。

坦登继续说："鲍勃确保他的主要管理人员也能了解同样的情况。整个组织的信息都是透明的。我从未见过其他任何组织的首席执行官和主要管理人员如此全面地使用信息。"

纽约大学朗格尼医学中心的管理人员知道，这些信息最终被用来评判他们的工作表现；但更重要的是，这些信息可以指导他们的工作，帮助他们更好地完成工作任务。格罗斯曼明智地让数据成为工具，而不是鞭子。

第 5 章　全面、综合、透明、可行的实时信息

在纽约大学朗格尼医学中心，仪表盘以及支撑仪表盘的信息技术已经完全渗透到医疗机构及其所做的一切工作中。因此，飞行员不再是盲飞状态。格罗斯曼在安装昂贵的新信息技术、研究仪表盘的同时，也在着手实施战略的其他要素，其中最引人注目的是日间诊疗。

第6章

日间诊疗

2007年,纽约大学朗格尼医学中心只是曼哈顿东区以蒂施医院为中心的几栋建筑。十年后的今天,纽约大学朗格尼医学中心的布局已完全不同。曼哈顿的医院仍然是研究和教学中心,但这些医院和实验室仅是庞大体系的一部分。除了纽约大学朗格尼医学中心布鲁克林院区和位于长岛的温斯罗普附属医院这两家医院外,一个由250多家日间诊疗和家庭照护中心组成的纽约大学朗格尼医学中心健康网络遍布曼哈顿、布鲁克林和长岛。

日间诊疗中心设有医生诊室,能够提供各种诊断和治疗服务,而以前只有在医院住院环境下才具备这些服务。日间诊疗中心可以进行化验,提供X射线和其他影像服务,实施手术和进行输液。许多日间诊疗中心专注于提供专科医疗服务,如肿瘤治疗、心血管介入治疗或康复治疗。

日间诊疗中心网络的建立实现了格罗斯曼对医学中心转型的设想。他从一开始就意识到,新技术与先进的信息服务相结合,许多原本只能在住院环境下进行的操作,如今可以在门诊完成。他预见到,随着微创手术和其他治疗越来越多地在传统医院之外进行,尽管住院服务仍然是治疗重大疾病的核心,但是住院服务的重要性正在降低。格罗斯曼是一位具有开拓精神的企业家,他认为这是纽约大学朗格尼医学中心的一个机遇。

首席医学官、资深副院长兼负责临床事务和战略的副部长安德鲁·布罗特曼是日间诊疗服务网络的主要设计者和管理者。他不遗余力地将高质量分布式患者照护的理想变为现实。他和他的团队推动了纽约大学朗格尼医学中心当前医疗服务方式的发展。

我相信,纽约大学朗格尼医学中心完善的分布式患者照护模式是所有国家——无论经济状况如何——都必须采用的模式。只有这样,它们才能为本国公民提供以患者为中心、高质量、低成本的医疗服务。

> 纽约大学朗格尼医学中心完善的分布式患者照护模式是所有国家——无论经济状况如何——都必须采用的模式。只有这样,才能为本国公民提供以患者为中心、高质量、低成本的医疗服务。

我们过去的医院

在 20 世纪的大部分时间里,以医院为中心的医疗服务一直是美国医疗模式的指导原则。在世界大部分地区,尤其是在中国、印度和撒哈拉以南的非洲国家,以医院为中心的医疗理念依旧盛行。产业经济学和民营经济的经典理念造就了这种局面。规模经济效益可以将复杂设备和专业人员的高昂成本分摊给更多集中在医院就诊的患者。规模也降低了医院运营的单位成本。例如,将所有放射影像设备集中在一个场所,就可以让一家医疗机构为众多患者提供服务。

鲍勃·格罗斯曼提出了一个全新的观点：以患者为中心，而不是以医院为中心的医疗保健服务将占据主导地位。这意味着要把医疗服务引入患者居住的社区，即在当地社区建立一个由紧密联系的医疗机构组成的医疗网络，来提供高端服务。为了患者的安全和降低成本，这就需要尽可能以日间诊疗中心取代以医院为中心的服务模式。利用先进的信息技术，将医院和医疗网络连接成一个不可分割的整体，进行患者管理和行政管理。

格罗斯曼告诉我："医疗保健服务已经发生了翻天覆地的变化。微创手术已成为大势所趋，这意味着住院时间被大大缩短。设想一下心脏手术和瓣膜手术这些复杂的操作，以前人们需要住院2—3周。而现在，一些经皮瓣膜置换术、脊柱手术或髋关节置换术后住院恢复期只有1—2天。纽约大学朗格尼医学中心的髋关节置换术后住院恢复时间不到24小时。

"医院是个危险的地方，这在现代医学中是个公开的秘密，"格罗斯曼说，"在医院里你可能会被感染，我们希望患者的住院时间越短越好，最好不要住院。我们尽量让他们待在日间诊疗机构里。"

> "医院是个危险的地方，这在现代医学中是个公开的秘密，"格罗斯曼说，"在医院里你可能会被感染，我们希望患者的住院时间越短越好，最好不要住院。"

格罗斯曼总结了纽约大学朗格尼医学中心的建设方向是发展日间诊疗服务，而不是造更多、更大的医院。"从患者的角度来看，医院并不是进行常规检查或小手术的理想环境。"薇姬·马奇·苏纳在谈及纽约大学医疗机构的发展时说，"因此，我们专注于如何将这些服务转移到医院以外的地方。这让我们有机会创造让患者体

第 6 章 日间诊疗

验更好的环境，取得更优的疗效，同时也促进了我们日间诊疗网络和住院服务机构的发展。"

在格罗斯曼担任首席执行官之前，鲍勃·伯恩指出："我们一直在建设日间诊疗服务网络，但水平很低。鲍勃·格罗斯曼说，我们应该加倍努力。必须决定优先发展哪些专科。我们应该从战略角度考虑我们需要覆盖的领域。我们必须分析不同支付类型患者的比例。除了最重要的医疗服务质量问题外，我们还必须了解所有这些事情。"

为了打造一个日间诊疗中心，纽约大学朗格尼医学中心需要租用或新建场地，然后配置必要的设备和诊室。这些门诊部通常配有可以开展多种不同类型手术和理疗的设备，但每个门诊部通常都有特定的专科特色。如格罗斯曼所言："我们的心脏外科、骨科、血管外科和神经外科日间诊疗方面都处于领先地位。"

纽约大学朗格尼医学中心的一家日间诊疗中心位于曼哈顿下城历史悠久的三一大楼（Trinity Building），这是一座办公楼。与此同时，在 2017 年 3 月，纽约大学朗格尼医学中心宣布计划在曼哈顿下东区斥资 3 300 万美元建造一个占地 55 000 平方英尺的日间诊疗手术中心。最大的几个日间诊疗中心都建在医院内，包括肌肉骨骼中心和肿瘤中心。事实上，珀尔马特肿瘤中心有两个无缝连接的日间诊疗中心，这两个日间诊疗中心将诊断、检查和治疗服务串联了起来。

我来与大家分享一下自己在纽约大学朗格尼医学中心其中一个日间诊疗中心——珀尔马特肿瘤中心的亲身经历。我在亚洲旅行期间发现颈部有一个一直不消退的肿块。回国后，我与纽约大学朗格尼医学中心的家庭医生预约了第二天的检查。他安排我第二天去做活检。我去的那个门诊部位于曼哈顿市中心，是一栋十层楼高的建筑，几乎专攻头颈部肿瘤的治疗。活检室紧挨着临床实验室。仅仅 5 分钟后，结果就出来了。因为我是一名生物医学家，有肿瘤研究背景，特别是头颈部肿瘤的研究背景，所以他们允许我亲自查看活检标本。我从活检椅上起身，走了 20 英尺来到实验室，透过显微镜观察刚刚还属于我身体一部分的肿瘤细胞。诊断结果毋庸置疑。这就是许多前人所走过旅程的第一步。我很欣慰地说，由于诊断迅速，再加上一个合作多年的专家团队完美地实施了治疗，我现在已经摆脱了癌症。

位于曼哈顿东区 34 街的珀尔马特肿瘤中心

然而，大医院的常规就诊流程大相径庭，在那里，如果患者需要做活检，会在医生诊室内进行，然后将组织标本送去进行阅片。几天后，我必须回到医生这里才能知道结果。

到 2018 年，纽约大学朗格尼医学中心已拥有 230 多家日间诊疗中心和社区医疗机构。格罗斯曼认为，日间诊疗战略"使我们有别于城市中的其他医院"。他告诉我，其他人或许会试图效仿纽约大学朗格尼医学中心的日间诊疗战略，"但这很难做到。我们之所以能成功建立一个强大的日间诊疗网络，一部分原因在于我们已经拥有了一家综合性医院，另一部分原因是我们已经奋斗了很长时间，因此我们非常清楚该怎么做。在很多方面，这些日间诊疗机构就像一个个盒子。我们在盒子上加持了信息技术，把每个人都联系起来，并且知道我们在做什么"。

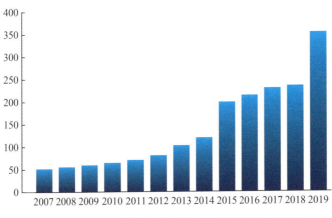

2007—2019 年纽约大学朗格尼医学中心日间诊疗机构的数量

医生的日间诊疗服务网络

日间诊疗服务网络的发展也驱动着用户从有权使用纽约大学医院设施的顾问医生向纽约大学朗格尼医学中心全职聘用医生转变。多年来，纽约大学朗格尼医学中心一直依靠运营私立诊室和诊所的医生。如果患者需要住院进行检查或手术，他们会将患者转送到纽约大学朗格尼医学中心。格罗斯曼试图大幅扩大纽约大学朗格尼医学中心聘用的医生队伍，以把控质量和效率。在过去的十年中，中心聘用了约 2 500 名医生加入日间诊疗服务网络。这些医生都是中心的全职员工，其中约 25% 入职了两家区域性医院合并后的医疗机构，这两家医院分别是布鲁克林的路德医院（现为纽约大学朗格尼医学中心布鲁克林院区）和长岛的温斯罗普医院。其余的人选择离开私立诊所,加入纽约大学朗格尼医学中心成为全职员工。

纽约大学朗格尼医学中心并没有收购这些独立的私人诊所。相反,它为独立执业的医师提供了使用更好的设施和设备提升诊疗水平的机会。对许多医生来说,跟上技术和设备变革的成本超出了他们的承受能力。收购医生诊所需要资本投资。负责战略、规划和业务发展的高级副总裁理查德·多诺霍(Richard Donoghue)告诉我:"不要以为收购一家医生诊所不用成本。我们收购一家新诊所的标准条款是,允许他们在被收购时保留所有应收账款和库存现金。我们会立即开始支付他们的工资,在40—60天后,我们才会看到真正的现金流。收购每家诊所都需要投入大量运营资金。当私人诊所认为他们没有投资必要技术所需的现金流时,他们就会向我们寻求帮助。"

在我们的谈话中,安德鲁·布罗特曼透露了纽约大学朗格尼医学中心成功建立日间诊疗机构的秘诀之一。他说:"大多数医院管理者都知道门诊服务或住院服务是如何运作的,但他们不知道诊所是如何运作的,我们了解并能满足他们的需求。"这也是纽约大学朗格尼医学中心能够与医生展开良好合作的原因之一,他补充道:"我们所有的领导层都是医生,从鲍勃·格罗斯曼往下都是如此。"作为这种理念的一个示例,他接着说:"我们知道,我们聘用的医生在当地都有自己的患者人群,我们不会要求他们从一个地方搬到另一个地方。"

最初,大多数提供日间诊疗服务的医生都是从私人诊所招聘的。最近,新招聘的医生中约有一半已经在某家医院就职。布罗特曼说:"我们的招聘工作很有成效。医生们会在行业内进行调查,他们发现我们无论是近期还是长期都很守信用。我们最初的承诺十分明确,不会作出无法兑现的承诺。如果医生有问题打电话给我们,我们会及时接听。"他补充道:"我们不要求签订竞业限制协议。我们不希望任何人在这里过得不开心。我们的医生很少离职，一年不到 10 个人。"

纽约大学朗格尼医学中心根据执业医师的具体诊疗科目和产出提供基本工资和补贴。薪酬总额通常超过他们在私人诊所的收入。正如多诺霍所说："一般来说，我们的执业医师都有基本工资，此外还有补贴。补贴取决于他们的专业。我们通过相对价值单位模型来计算奖金。"

> "我们的招聘很有效。医生们会在行业内进行调查。他们发现我们无论是近期还是长期都很守信用。我们最初的承诺十分明确，不会作出无法兑现的承诺。如果医生有问题打电话给我们，我们会及时接听。"

多诺霍继续说："例如，放射科医生的相对价值单位取决于他们阅片的类型和数量。外科医生的相对价值单位则取决于接诊的病例数量和在诊室的工作时长。对于住院医生来说，相对价值单位取决于其所负责楼层的患者数量。对于社区的心脏专科医生来说，相对价值单位取决于其所负责的患者数量。奖金部分包含对工作量进行考量的部分"。

全网信息系统

虽然纽约大学朗格尼医学中心的日间诊疗机构分布广泛，但它们都被整合到纽约大学朗格尼医学中心的信息系统之中。日间诊疗中心的医生与医院的医生一样，需严格遵守数据录入和质量监控标准。医生的工作表现也受到质量与安全方面的严格监控。纽约大学朗格尼医学中心的信息系统为分布式日间诊疗服务系统的运行提供了良好的架构支撑。

位于曼哈顿中城的纽约大学朗格尼日间诊疗中心

理查德·多诺霍再次指出:"质量是我们定期评价的指标。通常很难在医生个人层面评判质量。我们主要是在部门层面考核质量和其他指标。质量和患者疗效不是相对价值单位的考量内容,一般也与薪酬模式无关。当然,我们所有的医生都必须在质量与安全方面保持非常高的标准,才能继续在这里任职。"

医生的优势

医学中心和医生都能从全职医生模式中获得巨大的收益。对于医学中心来说,主要好处是在降低成本的同时提高医疗服务的整体质量。纽约大学朗格尼医学中心可以监督和考核医生行为的方方面面。

对于医生来说,成为纽约大学朗格尼医学中心的员工意味着他们可以免去经营诊所带来的诸多负担。他们不用招聘和管理员工，无需选址和维护办公场所，也不必亲自处理患者病历和没完没了的保险公司的表格及问题。纽约大学朗格尼医学中心的工作人员会承担大部分工作，让医生们可以专注于诊疗患者。"在日间诊疗机构工作的人感觉得到了解放，"格罗斯曼说，"他们可以实现自己的抱负了。"

> 对于医生来说，成为纽约大学朗格尼医学中心的员工意味着他们可以免去经营诊所带来的诸多负担。他们不用招聘和管理员工，无需选址和维护办公场所，也不必处理患者病历和没完没了的保险公司的表格及问题。

日间诊疗服务的经济效益十分可观。医院每周 7 天、每天 24 小时运营的固定成本很高，而日间诊疗机构的日常管理费用远远低于医院。这些机构只在工作时间开放，通常是从清晨到傍晚。它们不需要大量的护理人员，也不需要为卧床患者提供膳食服务的人员和设施，提供日间诊疗服务的成本大大低于在医院提供相同服务的成本。如今，纽约大学朗格尼医学中心约三分之二以上的手术都是在日间诊疗中心进行的，医院运营盈余的一半以上来自日间诊疗服务。

全局观

日间诊疗服务改变了纽约大学朗格尼医学中心的医疗服务模式，同时也重塑了其收入结构。布罗特曼在纽约大学朗格尼医学中心 2016 年的年度报告中写道："我们实际上是一个以多家医院为依托的日间诊疗服务网络，而不是一家以多家日间诊疗机构为依托的医院网络。"现在,纽约大学朗格尼医学中心约 65% 的收入来自日间诊疗服务,70% 的手术在日间诊疗机构中进行。

日间诊疗服务革命扭转了一个世纪以来医疗服务集中化的趋势。格罗斯曼和纽约大学朗格尼医学中心着眼未来而不是沉湎于过去,他们毫不犹豫地遵循医学和经济规律,从大型医院转向社区化医疗机构。

> 事实证明,日间诊疗服务具有提高医疗质量的潜力,同时费用也低于住院治疗。

医疗保健服务从集中化的医院向分布式社区日间诊疗中心转变,在美国医学技术和社会学中是一个重要议题。事实证明,这也是一个重要的经济议题。日间诊疗服务具有提高医疗质量的潜力,同时费用也低于住院治疗。纽约大学朗格尼医学中心走在了这一转变的前列,是这一转型的引领者。

我认为,世界其他地区的医疗服务也应效仿这一做法,以确保世界各地的患者都能以可承受的费用获得高质量的医疗服务,这一点至关重要。

第7章

财务成功

2007年,鲍勃·格罗斯曼入职纽约大学朗格尼医学中心,他制定了一项计划,要对园区现有情况进行变革,其中包括新建一所医院和一座生命科学大楼。然而,鉴于医学中心当时岌岌可危的财务状况,如何实现这一计划成了难题。当时,医院和医学院的运营利润率为负值。仅2009年一年,医院和医学院总计亏损就高达9 000万美元。

> 在格罗斯曼的领导下,纽约大学朗格尼医学中心彻底扭转了财务状况,从巨额亏损转变为可观盈余。格罗斯曼上任十年后,纽约大学朗格尼医学中心的银行存款数额已达数亿美元之多。

正如在纽约大学朗格尼医学中心转型的其他方面一样,格罗斯曼在重塑医学中心的财务状况方面也发挥了至关重要的作用。恢复财务健康需要提高收入并控制开支。日间诊疗服务策略创造了一个重要的新收入来源。与此同时,格罗斯曼在保障医疗质量的前提下尽可能降低成本。来自研究基金、研究合同的收入迅速增长,大笔捐赠也起了重要作用。

在格罗斯曼的领导下，纽约大学朗格尼医学中心彻底扭转了财务状况，从巨额亏损转变为可观盈余。格罗斯曼上任十年后，纽约大学朗格尼医学中心的银行存款数额已达数亿美元之多。如今，该机构拥有令人羡慕的信用评级，并能够以略高于美国国债的利差发行债券来为新项目融资。

医学经济学

可持续发展和利润是任何企业运营的核心所在。纽约大学朗格尼医学中心为扭转财务根基并实现蓬勃发展所采取的许多措施，都适用于众多营利性和非营利性企业，尤其是那些同时依赖政府财政支撑和私人融资的企业。众所周知，医疗机构的财务状况向来非常复杂，大多数医院和医学院都是非营利性机构。尽管如此，这些机构必须在财务上具备可持续性，最好能产生盈余，否则就会面临关停。

医疗机构财务报表的成本部分相当直观。资金主要用于支付员工的薪资和福利，设施和设备的开发、维护和改进，以及从电话费到办公用品等所有与机构运营相关的支出费用。

然而，医院和医学院的收入部分与大多数企业截然不同。它们有五种收入来源：医疗服务、研究基金、医学院学杂费、知识产权特许权使用费和慈善捐款。每种收入来源都极为复杂。

医疗服务费用

医院对其提供的每一项服务都要收费。我们都见过复杂到几乎让人难以理解的医院账单：看诊要收费，住院要收费，拿药要收费,治疗也要收费。近些年来,出现了一些所谓的捆绑式付费,即为特定病症(如手臂骨折)支付固定金额。尽管如此,按服务收费仍占主导地位。

虽然按服务收取医疗费用的概念清晰易懂,但实际医疗费用的支付方式却极为复杂。有时,医疗费用全部由患者自行支付。但更常见的情况是,部分乃至全部医疗费用由私人保险公司或政府机构承担。几乎在所有的支付情形中,医疗费用都是在提供服务许久之后才支付完毕。通常,保险公司只会支付部分费用而非全部费用,然后医疗机构会向患者收取剩余款项。患者可能没有能力或无法一次性支付全部费用,因此付款可能会延迟且分阶段进行。政府机构也可能对账单提出质疑,且报销速度往往很慢。支付过程可能涉及医疗补助(Medicaid)、医疗保险补充保险(Medicare)、患者或员工福利计划、私人保险公司以及年幼患者的父母。账单开具和付款过程通常是相继进行,而不是同步开展的。

研究基金

研究基金是医学院的另一项收入来源。这些拨款可能来自政府机构,主要是美国国立卫生研究院,也可能来自基金会和个人捐赠者。这些拨款通常用于支持一名或多名研究者的工作。研究基金是拨给研究机构的,而不是直接给予研究者的。除了划拨给研究者的资金外,研究机构还收取间接费用,用于提供实验室空间等服务。间接费用可能高达直接费用的90%。

学杂费

大多数医学院都会收取学费。医学生可以自行支付学费,也可从学校或校外基金会获得奖学金。医学院还可按学生人数获得联邦支持费用。除了让学生一心向学、攻读学位外，医学院还经常提供一些研究生奖学金。

特许权使用费

研究成果有时可以实现商业化。当研究出新药或新型医疗设备并实现商业化时，学校和发明人员将共享这笔收入。

慈善捐款

医院是大量慈善捐款的受益者。这些捐款包括各类义卖活动和"展会"所得收入，以及个人、基金会和公司捐赠的数百万美元。

医疗机构力求从这些收入来源中建立一个总收入流，既要能支付开支，又要能有所盈余，不仅为了应对不时之需，还能为机构的成长和发展提供资金支持。医疗机构能以自己的名义或通过各种公共医疗信贷机构为自己的资本项目发行债券。与此同时，将盈余利润进行再投资，用于支付较小规模的扩建，以及应对资产负债表中不可避免的成本增长。

环境

纽约大学朗格尼医学中心坐落于美国最繁华的城市之一，其运营成本颇高，该中心的专业人员薪酬在全国处于最高之列。纽约大学朗格尼医学中心所在的州和城市为穷人提供了大量医疗福利，但政府机构官僚作风严重，行动力匮乏。在美国其他地区，保险公司的报销额度可能看起来较为充足，甚至可以称得上富余，即便如此也往往无法支付纽约医院产生的相关医疗费用。

在如此复杂的环境下，纽约大学朗格尼医学中心是如何改善其

第7章 财务成功

财务状况的呢？格罗斯曼和他的同事们寻求了多种改善财务状况的途径，其中包括提高医院营收周期管理的效率和质量、实行七天工作制、发展日间诊疗服务以及增加慈善捐款数额等。

重新设计账单系统

格罗斯曼很快就发现医院的收费方式存在问题。早期的分析报告表示，由于提供的医疗服务未得到正确记录，纽约大学朗格尼医学中心对于大量报销单无法进行收费。

> 改善纽约大学朗格尼医学中心财务状况的第一步就是确保收回欠款。

此前，纽约大学朗格尼医学中心未对已提供的各类服务开具账单，从而损失了很大一部分应得的收入。格罗斯曼很快得出结论，改善纽约大学朗格尼医学中心的财务状况的第一步就是确保收回欠款。即使没有全新的计费系统，只需改变流程和程序，也能改善财务状况。

计费失误是许多学术型医学中心的常见问题。纽约大学朗格尼医学中心前首席财务官迈克尔·伯克（Michael Burke）这样向我解释道："第一年的住院医师通常处于一线岗位，负责记录对患者所做的一切工作。这些住院医师是世界最累的一群人，每周至少工作80个小时。他们最不想做的事情就是记录每一个医疗服务流程，有时甚至会忘记记录。"伯克继续说道："其结果就是，住院医生没有将所有必要的付款信息输入医疗记录，导致医疗服务被遗漏。我计算了一下，我们错失了大约20%的实际工作报销，这些工作从未收取过费用。"

通过双管齐下的努力，这种情况得到了改善。纽约大学朗格尼医学中心创建并部署了人员团队来改进文书记录和计费工作，并为他们配备了极为先进的信息管理系统。

改善成本回收

伯克解释说："为了改进文书记录工作，我们建立了并行文书审查机制，还引入了外部团队予以协助。我们对团队成员进行了专业培训，并将他们安排在医院病房区域。在患者住院期间，他们会观察并询问住院医生。他们会说：'我注意到你的患者正在使用治疗糖尿病的药物，如果患者确实患有糖尿病，你是不是忘了记在病历中呢？'"

医院专门为这项工作招聘并培训了由30个由护士和医生组成的观察员小组。他们可以识别一线医生可能做了什么或应该做什么，并查看这些工作是否被记录了下来。医生和护士会对编码后的病历进行检查。各项治疗记录完成后，病历会被送到编码计费小组，然后医院按照所记录的编码进行收费。如果一项治疗未被记录在案，医院将无法获得相应的支付费用。

纽约大学朗格尼医学中心从加利福尼亚州的IRM公司请来了一个团队为员工进行培训。伯克说："在病历记录过程中，我们发现了错误，并修复了造成错误的流程。我们确实需要创建强大的流程。请记住，我们每年都有一批新入职的住院医师。如果没有良好的流程管理和审查制度，人们就会重蹈覆辙。技术可以提供帮助，我们已将数据查询工具集整合在Epic中，以便提取数据并查找可能遗漏的内容。"

自动化算法可帮助员工识别计费过程中可能出现的疏漏。例如，如果一位内科医生开具了一套治疗某种疾病的药物处方，计费团队就可以根据算法跟进，确保这些疾病治疗过程在账单中得到正确记录。新系统投入使用的第一个月，纽约大学朗格尼医学中心就收回了 60 多万美元的应收账款。现在，医学中心已有一支 45 人的团队配合审核医疗记录，并因此仅在 2017 年就收回了超过 1.5 亿美元的应收账款。

> 经验就是："确保收费有据，收款有道。"

审计与信息系统密切相关。在 Epic 之前，哪些是应收费项目、哪些是已收费项目、哪些是回款、哪些是欠款、欠款人是谁、为什么欠款等信息都是碎片化且不完整的。伯克说："采用 Epic 的决定是在我入职纽约大学朗格尼医学中心的前一年夏天作出的。鲍勃决定先安装 Epic 的计费系统，因为他希望尽快产生足够的现金用于支付临床开发费用。这意味着 Epic 的计费系统必须与现有的临床系统建立接口，而我们也意识到一旦我们安装了完整的 Epic 系统，与现有临床系统建立的接口就注定要被抛弃。"

系统过渡期间，纽约大学朗格尼医学中心同时启用两个计费系统，以便让 Epic 计费系统有足够的时间进行完善。2011 年，纽约大学朗格尼医学中心将所有计费系统都转换为 Epic 系统。当新系统的各部分部署到位后，纽约大学朗格尼医学中心每月能收回 2 400 万—3 000 万美元的费用，而这些费用本可能无法计入账单并得到支付。伯克说："我们由此得出的经验就是，确保收费有据，收款有道。"

有了电子病历之后，文书记录就容易多了。纽约大学朗格尼医学中心对编码员进行了投资，并将文书记录的职责下放到了住院医师这一层级。每一个微小的改进都会逐渐带来更大的进步。

按服务收费一直是医院经济的主要来源途径，纽约大学朗格尼医学中心会确保对每一项服务都收取相应的费用。格罗斯曼认为，解决收费流程问题是纽约大学朗格尼医学中心所做的最重要的事情之一。格罗斯曼说："医学中心逐步落实了医院的收入周期管理措施、编码、正确计费、文书记录等所有我们此前欠缺的支持功能。突然间，我们开始盈利了。然后，我们又重新把这些钱投入医学中心。"

纽约大学朗格尼医学中心除了大力改进其计费和收款流程之外，还重新审查了收费标准。公开数据显示，纽约其他医院的某些服务收费更高。例如，与其他医院相比，纽约大学朗格尼医学中心的门诊服务收费过低。因此，纽约大学朗格尼医学中心有计划地将其各种服务的收费标准提升到了市场水平。

七天工作制医院

纽约大学朗格尼医学中心还通过创建"七天工作制医院"改善了财务状况。乍一看，医院貌似是典型的全天候运转机构，永远开放，不停忙碌，24小时不断运转。但实际上，许多诊断和治疗都是在周一至周五的上午9点至下午5点这个时间段进行的，与大多数机构的典型办公时间并无二致。当然，急诊需要全天候处理，患者需要日夜接受观察和治疗。不过，与大多数办公室一样，医院在周末意味着有限的治疗操作和人手。

> 七天工作制医院的回报率反映了基本的经济效益原理：医院在周末的医疗能力利用率不足。通过在周末使用其手术室和放射科设施，医院可以在产生少量额外成本的同时获得可观的收入。

格罗斯曼开始着手改变这种状况。2008年年初，他推出了"七天工作制医院"计划。这意味着患者可以在周末进行择期手术和其他治疗或处理。纽约大学朗格尼医学中心的资深行政人员乔伊丝·朗说："七天工作制是一项重要举措，既改善了患者的就医体验，又增加了医院收入。"对患者来说，这意味着周末不再需要仅仅为了等到工作日进行处理或出院而住在医院。朗说："有了七天工作制，患者可以在一周内任何一天出院。如果没有必要，患者无须周末继续住院。"

与此同时，该计划也增加了择期手术的数量。"2010年，我们在周末进行了89台择期手术，"朗说，"2011年，这一数字达到了282台。"她还提到纽约大学朗格尼医学中心也在周末提供影像服务。七天工作制医院的回报率反映了基本的经济效益原理：医院在周末的医疗能力利用率不足。通过在周末使用其手术室和放射科设施，医院可以在产生少量额外成本的同时获得可观的收入，也不需要新的成本支出。

日间诊疗服务盈余

第三项对财务发展有重大推动作用的举措是对于日间诊疗的重视，这一点在第六章中已有论述。日间诊疗所带来的巨大经济效益只是促使其发展的原因之一，但却极大改善了纽约大学朗格尼医学中心的财务状况。

日间诊疗不仅对成本有影响，对收入水平也有影响。日间诊疗中心增加了医学中心的患者基数。就许多疾病而言，患者更愿意就近看病。患者和医生通常都喜欢就近的医疗机构。分布在各个区域的日间诊疗中心网络大大增加了患者的就诊数量。

2007—2017年纽约大学朗格尼医学中心的总收入

纽约大学朗格尼医学中心高级副总裁兼副院长、办公室主任约瑟夫·勒霍塔（Joe Lhota）在一次大型采访中说道："鲍勃·格罗斯曼了解到患者照护领域正在发生的变化，并成功地推动了这一变化。我们的门诊收入占总收入的50%以上。我认为，在纽约，没有任何一家医学中心的门诊收入能超过住院收入。"

> "我们的门诊收入占总收入的50%以上。我认为，在纽约，没有任何一家医学中心的门诊收入能超过住院收入。"

2015年与前路德医院的合并也使纽约大学朗格尼医学中心的收入大幅增长。此次收购加强了纽约大学朗格尼医学中心在布鲁克林区的先发优势，并极大地提升了其在布鲁克林这一快速中产阶级化地区的市场渗透率。虽然已有大量布鲁克林居民前往位于曼哈顿的纽约大学朗格尼医学中心就医，但现在更多居民在附近就能找到纽约大学朗格尼医学中心的诊所。与路德医院的合并（现命名为纽约大学朗格尼医学中心布鲁克林院区）以及与长岛米尼奥拉的温斯罗普医院的合并增加了医院的收入。

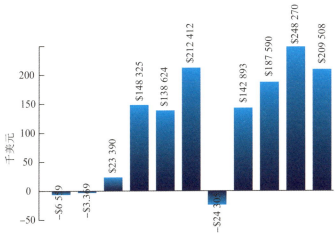

2007—2017年纽约大学朗格尼医学中心的总盈余

慈善捐赠

除了提高收入来源的效率外，纽约大学朗格尼医学中心的另一项主要财务来源是慈善捐赠。肯·朗格尼和鲍勃·格罗斯曼认识到，要实现他们对纽约大学朗格尼医学中心的宏伟愿景，需要有大量的慈善资金支持。他们向纽约大学朗格尼医学中心的全体人员提出要在2019年之前筹集到28亿美元。纽约大学朗格尼医学中心进行了一项慈善可行性研究，广泛听取了纽约大学朗格尼医学中心长期支持者、医生和领导的意见。根据收到的反馈，朗格尼和格罗斯曼制定了一项全面的计划，作为机构领导和董事会主要成员的慈善计划方案。截至2018年8月，纽约大学朗格尼医学中心已募集到26.8亿美元，并有望实现他们28亿美元的目标。慈善捐赠的成功得益于朗格尼和格罗斯曼在整个任期内秉持的关键价值观：清晰的愿景、广泛的参与和透明的流程。

> 纽约大学朗格尼医学中心的董事会由众多热心慈善捐赠的人士组成，他们不但自己捐款，还帮助医学中心从朋友那里募集额外的资金支持。

对于纽约大学朗格尼医学中心来说，关键人物过去是、现在仍然是肯·朗格尼。朗格尼不仅自己慷慨解囊，而且还帮助医学中心获得了其他人的大笔捐款。他自己向纽约大学朗格尼医学中心捐赠了3亿多美元，并通过向自己的朋友和商界熟人募捐款，筹集了数倍于此的金额。

校董

校董对医院和医学院慷慨解囊。纽约大学朗格尼医学中心的董事会由众多热心慈善捐赠的人士组成，他们不但自己捐款，还帮助医学中心从朋友那里募集额外的资金支持。

马丁·利普顿积极筹集资金，凭借他多年来在法律实践中建立的人脉关系招募捐赠者。罗纳德·O. 佩雷尔曼（Ronald O. Perelman）捐赠了5 000万美元，用于创建佩雷尔曼急救服务中心，该中心已于2014年4月投入使用。2015年，纽约大学朗格尼医学中心宣布了另一笔来自保罗·弗雷斯科（Paolo Fresco）的巨额捐赠。保罗·弗雷斯科自2013年起成为纽约大学朗格尼医学中心的校董，他在通用电气工作时就认识肯·朗格尼，那时朗格尼在通用电气担任董事。

第 7 章 财务成功

女性族长与家族

多年来,许多家族都对纽约大学朗格尼医学中心的建立给予了支持,这在很大程度上是由女性推动的。纽约大学前董事会主席拉里·蒂施和他的兄弟普雷斯顿·罗伯特·蒂施(Preston Robert Tisch)都与纽约大学关系密切,对科学和蒂施医院十分关心。然而,正是他们各自的妻子比利·蒂施(Billie Tisch)和已故的琼·蒂施(John Tisch)巩固了家族的遗产,并对纽约大学朗格尼医学中心的慈善事业产生了重大影响。拉里·蒂施和比利·蒂施的儿子以及他们的儿媳艾丽斯·蒂施(Alice Tisch)都是纽约大学和医学中心董事会的成员。艾丽斯·蒂施还创立了纽约大学朗格尼医学中心儿科医院,致力于为儿童和家庭提供更好的医疗服务。

劳丽·珀尔马特(Laurie Perlmutter)在纽约大学朗格尼医学中心董事会任职数十年,是珀尔马特肿瘤中心的有力推动者。她还一度在礼品店里做志愿者。

已故的西尔维娅·哈森菲尔德(Sylvia Hassenfeld)也是纽约大学朗格尼医学中心董事会的长期成员,她代表自己的家族向纽约大学朗格尼医学中心捐赠了遗产。在哈森菲尔德家族三代人的捐赠下,哈森菲尔德儿童医院得以落成。西尔维娅·哈森菲尔德的孙女苏茜·布洛克·卡斯丁(Susie Block Casdin)现在是医学中心的董事会成员。

菲奥娜·德鲁肯米勒(Fiona Druckenmiller)向神经科学研究所捐赠了大笔资金,并继续担任纽约大学朗格尼医学中心董事会联合主席。洛丽·芬克(Lori Fink)和她的丈夫拉里·芬克(Larry Fink)都是纽约大学朗格尼医学中心的理事。两人在许多领域都是慷慨的支持者,包括洛丽主持的珀尔马特肿瘤中心。

特鲁迪·戈特斯曼（Trudy Gottesman）捐赠了大量资金，并以她母亲的名字命名了萨拉儿童与家庭照护中心，以推动以家庭为中心的照护服务。

海伦·基梅尔（Helen Kimmel）自1984年以来一直是纽约大学朗格尼医学中心的董事会成员，她对纽约大学朗格尼医学中心的转型也起到了重要作用。2008年11月，她捐赠了1.5亿美元，用于在纽约大学朗格尼医学中心建造一座新的住院病房大楼。该大楼计划于2012年开工，并于2018年竣工，占地84万平方英尺，将使住院照护空间增加50%。在此之前，海伦·基梅尔于2005年捐资1 000万美元建立了海伦·基梅尔和马丁·基梅尔干细胞生物学中心（Helen L. & Martin S. Kimmel Center for Stem Cell Biology）。一年后，他们又捐资1 500万美元，用于建立斯克博尔生物分子医学研究所（Skirball Institute for Biomolecular Medicine），以及海伦·基梅尔和马丁·基梅尔生物与医学中心（Helen L. and Martin S. Kimmel Center for Biology and Medicine）。

海伦·基梅尔在为基梅尔住院大楼捐款后，立即宣布向纽约大学朗格尼医学中心捐款400万美元，用于建立海伦·基梅尔和马丁·基梅尔伤口愈合中心（Helen L. and Martin S. Kimmel Wound Healing Center）。海伦和马丁还在分子免疫学和药理学领域资助设立了两个基础科学讲席教授职位以及一个新的高级治疗学教授职位。海伦和马丁都不是纽约大学的毕业生，海伦毕业于巴纳德学院（Barnard College），马丁就读于雪城大学（Syracuse University）。根据《纽大医生》（*NYU Physician*）杂志报道，在一次表彰基梅尔女士捐款1.5亿美元的午餐会上，她解释说："我必须说，我和我的先生马丁是因为对鲍勃·格罗斯曼领导这个医学中心的方式感到非常感兴趣才决定进行资助的。在鲍勃的领导下纽约大学朗格尼医学中心立志成为全美一流的医学中心。"

第7章 财务成功

> "格罗斯曼博士激励了医学中心的董事会、支持者和长期捐赠者。创纪录的捐赠反映了这一愿景激发了众多支持者对本机构的信任和信心。"

为美好未来提供资金

2008年11月13日,《医疗保健财经》(Healthcare Finance)杂志刊登了一篇题为《纽约大学医学中心收到2.6亿美元用于扩建》的文章,称海伦·基梅尔和另一个不愿透露姓名的家族的两笔捐赠"使纽约大学朗格尼医学中心2008年的慈善捐赠总额达到了5.06亿美元"。该报道补充说,"这一数额据信是医学中心有史以来在一年内筹集到的最高金额。纽约大学董事会成员将医学中心大额捐赠的激增归功于格罗斯曼,他在担任纽约大学放射科主任六年后,于2007年7月被任命为纽约大学朗格尼医学中心主任兼首席执行官"。

肯·朗格尼在文章中说:"格罗斯曼博士激励了医学中心的董事会、支持者和长期捐赠者。创纪录的捐赠反映了这一愿景激发了众多支持者对本机构的信任和信心。"

2008年注定是不平凡的一年。然而,近年来,纽约大学朗格尼医学中心每年仍能募集到超过2.4亿美元的捐赠资金。从2007年到2018年,纽约大学朗格尼医学中心通过近20万笔捐赠,共筹集到26.86亿美元。其中,6.75亿美元用于基本建设项目,1.81亿美元用于教师招聘和留任,3.53亿美元用于神经科学,3.37亿美元用于儿童服务,2.44亿美元用于癌症,1.09亿美元用于心血管,1.18亿美元用于肌肉骨骼研究和治疗。

此外,为了助力实现格罗斯曼免学费医学教育的愿景,还筹集了数百万美元用于支持奖学金和学生经济援助，其中包括42个捐赠奖学金。另外，纽约大学朗格尼医学中心还设立了40个新的讲席教授职位。

在过去的十年中，纽约大学朗格尼医学中心的整体财务状况在几乎所有方面都得到了显著改善。随着收入攀升，盈余也在增加。该机构已投入巨资改善其设施设备。

事实证明，建立资本储备（即"未雨绸缪基金"）对于医疗机构从2012年飓风桑迪造成的损失中恢复过来至关重要。在讲述当时的财务压力时，时任首席财务官告诉我："据我所知，我们是唯一一家遭受2012年飓风桑迪严重破坏的医疗机构。前一年，我们盈利2.4亿美元，飓风过后，即使我们医学中心关闭了3个月，急诊室关闭了14个月，在接下来的12个月里，我们仍然盈利4 700万美元。除了这里，我不知道还有哪个医疗机构能做到依旧盈利这一点。"

很少有人能比那些投资国家公共债券市场的人更细致地衡量一个机构的财务实力。因此，债券市场对纽约大学朗格尼医学中心的评级颇具启发意义。纽约大学朗格尼医学中心的债券评级为A−。这个评级虽然低于3A，但在评级体系中属于最高级别，且不是每家医院都能达到的。投资者对债券发行人财务实力的评估，甚至可以通过确定发行人必须支付的相对于同等期限美国国债成本的溢价幅度来更为准确地表达出来。

2012年，纽约大学朗格尼医学中心以高于国债187.5个基点的利差出售债券。2013年，飓风过后不久，其债券与国债的利差上升到210个基点。但在2014年，利差降至172个基点。2017年5月，纽约大学朗格尼医学中心进入债券市场，以仅高于国债125个基点的成本筹集了6亿美元。

纽约大学朗格尼医学中心的财务情况良好，而且日益向好。十年间，其收入从2007年的20亿美元增长到2016年的60亿美元。

与此同时，收益情况也从2007年亏损1.5亿美元转为2017年盈余约3亿美元。

慈善捐赠、收入和研究基金拨款的增加以及财务效率的提升，使纽约大学朗格尼医学中心的财务状况发生了巨大变化。财务状况的好转不仅对维持医院的日常活动至关重要，而且对推动格罗斯曼雄心勃勃的转型和扩张计划也起到决定性作用。通过加强每种收入来源，纽约大学朗格尼医学中心成功地同时提高了服务质量和资产负债表的表现。

第8章

飓风桑迪

2012年10月29日,纽约市遭受了百年来最严重的飓风——"桑迪"的袭击。曼哈顿岛的中下东区遭到了最为严重的破坏。纽约大学朗格尼医学中心和研究实验室处于飓风中心,损失惨重。然而,风暴的来临也是人们重新燃起对未来希望的时刻。飓风桑迪是对纽约大学朗格医学中心领导及员工应变能力和智慧的极端考验。他们的应对措施是一份关于如何应对威胁组织生存的黑天鹅事件的绝佳案例。

风暴

飓风桑迪是2012年导致死亡人数最多、破坏力最强的飓风,也是美国历史上造成第二大经济损失的飓风。2012年10月的这场风暴常被称为"超级风暴桑迪",是有史以来最大的大西洋飓风,覆盖范围高达1 100英里。风暴过境8个国家,造成至少233人丧生,其中约117名是美国公民。仅在美国,桑迪造成的损失就超过了750亿美元,这一数字仅次于2005年的飓风"卡特里娜"。

第 8 章 飓风桑迪

桑迪影响了包括整个东海岸在内的 24 个州,对美国西部的密歇根和威斯康星州的部分地区也产生了影响。新泽西州和纽约遭到的破坏尤为严重。风暴以每小时 80 英里的速度伴随倾盆大雨和 14 英尺高的风浪在夜间席卷了该市。曼哈顿和布鲁克林街道的低洼区很快被淹没,地下道路和地铁隧道也未能幸免。

正中靶心

风暴导致东河河水溢出,破坏了位于河岸的爱迪生联合发电站,并让曼哈顿 39 街以南的大部分地区陷入黑暗。短短 30 分钟内,超过 1 100 万加仑的水通过通风井涌入医学科学楼,接着又漫延至蒂施医院和纽约大学朗格尼医学中心的其他建筑内。大水淹没了医学科学楼的备用发电机燃油泵,还摧毁了大量设备。

鲍勃·伯恩表示:"当时预测洪水水位可能会达到 11 英尺,超过警戒水位。实际上水位甚至达到了 14 或 15 英尺。"

> 在短短 30 分钟内,超过 1 100 万加仑的水通过通风井涌入医学科学楼,接着又漫延至蒂施医院和纽约大学朗格医学中心的其他建筑内。

《纽约客》刊登了纽约大学朗格尼医学中心在 2012 年 10 月 29 日当晚的情况,编辑戴维·雷姆尼克(David Remnick)生动地描述道:"到了周一晚些时候,情况更加令人恐惧。没有灯光,没有水源,马桶无法冲水,急诊室和移植室都出现了停电。"

在我与鲍勃·格罗斯曼的采访中,他详细地回忆起当时风暴来临时的情形。他回忆说:"天气预报都是错误的,情况一片混乱。所有系统都停摆了,就连备用系统也失灵了。通讯设备被迫中断,对讲机损坏,应急照明也不起作用。我们面临着生死攸关的情况。"

我相信,在面对这场灾难时,纽约大学朗格尼医学中心的领导和员工的应急处理表现,能为今后面对其他任何突发和意外生存威胁的企业都提供宝贵的经验。①

领导亲自坐镇指挥

意识到风暴可能造成的巨大影响后,格罗斯曼立即设立了一个指挥中心,并将所有高级员工都召集到了医院的中央大厅。他说:"这是一个非常重要的决定,每个人会最先看到指挥中心。那里有一张大桌子,管理团队正在实时作出决策"。

> 他说,指挥中心营造出了一种稳定而果断的氛围,尽管表面看起来一片混乱,但似乎有人在掌控局面。

他说,指挥中心营造出了一种稳定而果断的氛围,尽管表面看起来一片混乱,但似乎有人在掌控局面。指挥中心还使格罗斯曼和他的管理团队能够观察工作人员并监测他们所处的情况。

确定优先次序并采取行动

格罗斯曼告诉我:"我们优先考虑将患者安全转移出去。"随着风暴持续恶化,许多患者被送往其他预计不会受到洪水侵袭的城市医院或家中。对于那些留下来的患者,如果必须全部撤离,他们会为每位患者提供一份详细的病历,以确保接收医院能够及时掌握转

---

① 《挥别朗格尼:一则故事》,《纽约客》,2012年10月30日。

第8章 飓风桑迪

飓风桑迪袭击当晚,院长和首席执行官罗伯特·格罗斯曼在大厅指挥中心的模糊照片

院所需的信息。他们通知家属可以找到他们亲人的地点,以防最坏情况发生时必须转移这些患者。然而,最坏情况还是发生了,设施被淹,包括备用发电机在内的所有电力供应都出现了故障。

飓风当晚,纽约大学朗格尼医学中心疏散患者时大厅里的景象

首先转移的是病情最严重、最虚弱的患者，其中包括新生儿重症监护室的 20 名婴儿，他们中的一些人需要使用电池供电的呼吸机。医院工作人员为儿科的每个孩子都打印了标签，上面有他们转移前最后一小时的全部病史。他们将这些病历进行塑封，固定在每张病床上。由于停电导致电梯停运，医生和护士们把每个孩子都抬下楼，送上等候的救护车。每个孩子的家人都在那里等候，准备与他们一起撤离。

随后撤离的是成年患者，他们中的许多人处于危急状态。有些患者不得不穿过漆黑的病房楼道，徒步走下楼梯。迎接他们的是一队救护车，其中有许多是开车从几英里外赶来帮忙的志愿者。在长达 12 小时的过程中，322 名患者被安全疏散。

> 首先转移的是病情最严重、最虚弱的患者，其中包括新生儿重症监护室的 20 名婴儿……由于停电导致电梯停运，医生和护士们把每个孩子都抬下楼。

医护人员在疏散过程中将一名患者抬上救护车

34街的奇迹

原来，当晚纽约大学朗格尼医学中心的患者之一就是该校的校董主席肯尼斯·朗格尼，他因肺炎住院。当他得知医院正在进行疏散时，便穿好衣服，走下楼梯来到指挥中心，在那里亲眼目睹了医院高层管理人员精心策划的这次具有历史性意义的疏散行动。朗格尼说："这是给我的一份礼物，我看到了医生和护士们为此付出了多么艰辛的努力，尤其是为了早产儿和其他患者。"看到患者被医生和护士用担架抬下无数层台阶，最终都安全撤离，而照明工具却只有手电筒，朗格尼将这称为"34街的奇迹"。当晚，朗格尼走出医院，蹚过医院周边的积水，乘车回家。

> "我们的态度是'好吧，让我们来看看这个问题。这是我们今天要做的事情。我们需要打给谁？我们需要什么？'我们的领导团队一周七天，每天都来到医院，即使在停电和天寒地冻的情况下也不例外。"

纽约大学神经科学研究所主任、生理学和神经科主任理查德·钱说："在风暴袭击的大部分时间里，一切都井然有序。研究生们帮助患者走出医院。我换乘多辆巴士赶赴哥伦比亚大学去买干冰，以保存我们一些研究员使用的试剂。当时的状况有一种我们每个人都投入的氛围。"

集中指挥

格罗斯曼说："在纽约大学朗格尼医学中心管理层努力评估损失和制定恢复计划的过程中，我们在大厅里工作了几天，然后搬到了中心一个半永久性指挥部,尽管已经停电,但每个人都参与其中。这不是出于政治目的,一切都是为了公事。大家的态度是:'好吧,让我们来看看这个问题。这是我们今天要做的事情。我们需要打给谁?我们需要什么?'我们的领导团队一周七天,每天都来到医院,即使在停电和天寒地冻的情况下也不例外。"

纽约大学朗格尼医学中心的半永久性指挥中心

格罗斯曼与州政府和联邦政府的官员一起参观了纽约大学朗格尼医学中心,他们估计维修费用将远超过十亿美元。虽然纽约大学朗格尼医学中心的大部分楼宇不得不关闭,但该中心的高层管理人员决心尽一切可能保持中心的正常运转。

支持员工

暴风雨过后一天,鲍勃·格罗斯曼给肯·朗格尼打电话说:

"你知道,我们的很多员工都不知道自己的家是否尚在。他们的生活陷入一团糟。我认为我们应该向他们保证,即使我们关门,他们也无需担忧收入问题。我们会继续给他们支付薪资"。

朗格尼表示同意,他说:"鲍勃,这是世界上最明智的决定。我们将作出行政决议,就这么办吧"。

> 所有经历过飓风的人都无一例外地对我说了同样的话,……"我们永远也不会忘记,即使我们关门了,高级管理层也承诺会继续支付我们的全额薪资。"

在我撰写这本书以及接受治疗期间,我花了大量时间与管理人员、工作人员交谈。所有经历过飓风的人都无一例外地对我说了同样的话:"我们将永远铭记,在这段艰难的时期,我们是如何团结在一起的。""我们永远不会忘记,即使我们关门了,高级管理层也承诺会继续支付我们的全额薪资。"

返回工作岗位

暴风雨过后,高层管理立即努力调度,尽可能让更多的员工重返工作岗位。当时,许多工作被简单地转移到纽约大学朗格尼医学中心的90多个日间诊疗中心。在此期间,无法搬迁到纽约大学朗格尼医学中心的医生和护士们都在这些分机构工作。随后,几乎所有在其他医疗机构临时过渡的专业技术人员都尽快返回了纽约大学朗格尼医学中心工作,这充分体现了他们的忠诚度。暴风雨过后,起初被迫暂停的医学院讲座,很快被转移到其他地点,并在一周后恢复。

至于研究方面,科学副院长兼首席科学官达夫娜·巴尔-萨希

(Dafna Bar-Sagi)说:"我们最先考虑的是尽快让大家回到实验室,以便大家能够重新开始工作。为此,我们将研究团队从受影响的大楼转移到医学中心其他未受影响的实验室内。我们的一些研究员搬迁到了纽约大学朗格尼医学中心其他暂时闲置的实验室。"她补充说:"这是培养强烈集体意识的回报。同事间的团结协作以及人们包容和助人的意愿,对于我们能够重新站起来至关重要。"

> 格罗斯曼说:"领导力的第一课就是亲临现场。重要的是,要让人们知道,我们摆脱危机后的状态会比最初时更好。"

纽约大学朗格尼医学中心的领导们开始仔细规划功能的恢复和顺序。暴风雨过后不久,格罗斯曼问放射科主任能否在两周内恢复核磁共振检查。格罗斯曼被告知,如果他能"清除所有繁文缛节",就可以做到。格罗斯曼做到了。同样,纽约大学朗格尼医学中心的急诊已经14个月没有开设了,格罗斯曼提议开设一个紧急医疗服务中心。伯克说,一个周末的时间,它就能建成并投入使用。

随着纽约大学朗格尼医学中心在临时处所的工作恢复,管理层也开始着手重建自己的设施。指挥中心高级管理人员在制订计划的同时,格罗斯曼也继续每周与纽约大学朗格尼医学中心的员工进行会议沟通,不断解释和更新正在进行的事务发展情况和计划。

格罗斯曼说:"领导力的第一课就是亲临现场。重要的是,要让人们知道,我们摆脱危机后的状态会比最初时更好。每个人都必须明白,我们会在此过程中变得更强、更好。"

联邦紧急事务管理局和保险基金

格罗斯曼和高层领导知道,来自联邦政府、联邦紧急事务管理

第8章 飓风桑迪

局的支持对灾后重建至关重要。首要任务之一就是寻求保险和联邦救灾资金。格罗斯曼告诉我:"我们马上就联系了联邦紧急事务管理局,我们雇了专人与联邦紧急事务管理局联系。我们有团队与保险公司合作。"格罗斯曼说:"当时,联邦紧急事务管理局刚解决新奥尔良州卡特里娜飓风的善后工作,华盛顿的政府知道他们必须以不同的方式来解决问题。"

联邦紧急事务管理局的标准做法是更换受损建筑物和设备并支付相应费用。正如格罗斯曼所说,联邦紧急事务管理局会说:"你们需要对损坏的东西进行定损,并计算出价格。是你们早先建造了它,现在需要对它进行更换。然后,我们会对其进行审计。5年、10年、15年后,还有一些对于钱的争论。一群人在测量和审计成本等等。"

然而,卡特里娜飓风过后,有另一种方法可用:根据工作人员估算所确定的损失维修费用,与联邦紧急事务管理局就补偿总额达成协议。然后,联邦紧急事务管理局会提供一份相当于占比90%的费用。

格罗斯曼解释道:"采用这种方法,如果超出预算,则由您自己承担。如果花费少于估算,那么可以申请重新规划这笔钱。例如,用于支付其他减灾事项的费用——但必须经过联邦紧急事务管理局的批准。从理论上讲,他们不会对您的预算锱铢必较,他们会问你是否使用了正确的规格,是否做了所有需要做的事情。经过大约一年半的讨论,我们选择了固定价格方案。我们是这个固定合同方案的试验品。"

格罗斯曼说:"在与联邦紧急事务管理局进行讨论的过程中,肯·朗格尼从第一天起就在那里敦促政客们为我们争取联邦紧急事务管理局的资金。"他补充道:"这是一个'完全政治化的过程'。如果没有肯这样的人和纽约州参议员查克·舒默(Chuck Schumer)这样的支持者,一切就完了。参议员舒默在这个过程中也发挥了重要作用。"格罗斯曼补充说道:"肯身为共和党人,他完全支持身为民主党人的舒默。我们还得到了来自弗吉尼亚州的共和党人埃里克·坎托(Eric Cantor)的支持,他当时是众议院多数派的领袖。这是美国最好的政治选择。"

尽管与联邦应急管理局的讨论旷日持久,但当时的首席财务官迈克尔·伯克说:"联邦政府在我们需要的时候真正地挺身而出。"相比之下,格罗斯曼说道:"保险公司的态度却很冷硬,这使得我们不得不起诉他们。"纽约大学朗格尼医学中心估计损失总额为15亿美元,但提出的保险索赔总额约为14亿美元,此后一直处于诉讼和取证阶段。伯克说:"他们并不想付钱。在你提出索赔之前,保险总是一副美好的假象。"

谨慎地承担风险

在格罗斯曼的领导下,纽约大学朗格尼医学中心审慎的风险控制行为已成为典范。他说:"让我把联邦紧急事务管理局的讨论放在一个更广泛的背景下来看。我们在纽约大学朗格尼医学中心、医学院和医疗机构的重建过程中发现了一个主题,那就是我们要谨慎地承担各类风险。在与联邦紧急事务管理局打交道和选择新的报销系统时,我们承担了诸如此类的风险。"

意外的机遇

在纽约大学朗格尼医学中心着手清理和重建其设施时,格罗斯曼传达的信息是,我们不能仅将这场风暴视为一场灾难,还要将其视为一个意想不到的机遇。格罗斯曼说:"有关应对飓风的每一个决定都是一个长期的决定。我们不只是要解决问题,更要长期解决这个问题。"

有些设施（如急诊室）原本就需要更新，在重建期正好可以进行翻新和扩建，总体上节省了时间和资金。重开急诊室可以为纽约大学朗格尼医学中心带来急需的收入，所以处在医院重新开业的大背景下，格罗斯曼还是选择重开急诊室，以便为重建医院设施筹措更多的急需资金。

鲍勃·伯恩指出："尽管看起来很奇怪，但2012年10月底的飓风桑迪却帮我们推行了新的信息系统。"伯恩解释说："我们原计划在2012年12月推出针对临床住院的服务系统。当我们在10月底关闭医院时，正好可以让我们清理旧系统。2013年1月再次开业时，我们也启用了该系统。我们没有在午夜时分切换新系统，我们只是利用停机时间进行了数千小时的课程和培训。洪水并没有影响纽约大学朗格尼医学中心位于第17街的骨科医院，它一直开放着。我们先在那里实施了新系统，并将其作为培训基地。然后，当我们在一月份开业时，我们就全面启用了新系统。"

开业日

经过8周的清理、整修和建造，纽约大学朗格尼医学中心于2012年12月27日重新开业，这也是飓风桑迪过境后的两个月，远早于大部分人的预期。当天，外科医生共进行了55例手术，医院的许多其他部门也恢复了正常运转。然而，每天通常要处理约180名患者的急诊科在飓风中遭受了特别严重的破坏，一直到2014年仍处于关闭状态。

能够成功重新开业有几个关键因素。其一是如前所述的支付员工工资的决定。如果没有训练有素的外科工作人员，开业当天就不可能进行55例手术。如果纽约大学朗格尼医学中心不支付工资，许多员工很可能会跳槽。事实上，当时其他医疗机构也想挖走纽约大学朗格尼医学中心的员工。虽然支付工资的政策成本高昂，但如果重新招聘和培训新的员工，成本会更高，而且这将不可避免地伴随着更缓慢的重新开业的进程。

未雨绸缪

银行里的钱对于维持生存和迅速重建至关重要。这场风暴对纽约大学朗格尼医学中心的财政造成了巨大冲击。桑迪不仅带来了巨额的维修费用，也使医学中心得不到任何收入的同时，还要承担从电话费到利息支出等一系列日常费用，以及支付给不在工作状态下员工的工资。伯克说："飓风桑迪导致了纽约大学朗格尼医学中心失去了原本应获得的约 5 亿美元的医疗收入，并造成了数百万美元的其他损失。"

幸运的是，纽约大学朗格尼医学中心具有远见卓识地设立了一个雨天基金。在过去的 4 年里，医学中心每个月都能存下 1 000 万美元。在暴风雨来临时，他们的银行存款额已高达 4.8 亿美元，还可以从类克获得 3 亿美元的专利税。大学捐赠基金中还有 7 亿美元从未使用。伯克解释说："为了支付那段时间的开支，我们花掉了 1.5 亿美元的类克专利费和另外 5 000 万美元的保险费用。纽约大学朗格尼医学中心还从联邦紧急事务管理局获得了 2 亿美元，作为日后的预付款。"有了这些资金，伯克说："当时我们的急诊室仍处于关闭状态时，我们依靠这些资金维持了 18 个月的运转。"

纽约大学朗格尼医学中心财务状况的改善确保了他们能够渡过这场金融危机。鲍勃·伯恩说："如果飓风桑迪在 2005 年就来袭，永久关闭医院将会成为主题。但 2012 年，我们已无需再讨论这个问题，唯一需要提上日程的就是尽快重启医院。"

虽然医院和医学院能够恢复并重新开展活动，但研究工作却更加困难。达夫娜·巴尔-萨希说："研究界遭到了毁灭性的打击，这对我们来说难以言喻。我们在事情发生后的一年多时间里都无法进入受影响的建筑实验室，对于许多研究人员来说，多年的工作成果毁于一旦。"她补充说："在鲍勃·格罗斯曼的指示下，每位受影响的研究人员都获得了机构资助，以重启他们的研究工作。这一承诺在我们收到联邦政府的救灾资金之前就已经兑现了。这对加速我们重建的进程起到了至关重要的作用。"

巴尔-萨希认为，纽约大学朗格尼医学中心的应对措施与其他机构的灾后重建比起来毫不逊色。"在飓风桑迪袭击后的几天内，我做的第一件事就是从杜兰大学请来了一位专家。他所经历过的卡特里娜飓风及灾后情况与我类似。"她说，"这位专家最终对我们产生了非常积极的影响。听了他的发言，我们所有人都感到振奋。他说：'我知道现在一切看起来都很可怕，但一切都会好起来的。'然后他把我拉到一边，对我说：'我知道现在似乎最重要的是恢复这些设施的功能。别担心，基础设施会恢复的。你现在最需要关注的是教职员工们的士气。'"杜兰大学医学中心在经历了卡特里娜飓风后损失了 250 名教职员工中的 40 名。纽约大学朗格尼医学中心在桑迪飓风后损失了多少教职员工？巴尔萨希说："很少，甚至没有。"

案例研究

飓风的影响和纽约大学朗格尼医学中心的应对方式是一个史诗级的灾难和重灾后重建的故事，这促使罗伯特·S. 胡克曼（Robert S. Huckman）、拉斐尔·萨杜（Raffaela Sadun）和迈克尔·莫里斯（Michael Morris）编写了哈佛商学院的案例研究报告《纽约大学朗格尼医学中心的风雨同舟》（2016 年 2 月 3 日）。纽约大学朗格尼医学中心还准备了一段 8 分钟的视频，讲述了这场风暴和重建情况。

飓风桑迪对纽约大学朗格尼医学中心的影响远不止风暴造成的

损失。史蒂夫·艾布拉姆森说:"飓风及其造成的后果特别清楚地表明,格罗斯曼作为一名领导者是极其成熟的。"他补充说:"我要举的例子是飓风桑迪的影响和重建,我们都亲眼目睹了这一过程。鲍勃在飓风当晚立即赶到现场,帮助疏散患者。随后,他带领管理团队在一间没有供暖的房间里,实时地作出决策,并对大家说'我们将在90天内恢复正常运转'。"

> 尽管桑迪造成了巨大的破坏,但纽约大学朗格尼医学中心在第二年的全国排名调查中,在所有学术医学中心中的质量和患者安全方面仍名列第一。

艾布拉姆森说:"当时,每个人都认为恢复重建至少需要6个月的时间。但通过他的努力、日常领导、技能以及与肯·朗格尼的密切合作,纽约大学朗格尼医学中心实现了90天的目标,并且现在比以往任何时候都更加强大。"艾布拉姆森还说:"鲍勃是危机中的领导者。是的,在飓风桑迪之前,他通过自己的管理技能撼动了陈旧僵化的系统,在危机中,当我们真正需要他的支持时,他能够深入战壕。这确实改变了人们的态度。"

回顾桑迪事件,格罗斯曼说:"作为首席执行官,你知道你将面临一场黑天鹅事件。你不知道它是什么,但它一定会发生。问题在于管理者如何应对。"就格罗斯曼而言,他说:"事实上,在我心里,我绝对相信我们会变得更好。现在回想起来,也许是我过于自信了,但我坚信我们一定能渡过难关。我几乎是平静的,我确信我们会比以前更强大。"

尽管桑迪造成了巨大的破坏,但纽约大学朗格尼医学中心在第二年的全国排名调查中,在所有学术医学中心中的质量和患者安全方面仍名列第一。此外,伯克说:"在桑迪事件发生后的头12个月,我们实际上在医学中心创造了 4 700 万美元的盈利。第二年,我们的盈利达到了 1 亿美元。"

飓风桑迪是对重获新生的纽约大学朗格尼医学中心的一次压力测试。它给学校的管理和财务都带来了巨大的挑战。纽约大学董事会主席威廉·伯克利说:"如果说有什么事件能让我们脱轨的话,那就是飓风桑迪。我们不能也无法为这样一场灾难作好事先的计划。然而,当灾难发生时,我们应对自如,甚至比以前更加强大。我们完全靠的是意志力。鲍勃关注的是帮助我们度过危机的关键所在,那就是以人为本,其次才是物质设施。我是做保险的,我可以告诉你,他处理那场可怕危机的方式是非常成功的。鲍勃的所有领导才能都得到了展现。"

观看纽约大学朗格尼医学中心重点介绍桑迪飓风后恢复工作的视频,请访问 www.youtube.com/watch?v=3z078ak7_sc

尽管格罗斯曼上任不到 5 年就遭遇了飓风桑迪,但纽约大学朗格尼医学中心的财政状况比格罗斯曼刚刚担任首席执行官兼院长时要好得多。它在盈利,它的筹款运作、账单收费和募捐活动维持着这台盈利机器的运转。最重要的是,人们普遍认为它的工作质量很高。它经受住了一场传奇飓风的考验,并展现出荣誉感、士气以及强大的再生能力。

第三部分

深入观察

第 9 章

质量与安全

纽约大学朗格尼医学中心愿景的开篇词便是"以患者为中心"。质量与安全是患者照护的基本要素。鲍勃·格罗斯曼刚担任纽约大学朗格尼医学中心首席执行官兼院长时,该中心在研究型医学中心的医疗质量与安全评级排名中处于接近后三分之一的位置——在参评的 90 所研究型医院中位列第 60 名。然而近几年,纽约大学朗格尼医学中心被同一家机构评为全国医疗质量与安全评级最佳的医学

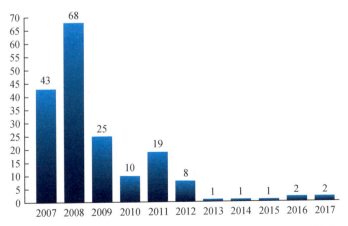

2007—2017 年,文森特(Vizient)大学健康系统联盟评定的纽约大学朗格尼医学中心总体住院患者安全和医疗照护质量的排名情况

中心之一。那么,这种变革是如何发生的呢?

患者至上

提高医疗质量与安全源于将患者放在首位的愿景。从一开始,格罗斯曼及其团队就将患者体验作为工作核心,但事情并非总是一帆风顺的。在一系列采访中,纽约大学朗格尼医学中心的首席质量官玛莎·拉德福德提供了中心转型的第一手资料。她回忆道:"我刚到纽约大学朗格尼医学中心时,其质量与安全评级在所有研究型医学中心中大约排在后三分之一。那时鲍勃·格罗斯曼还未担任院长,我就开始量化中心的医疗质量——如治疗急性心肌梗死的评估指标。我推测这些数据最终会被公开报道,并在将来与绩效挂钩,事实证明我猜对了。我曾去找高级管理层,向他们展示我们中心的糟糕表现,当时我们的服务只能打 60 分,这个成绩可不怎么样。而当时的医院院长回应:'60 分就可以了,这些事情并不重要。'"

在新领导层的带领下,情况很快有了转变。拉德福德告诉我:"我去找了后来成为医院执行院长的伯纳德·伯恩鲍姆(Bernie Birnbaum),我说:'我们中心做得并不好。'他说:'玛莎,你说得对。你需要什么支持?'我说:'我需要一个专注于医疗服务质量的执行团队。'他说:'那就去组建团队吧。'"伯恩鲍姆与格罗斯曼一同从宾夕法尼亚大学放射科来到了这里。当伯恩鲍姆成为她的上司时,拉德福德说:"这真是让人如沐春风。"

在领导层推动患者医疗质量改善的过程中,技术在为领导工作指明方向上发挥了至关重要的作用。在纽约大学朗格尼医学中心,多个领域遵循有评估结果就有过程管理的原则,患者医疗质量便是其中之一。因此,制定评价标准和明确了解基线水平对全面评估患者诊疗的各个方面，进而优化过程管理至关重要。

> 提高医疗质量与安全源于将患者放在首位的愿景。从一开始，格罗斯曼及其团队就将患者体验作为工作核心。

据玛莎·拉德福德介绍，经过研究，她确定了有效提高医疗服务质量的四个要素：管理领导力、临床领导力、及时且有用的数据，以及整个组织的共同目标。"在纽约大学朗格尼医学中心，这四点我们都已具备。"她说。

领导力

纽约大学朗格尼医学中心提升患者医疗质量的动力始于质量控制团队的组建。在伯恩鲍姆的支持下，拉德福德组建了一个执行团队，其团队成员涵盖了需要全面处理质量改进问题的各部门领导。此后，这个执行团队每三周召开一次会议。这个高管团队集中精力后很快便取得了成效。

例如，拉德福德记得，在第一年，质控团队就将所有被评估流程的无差错率从60%提高到90%。助力拉德福德团队取得成果的要素之一是伯纳德·伯恩鲍姆参加了委员会的第一次会议，并发表了5分钟鼓舞人心的讲话，其内容主要阐述了这项工作的重要性。当组织领导者让团队成员知道他们的工作有多么重要时，所有成员都会积极进入角色。

技术

拉德福德强调："技术是我们成功的关键所在。"技术将成为

"高质量发展且多方面努力提升质量的支柱",因为"它是考核和设定基准的关键要素"。考核质量的工作需要在体系、过程和结果三个方面制定量化标准。体系包括固定参数,如床位数、人员配置比例、制度流程以及设备。虽然通常来说,考核医疗服务体系性成本的方式比较清晰,但考核医疗服务的质量或过程则困难得多。

结局考核

在谈到提升质量和控制成本的举措时,纽约大学朗格尼医学中心外科质量与创新副主席兼普通外科主任帕雷什·沙阿指出:"我们最初的考核指标是衡量患者的满意度和医源性疾病的发生率。因为这类指标过于宽泛,我们现在正在创建一个指标来评估科室和疾病特异性质量。"沙阿补充道:"对于某些疾病,已经有了很不错的考核标准,但对于其他疾病则还没有。我们正要求临床科室给予相应指导。"考核指标通常与时间段相关,如出院后 30 天。沙阿还说:"30 天内再入院对任何人来说都是一个质量考核标准。还是存在一些通用的质量考核标准的"。

许多与治疗结局相关的质量考核标准超出了医院的职权范围。沙阿说:"我们正在寻找的真正积极的治疗结局,如工作状态恢复、功能状态恢复、无病间隔期和总生存期,这在医疗照护过程中是无法考核的。"这些情况都发生在患者完成医疗照护之后,有时甚至是在很久之后。他告诉我,尽管纽约大学朗格尼医学中心的质量考核标准达到或超过了全美最佳水平,但仍有改进的空间。

考核过程也可能十分复杂。沙阿补充道:"目前,医疗保健服务系统中评估的大多数质量考核指标都是负性指标,正向的质量考核指标很少。"

除了为流程或手术操作(如冠状动脉搭桥术等)制定指标外,纽约大学朗格尼医学中心还为质量改进设定了目标。医院需要有自己的年度质量改进计划。每年,中心的员工都会制定一个计划来实现内部目标,对计划进行批判,然后向前推进实施,并且对质量改进目标进行审查。

拉德福德说:"我们可以对自身的流程进行内部考核。我们正尝试借助电子病历系统实现流程监测的自动化。电子病历系统并不是为这种指标考核而设计的,它是事务性的系统,并不是分析平台。所以我们必须重新设计系统,以便对医疗流程进行考核。这可以说是一个挑战,必须有像我这样具有批判眼光的人来监督这项工作。"

一旦中心的所有活动都建立了考核标准,它们就能说明各项流程和步骤的工作情况,并指导我们应将注意力集中在哪些方面来提升质量。随着这些指标在各个领域的开发和应用,纽约大学朗格尼医学中心试图在一系列流程中进行改进。拉德福德说:"我们执行了许多不同的项目,其中很多都是长期项目。我们一步一步地稳步推进。"

一个普遍的关注点是结果的差异:为什么同样的操作会造成显著不同的结果?如何减少或消除这种差异?沙阿说:"我把注意力集中在差异性高的领域。我认为减少医疗服务中的差异是我们的重大机遇。"

有时,仅仅对结局进行考核就能带来变化和改进。这是《哈佛商业评论》2017年11—12月月刊上发表的一篇题为《医疗保健需要的信息技术转型》文章所得出的结论。这篇文章的作者对纽约大学朗格尼医学中心的信息技术进行了研究,他们指出,提供额外信息"增强了科室主任和管理者挑战规范、设计并实施改进计划的意愿。例如,由于需要在信息技术系统中建立数据字段,人们不得不讨论'卓越'的定义以及评估其对一线员工影响的最佳方式"。

> 有时,仅仅对结局进行考核就能带来变化和改进。

许多旨在提升质量的改革并不涉及新技术、新设备或新员工。改进源于思考如何更好地执行现有流程。

行动

作为数据收集与质量改进目标相辅相成的一个案例，拉德福德解释了纽约大学朗格尼医学中心是如何应对院内死亡率问题的。她说："2005年我刚来这里的时候，我们医院的患者死亡率高于预期。我们的表现欠佳，常常收到反馈称我们没有对所有相关的合并症进行正确编码。"合并症是指一个患者身上与原发疾病同时存在的慢性疾病或病症。

2008—2018年纽约大学朗格尼医学中心的院内死亡率

拉德福德补充道："于是，我们启动了一个项目来收集所有合并症的情况。我们看到，患者死亡率有所下降，但降幅不大。"同时，她又说："我们从病例回顾中发现，有一部分病例——不算很多，但有一些——在采取任何干预措施之前，患者的病情似乎就已经在不断恶化。这就是我所说的未能及时识别和应对病情恶化。"

2011—2018年纽约大学朗格尼医学中心的医源性疾病

纽约大学朗格尼医学中心的解决方案是什么呢？"我们组建了一个应急反应小组，"拉德福德说，"这有助于进一步降低院内死亡率。"尽管如此，她认为："仍有一些患者被忽视了。这种情况与一种风气密切相关，那就是'嗯，我不能向任何人求助，因为我很坚强，我自己能行'。我们决定要求所有部门制定分级响应制度，鼓励它们的护士、住院医师和低年资员工尽早寻求帮助。这些应急反应小组像金子一样宝贵。在你真正需要的时候，它们能提供即时援助。靠自己硬撑没有任何好处。这确实改变了原有的文化。现在，一旦你认为可能需要呼叫一个反应小组，所有人都认为应该马上联系应急反应小组。我认为这种转变是一个重大成功。"

> "应急反应小组像金子一样宝贵。在你真正需要的时候,它们能提供即时援助……靠自己硬撑没有任何好处。"

在这种方法的作用下,死亡率在两个不同时期出现了两次显著下降。"第一次下降是在 2010 年,"拉德福德说,"那时我们正在进行编码和文档记录工作,并且在整个过程中设立了应急反应小组,同时制度和流程也开始实施。就在那时,死亡率才真正下降。然而,当我们开始将收购的纽约大学朗格尼医学中心布鲁克林院区的数据纳入进来后,死亡率又开始上升。"为了帮助这家新医院达到纽约大学朗格尼医学中心其他医院的水平,拉德福德继续解释道:"我们就像以前那样做:进行编码和病史记录、成立反应小组以及为所有部门制定政策和程序。现在,该院的死亡率正在迅速下降。"

提示机制

与应急反应小组一样,提示机制的启用也是纽约大学朗格尼医学中心在流程方面的又一创新之举。拉德福德表示:"很少有事物被证实可以改变医生的行为,但有一样东西可以,那便是提示,也就是提醒。""纽约大学朗格尼医学中心对其技术进行了调整,使得信息系统能够提示你去做正确的事情,"拉德福德解释说。她说,举个例子,如果一位医生收治了一名肺炎患者,"你就会有一套肺炎治疗方案,在这个方案中嵌入了告诉你应该开具哪种正确抗生素的医嘱。这就是一个提示"。

人们最初的反应是抵触,她说:"在小组会议之外,我询问了内部员工,'这些提示怎么样?'他们当中有一半人喜欢这些提示,另一半人则讨厌它们。与此同时,我们的表现却在不断提升。我意识到,即使对于讨厌提示的那一半人来说,提示仍然发挥了作用。

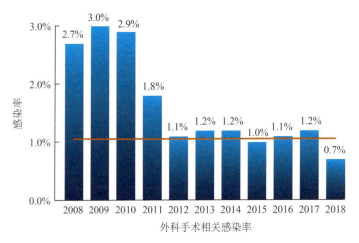

2008—2018年纽约大学朗格尼医学中心外科手术操作相关感染率

哪怕患者确实患有肺炎，他们会回答'不，患者没有肺炎'。尽管如此，医生还是会做正确的事。他们回答是或否并不重要。因为有了这些提示，他们知道自己应该做什么。"

拉德福德强调，医生们会故意不给出正确答复，"即使他们清楚患者患有肺炎，也会告诉计算机患者没有肺炎。他们不想被这些提示打扰"。拉德福德说："他们会询问病史并进行体格检查，之后诊断出肺炎，并会进行正确的治疗。他们只是不想借助计算机来做这些事情。我们了解到的一点是，必须让这些提示变得轻松有趣，而不是成为一种负担。人们用计算机做任何事情时总是会涉及很多次点击操作。人们讨厌过多的点击操作。所以必须想办法将点击次数降至最少。"

> "人们用计算机做任何事情时总是会涉及很多次点击操作。人们讨厌过多的点击操作。所以必须想办法将点击次数降至最少。"

医护合作计划

医护合作计划是另一项助力质量提升的小创举。普雷斯称,在担任首席医务官时,他与首席护理官共同发起了这项计划。该计划的目标旨在帮助每个科室负责监督医疗照护工作的护士和科室医生建立合作关系,从而提升医疗照护质量。普雷斯解释说:"我们已经有了护士长,有时甚至还有助理护士长,然而却没有医生担任他们的医疗主任,所以缺乏来自医生的领导。为了弥补这一短板,我们制定了医疗主任计划,为每个科室指派了一名医生担任医疗主任。"

他指出:"我们安排医疗主任与护士长合作,在各个科室建立医疗主任-护士长二人小组。这个二人组的主要任务是监督质量改进工作。起初,我们让他们专注于他们想关注的任何质量指标。后来,他们从三个质量指标中选定了一个。我们评估了他们的表现,发现每个二人小组的质量指标都有所提升。医生和护士之间的协作也有所改善。"

最佳实践方案

当纽约大学朗格尼医学中心的工作人员想出各种新方法并尝试加以推行时,他们很快就意识到,为了促使人们接受新的最佳实践方案,他们必须战胜倦怠和抵触情绪。

这个过程的一个关键要素是构建了一个代表体系,这些代表负责确保新理念和新流程得以实施。代表人员类型丰富多样,涵盖了从与其他住院医师合作的年轻住院医师到外科主任等各类人员。拉德福德解释说:"每次会议结束后,监督小组的每位成员都要在下次会议前完成会后作业。这些作业稍微超出了他们的舒适区。渐渐地,人们的舒适区扩大了,他们就成了真正的变革推动者。"

透明度

透明的患者治疗结局使纽约大学朗格尼医学中心的医生能够将自己的治疗效果与治疗类似病例的其他医生的结果进行对比。医生可以借助仪表盘，对照国家和全球标准，查看自己和纽约大学朗格尼医学中心的表现。透明度能激发医生和护士最为出色的竞争本能。医生的天职是救死扶伤，他们希望为患者提供最好的服务。透明的数据可以让他们清楚地了解自己的患者与其他医生的患者相比的情况，这激发了他们不断进步的内驱力。

> 众多质量改进举措皆由数据驱动：在这些诊疗活动中，评估结果不尽如人意，显然需要予以关注并进行分析。

激励举措

激励医生改变行为的另一个关键要素是设立财务激励机制。帕雷什·沙阿向我透露："我们构建了一种收益共享制度，主要在科室层面予以推行，确实会对临床科室实现的价值提升给予奖励。"

拉德福德同意沙阿的观点，尽管信息系统和财务激励措施在传播和实施最佳实践方面很有价值，但它们并不是唯一的决定性因素。质量的提升往往只是因为医生注意到了有关最佳方案的建议。

提升质量的创新并不一定需要高昂的成本，也不一定十分复杂。拉德福德指出："我们的成功在于调整了方向并让合适的人参与其中。"她说，在许多旨在提升质量的创新案例中，"没有动用额外的资源、人员和资金，什么都没有。这个项目是通过专注于目标的忙碌之人的合作完成的"。

超越六西格玛

众多质量改进举措皆由数据驱动：在这些诊疗活动中，评估结果不尽如人意，显然需要予以关注并进行分析。许多新的工作都在"精益六西格玛"计划之下展开。"六西格玛注重的是基于数据驱动决策的精度和准确性，"乔伊丝·朗解释说，"精益生产则关乎速度和效率。"从2008年开始，纽约大学朗格尼医学中心开始培训"精益生产冠军"，随后由这些人培训身边的同事，并灌输六西格玛计划的目标和价值观。"精益六西格玛方法已在所有部门和手术室实施，"朗说，"我们能够改进流程并消除浪费和低效。"

纽约大学朗格尼医学中心还通过其他几项系统性举措来提升质量。拉德福德说，"我们在四个层面上实施质量改进"，其中一个层面是"全中心范围内的大型项目"，例如"对所有医疗点进行高可靠性的技术培训，并实施以价值为基础的管理"。

格罗斯曼将高可靠性的技术描述为"需要与其他人沟通、团队合作、出现安全威胁时发出预警、使预警被接受"。格罗斯曼补充说，"高可靠性行动"旨在"创建一种无过错文化，在这种文化中，让人们谈论险些发生的事故，以便我们从中吸取教训"。

> "我们要消除人们在承认错误时的抵触心理。减少这种抵触心理是关键所在。"

他向我介绍了这项工作的部分内容，"我们邀请了一位核电行业的人士介绍如何避免事故。自三里岛核事故以来，美国的核电行业再未发生过事故。我们希望成为那样可靠的机构"。他补充说："我该怎么做呢？在每周的主席会议上，我都会让大家介绍险些发生事故的案例。每个人都从别人的经验中学习。我们要消除人们在承认错误时的抵触心理。减少这种抵触心理是关键所在。"在与我讨论这个问题时，格罗斯曼又回到了他对文化的关注上："文化变革至关重要。人们必须愿意谈论错误。"

基于价值的管理

基于价值的管理是纽约大学朗格尼医学中心的一项运营准则。格罗斯曼和沙阿都将其阐述为价值和结果与成本之比。在对价值的追求中，一方面是意识到随着时间的推移，会有越来越多的人受惠于政府保险、美国联邦医疗保险和美国联邦医疗补助。然而，另一方面，美国联邦医疗保险和美国联邦医疗补助支付的费用有时甚至无法覆盖必要的治疗费用。对于医疗服务提供者而言，如何在可承受的成本范围内提供高质量的医疗服务，既是当今美国医疗保健领域的核心问题，也是许多国家的核心问题。

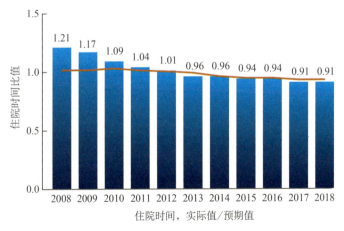

2008—2018年纽约大学朗格尼医学中心的平均住院时间

如果成本不是障碍，我们就有可能做成大事，但成本几乎始终是决定成败的关键因素。三年前，纽约大学朗格尼医学中心在质量与安全方面被评为第一名,但在医疗成本方面却是表现最差的医院之一。格罗斯曼带头采取了一系列广泛的措施,以实现两种不同的、有时甚至是相互冲突的愿望:在质量与安全方面做到极致的同时控制成本。

> 如果成本不是障碍,我们就有可能做成大事,但成本几乎始终是决定成败的关键因素。

为了实现这些目标,前医院运营主管罗伯特·普雷斯说:"我们需要让医生参与进来。具体做法是向医生们展示我们与其他医院的对比数据。同时为每个小组量身定制了一份演示文稿,向它们展示哪里还有改进的余地。"举例来说,"数据显示,我们的医生在输血时所用的血液量比其他许多医院都要多。血液成本高昂。此外,输血使用的血液越多,输血相关并发症的风险也就越高。我们的团队鼓励医生们提出纠正措施。我深知,如果他们自己设计了纠正措施,就会尽全力确保这些措施得到实施。我认为,让医生提出解决问题的方案是一种强有力的方法。如果他们提出的方案合理,并参与了流程设计,那么他们就会投入精力使方案奏效"。

为了整合这种思维,普雷斯说:"为让医生参与到每个临床领域的工作中,我们为每个领域挑选了一名推动变革的带头人。这名带头人必须赢得同行的敬重,并具备出色的人际交往能力。例如,在骨科领域,医生们分析了骨科指南,并查阅了本专业的文献。他们了解了卓越的基线标准是什么,这使他们能够将自己的表现与该领域其他人的表现进行对比。我们基于数据创建了循证指南。"

纽约大学朗格尼医学中心还改进了与手术偏好卡(手术室首选器械和用品清单)相关的成本控制方式。当时,根据外科医生的不同,即使是同一种手术,卡上的器械和用品数量也大相径庭。有些卡上的器械和用品甚至从未使用过。征得外科医生的同意后,纽约大学朗格尼医学中心开始将手术偏好卡进行标准化处置,以节省开支。

纽约大学朗格尼医学中心还启动了一项计划,旨在增加出院后返回自己家中而非其他医疗机构的患者数量。这个目标是根据美国联邦医疗保险的效率指标确定的,每个科室都要达到一定比例的返家出院率。

格罗斯曼还设定了一个目标,即增加每天中午前出院患者的数量。中午前出院的一个主要好处是,医院可以在下午早些时候安排下一位患者入住,重新填满床位。提早办理出院手续也意味着医院资源得到了更有效的利用。这一简单的改变能够使住院时间平均缩短整整一天。在政府和私营部门医疗费用支付者眼中,住院时间对医院而言是一个越来越重要的指标。

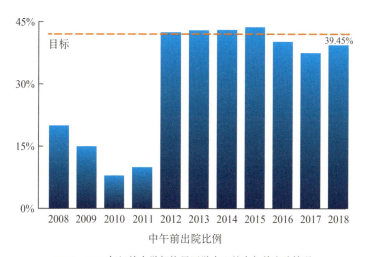

2008—2018年纽约大学朗格尼医学中心的中午前出院情况

据普雷斯报道,格罗斯曼曾对他说:"'我们只有10%的患者在中午之前出院。我认为我们可以做得更好,应当有35%的患者在中午之前出院。'当时，没人认为这样可行。如今，我们已经超越了这个目标，有42%的患者在中午前出院。"

尽早出院"对出院患者更为有利，因为患者住院时间越长，发生不良事件的可能性就越大"，普雷斯认为，"除此之外，提前出院的患者可以领取处方药，如果有家庭照护机构，也有更多的时间安排好一切"。同时，随着越来越多的患者在一天中较早的时候出院，更多新患者可以尽早入院，在住院第一天就能进行全面检查，包括诊断性检查。

普雷斯说："护士参与实现目标至关重要，他们是最先让患者准备好中午前出院的人。"此外，"仪表盘也至关重要，因为我们能够确定需要改进的具体护理单元。仪表盘使我们能够就每个护理单元的进展情况提供实时反馈"。

缩短住院时间不仅对政府机构和保险公司意义重大，对医院自身的经济效益也很重要，因为可变成本发挥着重要作用。沙阿解释说："在我们以价值为基础的管理世界中，直接可变成本是与照顾患者直接相关的费用，是我们可以控制的，因为可变成本取决于医生个人作出的决策：我会使用这种工具还是那种工具？我会使用这种药物还是那种药物？我会选择让患者多住两天吗？我会不会因为患者刚好住院就让患者在住院期间的每一天都抽血化验？"

沙阿对这些成本的分析意味着纽约大学朗格尼医学中心可以跟踪团队和医生作出的每一个决策，并看到每位患者在哪个类别中有可变的直接成本。这些信息使他们能够比较某一特定医生治疗某一特定患者的可变成本，然后再与其他组医生治疗同一诊断结果的患者的可变成本进行比较。

如果通过分析发现某位医生的表现低于其同行，沙阿说："我们会尝试对其进行补救，激励各部门提高整体表现和个人表现。我们创建了一个以价值为基础的管理部门激励计划，该计划与节省的金额和降低的成本挂钩。真正重要的是，激励措施与价值定位挂钩，而不仅仅是成本，这意味着在成本减少的同时，质量必须至少保持不变，甚至更好。"

> 以价值为基础的管理部门激励计划依据成本降低和质量改进同时发生的情况对部门进行激励。

沙阿强调，质量绝不能打折扣。以价值为基础的管理部门激励计划依据成本降低和质量改进同时发生的情况对部门进行激励。这是一个颇为复杂的公式。

可负担的高质量医疗服务

帕雷什·沙阿的评论触及了一个关键问题。提升质量与基于价值的管理是否存在冲突呢？沙阿认同提升质量有时会增加成本这一观点。他补充说："基于价值的管理和评估项目的挑战之一在于：我们要把钱花在哪里？当所实现的质量改进具有价值时，我们就愿意增加成本。"

沙阿说："我们在多个层面上增加了成本以改善结局质量。我尤以为豪的是去年启动的一项计划，即针对复杂患者的联合诊疗。"曾经，人们认为医生"必须了解所有的医学诊断，必须知晓如何管理所有的药物，然而如今，医学信息和知识的增长速度极快，任何一位医生都无法完全掌握"。

> 曾经，人们认为医生"必须了解所有的医学诊断，必须知晓如何管理所有的药物，然而如今，医学信息和知识的增长速度极快，任何一位医生都无法完全掌握"。

要知晓的事情实在太多了，任何人都难以做到面面俱到。沙阿说："我们在管理手术患者的内科合并症方面做得不够出色。我们认为这是进行联合诊疗的一个良好契机。"

沙阿说："我们回顾性地查看了所有外科服务的所有患者。哪些患者的再入院率最高？哪些患者的住院时间有所延长？他们存在哪些并发症？我们使用一个算法模型来回顾过去，然后展望未来，以预测后续的情况。如今，当患者入院接受手术时，我们已经明确了15种并发症，并按相对影响程度进行了分层。如果患者有两个或两个以上的合并症，且总分高于某个特定数值，就会在联合诊疗仪表盘上被标记出来。我们会为这些患者分配一名全职的内科住院部医生。他们要确保所有其他事情都能得到妥善处理。"简而言之，在纽约大学朗格尼医学中心，基于价值的管理是一项重要工具，但它仍然服从于质量管理。

为了实施基于价值的管理，沙阿表示："我们的架构是这样的，有一个由鲍勃·普雷斯担任主席的基于价值的总体管理工作组，我也是其中一员。该工作组下设若干个向其汇报工作的小组委员会。"他补充说："我担任外科委员会主席，管理所有医疗机构的所有外科服务。我们的委员会得到了战略和项目管理小组的大力支持，可以直接与科室主任及其联络员合作以发现机会。我们针对问题制定具体的解决方案，设立具体目标并考核绩效。"

根据沙阿所言，"各部门如何积极管理将取决于各部门自身。我认为，那些认识到机会并有能力投入资源的部门会更积极地去行动，并且做得很好。这些数据对变异性最大的部门尤为宝贵。我们鼓励它们充分利用手头的数据，能够看到其在纠正异常值方面有着巨大的潜力"。

沙阿说："我授权所有外科服务项目的部门主管使用他们的数据。数据就在眼前，查询简便，易于理解。如果您想深入挖掘和细分数据，也能实现。我们追踪每位医生使用仪表盘的情况。人们真的在使用仪表盘吗？答案越来越肯定。"

为了确保以价值为基础的原则得到贯彻，沙阿补充说："我们现在有一个部门激励计划。我可以说，'如果你解决了这个问题，年底就会有 30 万美元返还给部门'。"在激励个人实现目标的过程中，他解释说："我们有意让它成为一个部门激励计划，这样科室主任就可以将他们的部门团结起来，为实现这一单一目标而努力。如果把激励机制变成个人的，那么总会有人说：'嘿，这对我来说无关紧要，我只能多挣 500 美元，所以我真的不在乎。'但在科室层面就不一样了。"科室主任可以酌情使用这笔资金。

> "如果把激励机制变成个人的，那么总会有人说：'嘿，这对我来说无关紧要。我只能多挣 500 美元，所以我真的不在乎。'但在科室层面就不一样了。"

沙阿与科室主任举行会议，以确保他们了解绩效奖金的"确切原因和贡献"。他说："我亲自约谈了骨科、神经外科、外科和心内科等科室人员，这些都是需要大笔资金的地方。"第一笔绩效奖金于 2017 年秋季开始发放。这些奖金根据每六个月一次的评估结果发放。

下一步工作

拉德福德深知，在提升质量成果和实施基于价值的管理方面，还有很多工作亟待完成。日间诊疗的发展，也就是以门诊为基础的治疗模式，带来了质量评估方面的问题。拉德福德说："说实话，大约一年前，我对日间诊疗的评级体系并不认可。它实际上是基于生产率制定的。生产率并不代表一切。"她指出，格罗斯曼也表达过类似的担忧。如今，一年过去了，她说："我们有三项针对日间诊疗的考核指标。这些标准是从我们希望开展的约 50 项考核指标中挑选出来的。随着我们开发出更多的考核指标，我们将对门诊患者的诊疗质量有一个相对更全面的评估。"

拉德福德说："医学正在向日间诊疗方向迈进。我们必须正确评估日间诊疗服务的质量。"尽管制定日间诊疗服务基准非常复杂，但普雷斯指出："我们对中心的日间诊疗服务质量进行了评级。很高兴地说，我们在全国日间诊疗服务领域排名第一。"

沙阿说："现在，我的首要任务是提高住院服务的价值，因为这是我们出现亏损的主要因素。我们与私营的医疗费用支付方的关系还不错，但与政府医疗费用支付方的关系却不尽如人意，因为我们有大量的间接成本不可收费，无法得到抵消。"政府医疗保险计划的支付额通常较少，甚至是吝啬的，因此很难完全覆盖成本。"推动建立基于价值的管理的动力在于，我们认识到在政府支付方那里，当时的亏损速度是不可持续的。"她认为，"我们需要积极地扭转这种局面，并且已经取得了显著的成功"。

事实上，格罗斯曼说："我们最近收购的路德医院拥有全美比例最高的联邦医疗补助患者。然而，我们在大幅提高患者医疗质量的同时，仍然通过医院服务实现了盈利。我们正在学习如何管理一家以联邦医疗补助患者为主的医院，并实现盈利。这对将来非常重要。"

管理文化变革

尽管强调技术和考核，但沙阿坚持认为："提升质量最有趣的部分是文化。这是一种哲学理念，绝非仅仅停留在口头上。纽约大学朗格尼医学中心真正让我感到振奋的是其自上而下的文化变革。

第9章 质量与安全

当我回顾这个机构在格罗斯曼院长的领导下所取得的成就时,我认为可以公平地说,与我交谈过的每个人都将这种文化变革归功于鲍勃·格罗斯曼和肯·朗格尼。他们所设想的,所描绘的,都真切地变成了现实。他们创造了一种追求卓越的信念和一种不甘平庸的信仰。"

> "如何在不引发革命的情况下改变一种文化呢?你必须做到公平,必须疯狂地进行沟通,直到让每个人都明白你在做什么,必须确保每个人都理解这对他们有什么好处。"

为了追求并实现卓越,格罗斯曼说,管理文化变革至关重要,"当今的文化是一种精英管理文化,也是一种问责制文化。这与我们创业之初完全不同。当我成为纽约大学朗格尼医学中心的院长兼首席执行官时,人们的态度是'这里不会有任何变化'。我更换了31位主任,解雇了所有表现不佳的高级管理人员和其他人员,收回实验室场地,削减薪水。然而,我们并没有发生革命"。

格罗斯曼说:"这就是挑战所在。如何在不引发革命的情况下改变一种文化呢?你必须做到公平,必须疯狂地进行沟通,直到让每个人都明白你在做什么,必须确保每个人都理解这对他们有什么好处。"格罗斯曼补充道,员工也需要感受到被需要和自己的重要性。"如果每个人都觉得自己很重要,那么他们就会去学习。如果他们学会了,就会做得更好。如果我们的员工只是朝九晚五的普通工人,我们将永远不会改变任何事情。"

格罗斯曼描述了他的哲学理念。"人们需要一个目标。人们想知道自己是重要的。我告诉他们,每个人都至关重要。在食堂不洗手的人可能会让我们的机构陷入困境。好好想想这一点吧,每个人都很关键。"他接着说:"包括医生在内的人们需要感觉到,他们掌握着自己的命运。维持现状、毫无起色是非常令人沮丧的。制定一个具有远大抱负的计划确实非常重要。你需要向人们展示他们正在经历的旅程。每个人都希望成为伟大事业的一部分。"

沙阿强调："追求卓越是我们的目标。我相信比尔·盖茨说的，我们的目标必须是完美。如果我们把目标定得低一些，将永远无法取得完美的结果，没有什么比完美更值得追求了。达到目标可能需要一些时间，我们愿意花时间。这就是我们的目标，必须是完美的质量。我认为追求完美属于文化范畴。"

拉德福德指出："在某些领域，我们永远不会取得很好的成绩。就像纽约大学朗格尼医学中心一样，纽约人永远不会完全满意。我们的患者永远不会告诉我们他们'总是'得到了最好的服务。总会有人表示不满。我们的患者在发表意见时与明尼苏达州的患者大不相同。"尽管如此，拉德福德说："我们已经在整个组织中切实传播了质量改进和变革管理的精神。每个人都在不断地进行质量改进。"

作为例证，她接着说道："九年前，我们几个人聚在一起决定设立一个质量安全日，来庆祝我们取得的进步。我们组织了一次由国家级讲者参与的演讲活动和一些分组会议。所有人都可以提交项目。我们还颁发了奖品。第一次举办'质量安全日'活动时，提交了30个项目。今年是第九届，提交了330个项目，是第一届的11倍，比去年多了100个，而且每个项目的质量都非常出色。"

第 10 章

教 育

鲍勃·格罗斯曼从一开始就明确了医院的目标：在患者照护、研究和教学方面成为世界一流的医院。2007 年，纽约大学朗格尼医学中心在全美 120 所医学院中排名第 34 位（该排名源自《美国新闻与世界报道》）。如今，它在该排名中已跃居全美第三，仅次于哈佛大学医学院和约翰霍普金斯大学医学院。与其他医学院不同的是，从 2018 年秋季开始，纽约大学朗格尼医学中心将成为全美排名前十的医学院中唯一一所为所有医学生（无论其成绩或经济状况如何）免除学费的医学院。同样的领导力和执行力原则既改变了纽约大学朗格尼医学中心的患者照护，也改变了医学院的教育。

高级副校长兼负责教育、教职员工和学术事务的副院长史蒂夫·艾布拉姆森在教育改革中发挥了主导作用。由于他曾是哈佛大学医学院教授，所以我对他的发言格外感兴趣。在讲述医学院医学教育转型的故事时，他回忆起了自己刚担任首席执行官兼院长时与鲍勃·格罗斯曼的第一次谈话。

艾布拉姆森说："起初，鲍勃·格罗斯曼问我：'你有何打算？'我说：'我想构建一个面向 21 世纪的医学院课程体系。'鲍勃回答道：'很好。不过，如果你要做这件事，那就必须确保它是国家认为重要且能让我们变得更出色的事物。'"

艾布拉姆森开始着手打造面向21世纪的医学院课程体系，并将其命名为"C21"课程。"我们的目标是打造一个全新的、富有灵活性的课程体系，以满足不同学生的个性化需求。在我看来，教育体系不应千篇一律。"他这样说道。

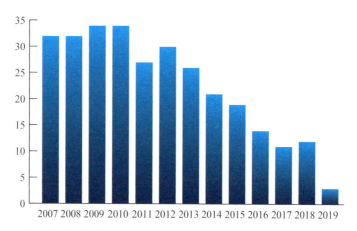

纽约大学朗格尼医学中心在《美国新闻与世界报道》评定的全美医学院排名中的位次

以患者为中心的教育

医学教育改革的核心理念是医学生需要更早且更深入地接触患者。在传统模式下，医学生需要完成两年高强度的医学课程学习后，才能进入医院与患者进行接触。然而，纽约大学朗格尼医学中心推崇以患者为中心，在这种教学方法中，注重医学生与患者的早期直接接触是一项不可或缺的内容。

为了让学生更早地接触患者，艾布拉姆森说："第一步是将最初为期整整两年的课程缩短为18个月。如此一来，我们就能够为医学生提供在医生办公室体验工作的机会，使他们在第一年就能开始与患者打交道。"修订后的课程让医学生能够直接体验与患者的沟通交流。在当时保守的医学教育环境中,将传统的两年课程缩短为 18 个月,堪称一项大胆的举措。

学生正在学习哪种疾病,新的课程体系就将患有该疾病的患者具体经历与教材联系起来,实现了患者接触经验与课堂学习内容的统一。艾布拉姆森说:"我们让学生接触的患者与课堂讲授的内容相匹配。举个例子,当我们讲授胰岛素信号传导时,就希望他们去接触一位糖尿病患者,了解胰岛素输注实际是什么样子。我曾希望——结果也确实如此——学生们会以一种前所未有的方式回到课堂学习胰岛素的相关内容。将所有学生需要学习的基础课程从两年缩短到 18 个月,给了我们所需的自由。"

> 在当时保守的医学教育环境中,将传统的两年课程缩短为 18 个月,堪称一项大胆的举措。

适应变化

医学实践正在迅速发生变化。那些参与规划教育改革之人敏锐地觉察到了这些变化。汤姆·莱尔斯(Tom Riles)成为引领医学教育适应不断变化的医疗实践的领导者。莱尔斯是一名外科教授,同时担任医学教育与技术学院副院长、继续医学教育办公室主任以及纽约健康科学模拟中心执行主任。在参观模拟实验室时,莱尔斯解释了自己渴望改革医学培训的缘由。他告诉我:"在我接受医学培训时期,患者在手术前会在医院住上几天,术后恢复也要住上很多天。这让医学生有机会接触患者,观摩手术过程,并在康复期间照护患者。但现在情况已非如此。很多情况下,患者当天就能入院并出院，最多延迟一至两天。"

针对医学生和住院医师的培训并没有适应这种文化转变；事实上，培训仍以医院为基础。"我们的学生错过了大部分医疗照护环节。这些环节都是在门诊而不是住院部进行的。现在的医学生和我当初培训期间看到的医学生已经不一样了。我们的医学生没有接触到足够数量的住院患者，这对理解患者照护的基础内容是不够的，而医院里根本没有足够的患者。我深知医学教育改革势在必行。"

马克·特里奥拉（Marc Triola）对此表示赞同。特里奥拉是纽约大学朗格尼医学中心的副教授，同时担任医学教育创新研究所主任和教育信息学院副院长。正如他所说："如今，一位要切除胆囊的患者会在手术当天早上到达医院并迅速地进入麻醉状态。医学生在这个过程中几乎不与患者交谈，他们将通过监视器观看腹腔镜下切除胆囊的步骤，患者将在手术当天晚上出院。"

艾布拉姆森认为，在日间诊疗环境中，应该创造一种更好的方法来培训住院医师或医学生，这一需求日益增长。

针对他所观察到的变化，莱尔斯和他的团队设计了现在的WISE-MD。WISE-MD是一系列基于网络的模块，旨在通过提供有关常见外科疾病的高质量内容，提升医学生和其他医疗保健专业人员的外科学教育水平。这些模块融合了文本、实景、动画、图表和图像等元素。莱尔斯指出："我们和其他人已经用WISE-MD在线教学取代了外科手术讲座。教授们不再举办讲座，而是举办辅导课，讨论学生们在线上学到的知识。现在，学生和教授之间的互动更加频繁了。"

WISE-MD模块由医学院开发，众多医学学科的医生（包括外科教育协会和美国外科医师协会的成员）都为此作出了贡献。WISE-MD是针对医学生外科学教育中存在的不足而设计的，这些不足是住院时间缩短和术前、术后照护使用门诊设施增加造成的。这些模块的设计旨在模拟患者的典型诊疗过程，即从初次就诊、体格检查、实验室检查、影像学检查,到术前准备、手术和术后恢复的全过程。不仅囊括了有关疾病和医疗程序的相关知识,还在涉及询问病史、体格检查及术前准备的环节设置了患者与医生之间的互动内容。大部分模块还包含自评问卷。一个由15位来自外科教育协会的全美知名专家组成的编辑委员会负责确定模块的内容,并为特定课程挑选编辑人员。

目前共有34个这样的模块,尽管最初这些模块是为了教授外科学而创建的,但莱尔斯说:"我们现在正在开发内科学的培训模块。"学生可以按自己的需要在线访问这些模块。目前,WISE有两个项目投入运行:WISE-MD用于三年级医学生的外科实习;WISE-ONCALL用于帮助医学生和低年资住院医师为承担住院医师的职责作准备。在美国,已有100多所医学院和骨科医学院将WISE-MD纳入实习课程。新加坡、厄瓜多尔等国家也将其用于医学培训。

以学生为中心的教育

与过去相比,修订后的课程更加注重以学生为中心,减少了为所有学生提供同质化的课程的情况。2018年8月,纽约大学朗格尼医学中心宣布,每一位就读医学院的博士生都将获得全额奖学金,这笔奖学金可以覆盖大部分就读费用。奖学金让有抱负的学生可以根据自己的天赋和兴趣选择专业,而不是为了偿还高额的助学贷款而去选择高薪专业。

纽约大学朗格尼医学中心的医学教育计划还通过提供专业课程和研究机会,让每个学生都有机会在自己特别感兴趣的领域接受专业培训。以学生为中心的教育"意味着尽早提供选择"。艾布拉姆森说:"如今,我们的医学生在最初18个月的临床专业课程后,就会明确自己的兴趣所在——比如他们是否想学习更多科学或人口健康的课程。我们在课程中增加了几个月的时间，以便让部分学生能够参与研究，而其他学生则可以从我们各个部门提供的20门选修课中进行选择。选修课的范围包括医学信息学、健康差异等。这些课程每月开设一次，一年开设多次。"

艾布拉姆森补充道："我们课程的另一个新颖之处在于我们所称的课程的五大支柱。这五大支柱贯穿了整个医学学位课程。它们分别是糖尿病、结肠癌、结核病、充血性心力衰竭和神经退行性疾病。我们的教学方法包括介绍这些疾病的理论知识和临床治疗方法。我们将这些作为毕业生应该了解的疾病的范例。"

> "我们的目标之一是将对基础科学的理解与临床医学更好地结合起来，以鼓励我们的学生更深入地思考他们感兴趣的领域。"

以糖尿病为例，艾布拉姆森解释道："我们的学生将理解中间代谢与细胞受体信号之间的关系。他们会了解胰腺和肾脏在疾病中的作用。我们还希望学生从社会背景层面去理解健康差异、对人群健康的影响以及每种疾病的遗传学信息。医学生还可以获得每种疾病的直接临床经验。我们设有负责协调各支柱的课程主任，每个支柱都是由100名教授组成的小组开发的。我们的理念是将这些支柱作为范例，说明医生应如何从广义上而不仅仅是技术层面处理医学问题。"

为了打造这些支柱，艾布拉姆森说："我们在已有的教学内容基础上增加了新的材料。我们增加了基于网络的内容。学生在课堂上会接触到相关疾病的患者。我们展示了每种疾病的社会问题和医学问题是如何相互交织的。我们的目标之一是将对基础科学的理解与临床医学更好地结合起来,以鼓励我们的学生更深入地思考他们感兴趣的领域。"

医学博士-硕士双学位

另一个目标是培养适合现代医学复杂的组织和管理要求的医生。这意味着要培养更多拥有双学位的医生——医学博士学位加上专业硕士学位。传统上,硕士学位需要多读一年,因此双学位总共需要五年的研究生学习,但纽约大学的课程可以让学生在四年内毕业并获得双学位。纽约大学朗格尼医学中心开设了公共卫生、公共管理、临床研究、生物医学伦理学和工商管理的硕士学位课程。医学博士-工商管理硕士双学位的联合课程最受学生欢迎。

> 纽约大学朗格尼医学中心开设了公共卫生、公共管理、临床研究、生物医学伦理学和工商管理的硕士学位课程。医学博士-工商管理硕士双学位的联合课程最受学生欢迎。

被医学院录取的学生可以选择传统的四年制课程。但被四年制课程录取的学生也可以选择申请加入其专业领域内的速成班,这样就能在三年内获得医学博士学位。此外,还有一个四年制或五年制的双学位途径,可以在获得医学博士学位的同时,获得公共卫生、公共管理、工商管理、生物医学伦理学或临床研究方面的硕士学位。

三年读完医学博士学位

鲍勃·格罗斯曼拿出一页写着"三年制医学博士学位"的规划蓝图。一个多世纪以来,只有完成本科医学教育的四年课程,加上两年的医学基础课程学习，再经过两年严格监督下的临床实践，才能获得医学博士学位。格罗斯曼认为有可能在三年内完成培训，这一计划将增加可培训医生的总数，并将医学博士培训的成本降低25%。如今，纽约大学朗格尼医学中心为学生提供了三年制或四年制的学位课程选择。

艾布拉姆森在介绍他们如何实施三年制学位项目时说："正当我们开发以选择为重点的C21课程时，机会来了。我们意识到，通过缩短课程，让学生获得四年制的双医学学位，我们实际上创造了让一些学生在三年内毕业的机会。"

艾布拉姆森接着说："很明显，三年内毕业将为医学生带来实实在在的经济利益：这不仅可以为他们节省一年的学费和食宿费用，还可以让医学生提前一年进入临床实践并开始赚取收入。"其影响远不止于此，艾布拉姆森解释道："医学院每年的学费和食宿费约为75 000美元。学生离开学校时通常要背负30多万美元的债务。我认为，债务会吸引医生选择收入较高的专科，而非选择做科学研究或选择收入较低的专科，比如老年医学、家庭医学和社区医学。没有背负沉重债务的医生在决定自己的职业生涯时有更多的自由。"

提前一年毕业还有其他好处，艾布拉姆森特别强调了这一点。"我们注意到，医师开始执业的平均年龄一直在上升，而这一上升趋势从大学阶段就开始了：如今，许多学生在上大学之前或大学期间会有一年或更长时间的间隔年。随后便是四年的医学院学习。过去，医生要经过两年的住院医师培训才能开始执业。而曾经两年的住院医师培训，如今变成了普通内科需要培训三年，外科需要五年，整形外科则需要八年。这些要求大多是由专业委员会的考试程序设定的。事实上，对大多数医学生来说，成长为医生的关键在于接受住院医师培训的最后四年，而非最初的四年。所以，加快前几年的培训显得更为重要。强制学生继续接受可能并不需要的培训是

第10章 教育

不公平的。"

当纽约大学朗格尼医学中心的教师们思考自己是否提供了学生可能不需要的培训时,他们也开始思考更多课程安排之外的事情。艾布拉姆森说:"基于能力的培训是医学教育的一种革命性方式。其理念在于,能力并不完全取决于培训的年限。如果一个学生能在两年内证明自己已经学会了所有需要学习的东西,那么他们就不必再等四年。我们在思考:一旦完成了临床前的核心内容学习和所要求的临床实践,某些学生就有充足的时间去探索选修课以及学习进阶课程,而不必等到第四年。对于许多学生来说,第四年的时间并不宝贵,因为他们在这一年中的大部分时间都在面试住院医师培训项目或进行'试听选修课',而不是在学习。"

艾布拉姆森说,他受到了伊齐基尔·伊曼纽尔(Ezekiel Emanuel)和维克多·富克斯(Victor Fuchs)发表在2012年3月21日版《美国医学会杂志》上的一篇题为《缩短30%的医学培训》的文章的影响。作者们主张缩短医生从大学到住院医师培训和专科培训的教育过程。他们认为,医学教育的每个环节都可以缩短30%。

艾布拉姆森补充道:"三年制课程的构想是在我们重新设计课程的过程中产生的,鲍勃·格罗斯曼非常赞同这一提议。"事实上,缩短医学课程是格罗斯曼早期规划蓝图中的一部分。

格罗斯曼说:"我在2007年发表了就职演说。在那次演讲中,我提出了我们要走的道路,而我们也确实遵循了这条道路。"

> "我们的三年制医学生在临床知识方面的表现与四年制学生不相上下,甚至更胜一筹。"

艾布拉姆森补充道:"我们决定给学生一个选择三年制医学学位的机会,也决定成为三年制医学教育的全国引领者。"他说:"为了实施该计划，我们要求每个系主任为学生开放20%的三年制名额。从我们之前被四年制课程录取的学生们中进行挑选。"

节省一年时间是否意味着缺失了医学教育的某些重要组成部分呢？纽约大学朗格尼医学中心的证据表明并非如此。据艾布拉姆森说："在学生毕业前夕，我们在模拟中心对大约30名三年制和四年制学生的临床能力进行了评估。我们的三年制医学生在临床知识方面的表现与四年制学生不相上下，甚至更胜一筹。我认为造成这种结果的原因之一是，四年制学生花了太多时间寻找实习和住院医师培训项目，以至于他们在这几个月内都没有获得有意义的临床经验。"

> 节省一年时间是否意味着缺失了医学教育的某些重要组成部分呢？纽约大学朗格尼医学中心的证据表明并非如此。

其他院校可能会效仿纽约大学朗格尼医学中心开设三年制医学学位课程。2014年，梅西基金会向纽约大学提供了一笔为期五年的资助，用于组建一个开设三年制课程的医学院联盟。如今，该联盟已发展到17名成员。艾布拉姆森说："根据我们掌握的信息，目前大约有35所医学院的院长正在规划三年制项目，或正在考虑这样做。"纽约大学朗格尼医学中心缩短医学博士学位的创新理念有可能极大地改变学术格局，并影响成千上万医学生们的生活。

纽约大学朗格尼医学中心未来可能会提供免学费的医学院，从而更大程度地改变学术格局。格罗斯曼正在考虑这种可能性，同时也在考虑实行"无资金需求"录取程序。此举可能会吸引成千上万来自家庭和社区的新生，而这些家庭和社区以前可能从未考虑过将医学院作为一条潜在的发展道路。如果成功，它将激励其余数十所医学院纷纷效仿。

第10章 教育

全额奖学金

纽约大学朗格尼医学中心的学生每年的学费约为8.5万美元。其中，学费占近三分之二，其余费用包括书本费、日常用品费、食宿费等。持续上涨的学费让许多学生在毕业时背负了六位数美元的债务。2018年，该医学院最近一届毕业生中，超过六成的学生拥有平均18.4万美元的学生贷款。

2018年8月，纽约大学朗格尼医学中心宣布将为所有医学生提供全额学费奖学金，无论其经济状况如何。正如《华尔街日报》在该消息宣布当天所报道的那样："此举使其他学校为减轻医学教育经济压力所作的努力黯然失色，其中包括哥伦比亚大学和加州大学洛杉矶分校。今年早些时候，哥伦比亚大学的瓦格洛斯临床与外科医学院宣布将取消所有符合资助条件的学生的贷款，而加州大学洛杉矶分校的大卫·格芬医学院预计将在2012—2022年期间根据成绩提供300多项全额奖学金。"

负责招生和助学金事务的副院长拉斐尔·里维拉（Rafael Rivera）博士在同一篇文章中说："此举将极大地改变我们、我们的学生和我们的患者。"里维拉博士表示，人们担心沉重的学生贷款负担会把医生推向收入更高的领域，或者吓得他们完全放弃医学院的学习，因此减少人们的债务是一种"道义上的责任"。纽约大学朗格尼医学中心宣布此举的新闻稿也表达了同样的观点：

> 纽约大学朗格尼医学中心首席执行官罗伯特·I.格罗斯曼医学博士说："这项决定承认了一个必须解决的道德问题，那就是医疗机构给渴望成为医生的年轻人带来了越来越沉重的债务负担。"

沉重的学生债务从根本上重塑了医疗行业，对医疗保健产生了不利影响。由于背负着巨额的学生贷款，许多医学院毕业生选择了收入较高的专业，从而导致人才从初级保健、儿科和妇产科等利润较低的专业流失。此外，由于担心医学院的相关费用，许多有前途的高中生和大学生因经济障碍而不愿考虑从事医学事业。

这些奖学金的获得要归功于 2 500 多名赞助者的慈善支持。据纽约大学朗格尼医学中心估算，要为这一学费方案提供永久资金大约需要 6 亿美元。与往年一样，受托人提供了富有远见的支持，肯·朗格尼和他的妻子伊莱恩捐款 1 亿美元，伯克利夫妇、巴克利夫妇、德鲁肯米勒夫妇、维尔切克夫妇、西尔弗斯坦夫妇和芬克斯夫妇也提供了其余大量捐款。截至 2018 年 8 月，已筹集资金超 4.5 亿美元。

技术

纽约大学在改革整体课程大纲的同时，也对教室和实验室进行了重大调整。早在格罗斯曼来到医学中心之前，医学院就已经成为运用计算机进行医学教育的早期倡导者。

马克·特里奥拉是将技术应用于医学教育的推动者。他回忆道："在医学院就读期间，我开始将技术的力量视为医学教育、医学研究和临床医疗照护领域的颠覆性变革力量。我对此非常着迷。"他补充说："我被这一领域所吸引，因为我知道技术有可能打破传统的等级制度。"

特里奥拉说："大约在 2006 年，我们开始做一些非常有趣的事情；当时的环境令人兴奋且不断变化。我们找到了思想开明的教师。一切才刚刚起步。然后，格罗斯曼博士出现了，一切都加速推进。"推动变革的关键人物是格罗斯曼和史蒂夫·艾布拉姆森。特里奥拉说:"史蒂夫·艾布拉姆森与我们有着共同的愿景:他明白基于信息的教育是纽约大学朗格尼医学中心的一个与众不同的因素。当时,只有包括我们、加州大学旧金山分校和范德比尔特大学在内的三所学校在走类似的道路。"

2008年,我们设立了教育信息学部门,将其作为我们教育创新的技术和软件启动小组。在接下来的几年里,该部门肩负起了创建开发多项新技术和电子学习资源的任务,以支撑纽约大学本科医学教育项目的课程改革工作。2013年,纽约大学朗格尼医学中心成立了医学教育创新研究所(Institute for Innovations in Medical Education),旨在发展、验证和支持医学教育中的教学、学习和评估过程中的创新,这里所说的医学教育涵盖了本科生、研究生和继续教育。

> 2013年,纽约大学朗格尼医学中心成立了医学教育创新研究所,旨在发展、验证和支持医学教育中的教学、学习和评估过程中的创新,这里所说的医学教育涵盖了本科生、研究生和继续教育。

仪表盘

在整个纽约大学朗格尼医学中心的教育过程中,仪表盘和以数据为导向的方法日益成为实现卓越的关键组成部分。除了设计和实施新的数据收集、报告和分析机制以满足运营和管理需求之外,我们先进的数据基础设施还利用纽约大学朗格尼医学中心的信息学专业知识推动了课程改革。例如,特里奥拉指出,在美国医学会和外科教育协会的支持下，医学院推出了全新的数字医疗保健课程。该课程的关键在于使用从公共资源中提取的大型临床数据库，同时结合纽约大学朗格尼医学中心自身数据库中的脱敏数据。特里奥拉说："通过使用纽约州数百万住院患者出院的定制数据库，我们指导学生提出假设，从大型临床数据库中获得数据，进行分析，然后根据他们的发现向全班展示对医疗保健系统的潜在影响。"这为医学生接触医疗系统中患者照护方法铺平了道路，传授了循证医学和人群健康的重要原则。

此外，特里奥拉还表示，技术在促进学习者、教职员工和教育项目的持续质量改进方面也发挥了重要作用。如今的评估以学习者的进步和能力发展为基础。"我们在纵向、基于工作场所的评估活动中收集的数据需要满足可形成性、可操作性，并最终必须达到支持个性化学习路径的目标。"

模拟

汤姆·莱尔斯告诉我："当时我们想到的另一个重大想法是模拟实验室。"对于医学院来说，技能实验室好比用来训练飞行员的飞行模拟器。它们的共同之处在于，通过实践培养动手能力都很重要，但由于真实操作充满风险，通常先模拟操作，不会直接在真实场景下进行操作。

莱尔斯指出："我从2001年就开始考虑建立一个技能实验室。我们清楚，外科手术正变得越来越复杂。手术技术发展迅速。我们决定建立一个外科技能实验室，在安全的环境中教授学生所需的技能。"

技能实验室于2005年投入使用，当时莱尔斯还是外科系主任。他回忆道："为了让模拟实验室落地并正常运转起来，寻找启动资金可谓费尽心思。鲍勃·格罗斯曼成为院长后，情况发生了重大转变。他和史蒂夫·艾布拉姆森对这一新想法持开放态度。"在听取

第 10 章 教育

了莱尔斯关于外科技能实验室的想法后,他回忆道:"史蒂夫·艾布拉姆森和鲍勃·格罗斯曼都说,'这是个好主意,继续推进'。"

莱尔斯并不是唯一对建立模拟实验室感兴趣的人。其他教职员工也想建立自己的模拟实验室。"格罗斯曼马上意识到这不是办法,"莱尔斯补充说,"格罗斯曼告诉各个院系,'让我们为大家建一个共同的模拟实验室'。"格罗斯曼和艾布拉姆森委托莱尔斯成立一个委员会来负责这个实验室的筹建工作。6 个月后,莱尔斯得出结论,纽约大学朗格尼医学中心需要 1 万平方英尺的空间和 1 000 万美元才能妥善完成这项工作。

在规划过程中,莱尔斯说:"令人惊讶的事情发生了。纽约市立大学的一个人找到了我。他说他们刚刚获得了 2 000 万美元的资金,用于建造一个医学模拟实验室。这真是'一桩美好的姻缘'。"纽约模拟中心是纽约大学朗格尼医学中心和纽约市立大学联合成立的。中心的资金一半来自纽约州,另一半来自纽约市。模拟实验室供两所院校共同使用。

莱尔斯指出,鲍勃·格罗斯曼立刻明白与纽约市立大学合作是正确的选择。"这是一个大胆的决定。我还记得史蒂夫·艾布拉姆森和我在为鲍勃准备演讲时的那种焦虑不安。仅第一年的运营预算就预计要 200 万美元。听完演讲后,鲍勃说:'这太棒了。让我们开始吧。'事情就这么成了。鲍勃的反应与前几届管理层完全不同。他就这样给我们开了绿灯。他心中早有盘算。他立刻就看到了我们所做工作的价值。"

有了组织的支持和资金的助力,莱尔斯向最好的模拟实验室学习取经。他和他的员工参观了美国 10—15 所模拟实验室,包括斯坦福大学、匹兹堡大学、约翰霍普金斯医学院、马里兰大学和哈佛大学的先进设施。莱尔斯采纳了他所看到的许多举措。

占地 25 000 平方英尺的纽约健康科学模拟中心于 2011 年投入使用。该模拟实验室旨在为医生、护士、急救人员和其他医护人员提供面对各种真实医疗场景的机会。模拟中心的主要元素包括训练有素的演员、最先进的人体模型以及模型的各种可以出血、可被镇静甚至能分娩的身体部位。

模拟与患者互动的一种方法是使用训练有素的演员。莱尔斯说："我们有大约200名演员，可以根据需要加以利用。我们训练演员模拟特定的疾病。"这些演员有的已经参与该项目十年之久，他们可能不会表现出特定疾病患者的生命体征——可能实际上没有高热或腿上没有病变，但他们可以回答医学生提出的问题。

医学生对这些"患者"进行体格检查，并提出治疗建议。在学生进行考试时，教师会对学生的表现进行评估：他们是否提出了正确的问题？是否表现出正确的床旁态度？是否要求进行合适的实验室检查？他们是否作出了正确的诊断并提出了正确的治疗方案？模拟考试过程会被录像，以便医学生回顾，并被告知他们可能在哪些方面不符合标准。

该中心还有20多个人体模型，这些模型可以出汗、排尿、呕吐和模拟其他各种身体功能。此外，这些人体模型与我们熟知的用于研究汽车安全的碰撞测试假人类似，也可以模拟各种医疗情景。例如，它们可以改变心率或模拟分娩时产妇大出血的情况。它们还可以回答医学生的提问。或者更准确地说，教师可以使用远程麦克风，通过假人的嘴说话。同样，学生在诊断和治疗这些"患者"时也会接受评估，之后还要对录制的互动过程进行回顾。

> 该中心还有20多个人体模型，这些模型可以出汗、排尿、呕吐和模拟其他各种身体功能。

模拟中心提供多种设施，其中包括1间灾难训练室、1间拥有5张病床的重症监护室、2间手术室、创伤室、1间产房和14间"医生办公室"式的检查室。许多房间都安装了单向玻璃，以便教师观察学生的表现。此外，该中心还配备了100多台摄像机，能够提供实时视频或从多个角度记录培训过程，并生成可用于汇报会议回放的录像。

自2011年模拟中心投入使用以来，莱尔斯说："观察模拟如何融入课程是非常有趣的事情。模拟改变了我们的教学方式，而我们的教学方式又影响着模拟实验室中发生的一切。这是一个不断调整的过程。"模拟中心不仅用于培训，还用于测试和评估。学生在中心的大部分活动都要接受观察和评估。学生们的表现会得到大量的反馈。此外，莱尔斯说，所有学生"在第三年都要经历一次大型模拟医疗实践"，在这次实践中，他们要面对10个不同的病例，每个病例有20分钟的时间来完成模拟诊疗过程。

虚拟显微镜和生物数字人

纽约大学朗格尼医学中心的医疗教育创新研究所率先开发了虚拟显微镜和生物数字人（BioDigital Human）。虚拟显微镜将数字技术应用于医学教育的一个长期组成部分，即通过显微镜观察显示各种组织、细菌和细胞水平疾病迹象的载玻片。在马克·特里奥拉的指导下，纽约大学朗格尼医学中心的工作人员扫描了3 000多张显微病理切片。如今这些都已完全数字化。

> 虚拟显微镜将数字技术应用于医学教育的一个长期组成部分，即通过显微镜观察显示各种组织、细菌和细胞水平疾病迹象的载玻片。

特里奥拉和他的团队采用了谷歌开发的工具来浏览这些图像。

学生可以放大、标记、查询和共享图像。学生和教师可以同时查看相同的幻灯片。

纽约大学朗格尼医学中心的信息技术专家还开发了"生物数字人"。借助三维眼镜和一台平板电脑,医学生可以看到一个完全数字化的三维人体。特里奥拉说:"生物数字人可以让我们的学生在实际解剖前深入了解人体解剖学。在解剖过程中,他们也可以携带平板电脑。"

虚拟显微镜和生物数字人与 WISE-MD 一样,都是由医学教育创新研究所开发的。该研究所及其前身在过去的 20 年里,一直在提高数据和数字分析在医学课程中的作用方面扮演着核心角色。

纽约大学朗格尼医学中心一直是医学教育的引领者,并将继续保持这一地位,使教育适应未来患者和学生的需求。我坚信,他们会随着自身取得的进展迅速地将技术进步应用到教育中。我相信,纽约大学在教育领域取得的开创性进展将传播至远超医学教育的范畴。不久的将来,我们将在教育和再教育的各个方面看到他们——一支重新焕发生机的技术队伍,已为信息时代的挑战作好准备。

第11章

基础设施

格罗斯曼对未来的构想是对纽约大学朗格尼医学中心的基础设施进行扩建和改造,从而为世界一流学府提供现代化的医院和研究设施。医疗技术日新月异,对所需的基础设施和设备提出了更高要求,改旧建新的工作需要提上日程。

园区改造

主园区的改造和扩建是依据格罗斯曼最初制定的规划蓝图计划进行的,该计划分阶段实施。纽约大学朗格尼医学中心的主园区通常是指北至第34街、南至第30街、东至罗斯福大道、西至第一大道的区域。然而,近年来,园区不仅在原有区域内进行搭建,还跨过了这些边界,沿着第一大道向南,并在附近的其他城市街道上扩建。

蒂施医院

最初的改造工作以蒂施医院为核心。纽约大学朗格尼医学中心官网将 1962 年成立的蒂施医院描述为"纽约大学朗格尼医学中心长久以来的核心所在",其翻新工程是园区改造项目的核心组成部分。蒂施医院基本上是 20 世纪 50 年代的建筑,经历了漫长的半个世纪后,它迫切需要进行大规模翻新。

第一步是对蒂施医院的电梯和大堂进行改造,在与医院十八层塔楼相连的独立结构内,增加了一个全新四轿厢电梯组。这样一来,医院的工作电梯总数就增加到了 12 部。事实证明,这是此次改造的一次早期胜利。长期以来,电梯效率低下给患者和职工造成了很大的困扰。格罗斯曼利用一大笔慈善捐款加快了项目进度,并将其列为改造计划中的优先事项。

我亲自证实了新电梯的高效性能,因为我曾计过时间,即使在一天中最繁忙的时候,等待时间也绝不超过 25 秒。电梯整改项目还包括对蒂施医院的主大厅进行扩建和改造,这极大地改善了人员拥挤的情况。

与此同时,蒂施医院重症监护室的扩建工程于 2010 年 4 月竣工。此次扩建将该单元的规模扩大了一倍,并对其进行了重新设计,以提供最为先进的整体医疗照护服务。这个空间设置了 35 张病床,其布局融合了最新的医学技术,其设计旨在最大限度地提高效率以及提升患者的舒适度。

数月之后,在 2010 年 10 月,纽约大学朗格尼医学中心新开设了一家占地 7 500 平方英尺的药房。新药房采用了先进的机械存储和配药技术,并配备了自动检索系统,能够简化药品配送至病房的流程。该系统充分体现了以患者为中心的理念,不但为患者提供了更多便利,而且更加安全。因为它是自动化的,所以不太容易受到人为错误的影响。

此后,2011 年年初,纽约大学朗格尼医学中心在蒂施医院开设了骨髓移植病房。由于该病房的患者常常处于免疫系统受抑制的状态,这个占地 4 500 平方英尺、设有 6 张病床的异体移植病房提

第11章 基础设施

供了经过严格过滤的空气,并且对相对气压进行密切监测。翻新工程为大厅和每个住院楼层都增加了大量新的患者和访客设施,其中包括一个全新的接待区和冥想室。此外,新的大楼和大厅在一楼为访客提供了一个温馨的入口,并在各个楼层设置了令人愉悦的空间。再次强调,此次翻新工程重点聚焦于患者在舒适度和避免感染方面的需求。

全新住院设施

下一阶段是占地83万平方英尺的纽约大学朗格尼医学中心综合医学大楼(Helen L. and Martin S. Kimmel Pavilion)的竣工。该项目于2018年夏季正式投入运营。从零开始规划基梅尔馆(Kimmel Pavilion),使纽约大学朗格尼医学中心的高级临床和行政部门领导能够重新思考住院设施如何才能最好地适应最新医疗技术和临床实践,从而为患者提供更好的体验。其布局设计将患者照护设备移至床旁,从而减少患者的移动距离。基梅尔馆的单间病房有助于限制传播感染,同时还能提高工作人员的工作效率,并便于接待患者家属和访客。薇姬·马奇·苏纳是纽约大学朗格尼医学中心负责房基建和设施的副校长,她告诉《纽约邮报》:"这里将以患者和家庭为中心。"[1] 基梅尔馆和蒂施医院的设施为患者提供了"无缝衔接"的就医体验:这两座大楼在设计上有几层楼甚至是和大厅直接相连的。两座大楼还共用消毒中心和其他辅助支持设施。根据计划,蒂施医院高楼层病房将进行大规模改造,最终将重新配置患者照护单元,提供像基梅尔馆一样的单间病房。

---

[1] 请参阅罗利·威斯(Lori Weiss),《纽约大学朗格尼医学中心的巨大改造即将完成》,《纽约邮报》2018年4月23日。

新基梅尔馆的电脑效果图

哈森菲尔德儿童医院（Hassenfeld Children's Hospital）于2018年开业，是纽约大学朗格尼医学中心综合医学大楼的一部分，并不是一个独立院区的医院。这所医院位于曼哈顿第34街与第一大道交会处，旨在满足患病儿童的特殊医疗和心理需求。大楼的设计既适合儿童，又面向家庭。它还将配备独立病房，并在儿童住院期间为家长提供过夜住宿服务。哈森菲尔德儿童医院有一个独立的街道入口和专门用于儿科服务的电梯大厅，还将配备一个家庭中心、一个"青少年室"和一个图书馆，以及咨询室和休息区。

新设施

除了通过扩建基梅尔馆和哈森菲尔德儿童医院来实现蒂施医院

的重新改造以外,纽约大学朗格尼医学中心还通过建造三座新大楼来焕发活力。

罗纳德·佩雷尔曼急诊服务中心

罗纳德·佩雷尔曼急诊服务中心,亦称佩雷尔曼急诊中心,于2014年4月在蒂施医院正式开业。该中心坐落于第一大道和第33街交会处,占地22 000平方英尺,其规模是原纽约大学朗格尼医学中心急诊部面积的3倍有余。它配备了40个治疗空间,其中包括3个分诊室、3个抢救室和3个负压隔离室。每周7天、每天24小时都有一名药剂师在岗值班。

全新、规模更大、更现代化的急诊中心计划虽早在数年之前就已开始筹划,然而,2012年飓风桑迪迫使急诊部关闭,这才为加快新大楼的建设提供了契机。佩雷尔曼急诊中心在飓风桑迪过后18个月才正式投入使用,其设计中融入了防洪减灾措施,这有助于保护该中心免受严重风暴的侵袭。佩雷尔曼急诊中心的创新特色包括宽敞的治疗室、床旁挂号服务、用于快速检测和诊断的先进影像设备,以及高效的入院和出院流程,使治疗区能更快地为前来就诊的患者提供服务。该中心设有一个全新的儿童急诊部,营造出以儿童为中心、以家庭为主体的环境。此外,该中心还可直接转诊至国家认证的纽约大学朗格尼医学中心的脑卒中综合治疗中心。佩雷尔曼急诊中心在设计上具有灵活性和可扩展性,以适应来院患者数量的波动。

科学楼

纽约大学朗格尼医学中心的新科学楼占地面积逾365 000平方英尺,共10层,设有专门用于研究的实验室空间、会议空间和公共设施。这里将成为学校神经科学研究所的驻地。该大楼将分散在不同大楼中的研究人员汇聚在一起,旨在整合各种研究设施和服务,从而让研究人员、学生、教师和临床医生能够更高效地协同工作。实验室的设计可变性高,并可共享设备。这座规模庞大的新科学楼将使得纽约大学医学院能够容纳新招聘的人员并承担不断增多的研究项目。它融入了各种绿色环保设计和可持续发展技术。

科研人员经常在实验室中日夜忙碌。正如《纽约邮报》所解释的那样,"这就是为什么医院领导层特意决定增设一个拥有宁静优美河景的大型茶水间和咖啡休闲区,鼓励科学家们相互交流和讨论"。为了给科学楼腾出空间,还拆除了几幢现有大楼,使其成为园区南端改造的重点。

纽约大学新科学楼

第 11 章 基础设施

能源大楼

纽约大学朗格尼医学中心于 2012 年开始建造新的能源大楼，并于 2016 年竣工。能源大楼通过使用绿色、高效的能源，减少了对全球变暖的影响，成为纽约大学朗格尼医学中心迈向更具适应性的医学中心和可持续发展引领者的关键一步。能源大楼在飓风桑迪之前就已规划，2012 年那场毁灭性的停电事件以及那次飓风，凸显了保证电力供应的必要性。大楼配备的热电联产装置、应急发电机和锅炉意味着，即便当地电力公司联合爱迪生（Consolidated Edison）的电力供应中断，纽约大学朗格尼医学中心也能完全实现自给自足。事实上，大楼的关键区域将有两种不同的备用电源。

新设施还推动了纽约大学朗格尼医学中心的节能计划。自 2007 年启动该计划以来，纽约大学朗格尼医学中心的温室气体排放总量已减少了 22%。新大楼有望助力纽约大学朗格尼医学中心实现减排 50% 的目标。这座占地 71 000 平方英尺的能源设施将为园区提供主要电力服务，并在采用先进发电技术生产更环保、更经济的能源的同时，满足能源消耗周期延长的需求。

该大楼设有一个 11 兆瓦的热电联产、联合循环发电厂。其中包括一台双燃料涡轮机，可产生 8 兆瓦电力。涡轮机产生的废热进入余热锅炉，为蒸汽轮机提供动力，并产生额外 3 兆瓦电力。蒸汽分布在医学中心的所有建筑中，用于供暖、提供热水、消毒和加湿。最后，蒸汽被抽回医学中心，帮助制造更多的蒸汽。这种循环大大减少了从外部购买电力的需求。

另外两台备用锅炉可以在燃气涡轮蒸汽轮机系统停机维护时为园区提供蒸汽，从而确保医学中心始终有蒸汽可用。能源大楼还配备了一个 750 万千瓦的柴油应急发电站，以防主系统发生故障。此外，能源大楼在设计上可抵御比飓风桑迪造成的更猛烈的洪灾。

能源大楼还配备了一个 750 万千瓦的柴油应急发电站，以防主系统发生故障。此外，能源大楼在设计上可抵御比飓风桑迪造成的更猛烈的洪灾。

能源大楼毗邻蒂施医院，也是肿瘤放疗科所在地，便于医患在蒂施医院和基梅尔馆之间的往来，这两家医院都将使用新的肿瘤放疗设备。

焕然一新的园区

在建造新大楼的同时，纽约大学朗格尼医学中心也在对现有的大楼和设施进行重新配置。医院的行政办公室迁至第一花园大道，纽约大学朗格尼医学中心著名但老旧的罗斯克复健医院（Rusk Institute of Rehabilitation Medicine）所在的大楼被拆除了。日间诊疗患者需要前往东 38 街，住院康复患者搬到了施瓦茨健康管理中心（Schwartz Health Care Center）。为了改善学生的学习和生活环境，他们做了大量工作。薇姬·马奇·苏纳告诉我："我们大幅增加了学生的学习空间，这对他们来说非常重要。还增设了配备便利设施的学生休息室，并对图书馆进行了全面改造。我们购置了一栋新宿舍楼，同时拆除了陈旧的宿舍楼，而这正是许多学生在考虑就读医学院时感到不满的地方。"学生们被重新安置到附近位于东 26 街新装修的维尔切克大厅。正如《纽约邮报》在 2018 年 4 月 23 日以《纽约大学朗格尼医学中心的巨大改造即将完成》为题发表的文章中所说："纽约大学朗格尼医学中心长达十年的总体规划终于要实现了。"

第 11 章　基础设施

十多年来，纽约大学朗格尼医学中心通过发展数百个日间诊疗中心，壮大了自身的影响力。然而，主园区仍然非常重要。它是纽约大学朗格尼医学中心的象征，也是各种行政和管理职能的总部和枢纽。同时，它一直是最复杂的医疗服务的焦点，也是医学教育和研究中心。

> 十多年来，纽约大学朗格尼医学中心通过发展数百个日间诊疗中心，壮大了自身的影响力。然而，主园区仍然非常重要。它是纽约大学朗格尼医学中心的象征，也是各种行政和管理职能的总部和枢纽。同时，它一直是最复杂的医疗服务的焦点，也是医学教育和研究中心。

作为大规模改造和扩建项目的成果，纽约大学朗格尼医学中心的新方法和新精神将在新的或翻新后的设施中得以安放。纽约大学朗格尼医学中心那焕发生机的实体设施，已然具备了应对当代医疗不断变化的基础设备需求的能力，并已作好了充分准备，去融入未来任何不可避免会出现的新变化中去。

纽约大学朗格尼医学中心如今看上去已然是一个完备的 21 世纪医学中心。它拥有现代化的建筑，从 USB 插座到光纤电缆，处处皆是现代化的设备。这些现代化的设施给所有人留下了深刻的印象，而这次改造是对主校区一次极富有意义的更新和升级。它践行了以患者为中心的承诺，并使朗格尼医学中心能够适应日新月异的医疗技术。

一个机构的领导者必须重视文化和工作方法，而一个有助于实现目标的好的环境对这些至关重要。纽约大学朗格尼医学中心的改造和翻新在提供这种环境方面起到了重大作用。

世界级医疗系统：纽约大学朗格尼医学中心的成功蜕变

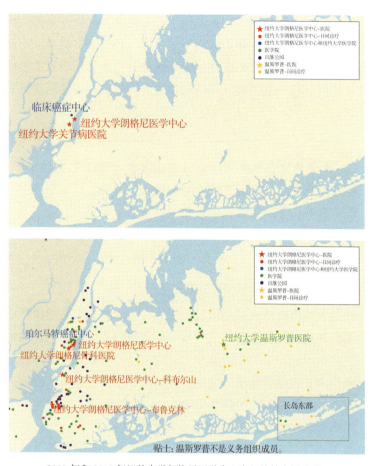

2008年和2017年纽约大学朗格尼医学中心在纽约的发展足迹

第12章

科　研

科研是纽约大学朗格尼医学中心的第三大核心任务,同时也是公认的管理难点。众多管理类书籍只是粗浅地涉及了一些对企业生存和国家经济至关重要的科学家和工程师的管理。在众多机构中,尤其是那些崇尚个人自由的大学,科研人员普遍展现出坚韧不拔的意志和独立思考的能力。我坚信,纽约大学朗格尼医学中心在提升研究员能力和工作效率方面所取得的成就,对于所有依赖科研的机构与大学而言,都是值得深入了解并借鉴的宝贵经验。

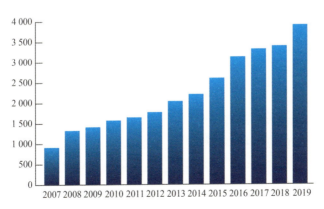

2007—2019年纽约大学朗格尼医学中心教职团队执业医师总数

在 20 世纪五六十年代，纽约大学医学院是全美生物医学研究领域的佼佼者。然而，半个世纪后，纽约大学朗格尼医学中心在该领域的地位已大幅下滑，其医学院的研究进展更是陷入停滞状态。截至 2007 年，尽管仍保有部分杰出人才，但在资金和专业人员生产力方面，众多其他大学和医学中心已将纽约大学朗格尼医学中心远远甩在了身后。

顶尖的生物医学研究是一项复杂且成本昂贵的活动。一个机构若要在这一领域取得卓越成就，就必须招募到全球最优秀的研究员和研究医生。为此，实验室和医学研究机构需配备先进且价格昂贵的基础设施与设备。众多的研究任务正是由来自世界各地顶尖研究中心的年轻研究人员和医生所承担的。能否成功招募到这样的人才，很大程度上取决于领导者的国际声誉以及机构自身的声誉。吸引顶尖人才的声誉往往需要历经漫长的时间方能建立起来。

> 吸引顶尖人才的声誉往往需要历经漫长的时间方能建立起来。

成功衡量指标

改善纽约大学朗格尼医学中心的研究与探索状况乃是鲍勃·格罗斯曼设定的三大核心目标之一。然而，衡量一个研发机构的成功与否并非易事，因为一项发现的真正价值往往需要多年时间才能逐渐显现。尽管如此，我们仍然可以找到一些富有意义的方法来评估其成就。其中，医学院在全国范围内的整体排名便是一个重要的衡

第 12 章 科研

量标准。《美国新闻与世界报道》的年度排名在学术界被广泛视为对教育质量和研究质量的一种共识。值得一提的是，2007 年纽约大学医学院在全美的排名为第 34 位，而到了 2018 年，其排名已跃升至第 3 位，这一前所未有的上升速度着实令人瞩目。

《美国新闻》将纽约大学朗格尼医学中心评为纽约州最佳研究生院。此外，衡量其成功的标准还涵盖研究经费的支持力度以及在顶尖科学和医学期刊上发表的论文数量。从这些关键指标来看，纽约大学朗格尼医学中心取得了显著成就。具体而言，2007 年，纽约大学朗格尼医学中心在美国国立卫生研究院的资助金额中排第 39 位，而到了 2016 年，这一排名已显著提升至第 21 位。同时，其研究经费总额也实现了大幅增长，从 2007 年的 1.87 亿美元跃升至 2017 年的 3.41 亿美元。更值得一提的是，在此期间，纽约大学朗格尼医学中心在顶尖科学和医学期刊上发表的论文数量也几乎翻了一番。

以下两图显示了纽约大学朗格尼医学中心经费总额和获得美国国立卫生研究院经费的增长情况。

2008—2017 年纽约大学朗格尼医学中心获得的 NIH 拨款

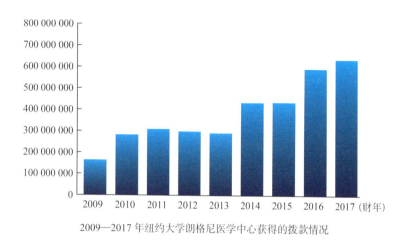

2009—2017年纽约大学朗格尼医学中心获得的拨款情况

问责文化

在采访参与纽约大学朗格尼医学中心科研转型的相关人员时,我深刻地意识到,科研转型的核心决定因素在于文化的转变,即从过去的自由放任文化向强调问责文化的转变。无论是与高层领导如格罗斯曼进行交流,还是与系主任等基层管理人员展开对话,他们都无一例外地强调了文化变革在推动科研转型中起到的关键作用。

2007年,有相当数量的研究人员面临着外部研究资金匮乏的问题,他们要么获得的资助很少,要么完全没有获得资助。其中不乏一些曾经业绩辉煌但后续表现平平的个体。由于他们享有终身教职和就业保障,因此很难对其进行优化调整。

医学院临床事务与战略副院长兼首席临床官安德鲁·布罗特曼表示,格罗斯曼"成功扭转了医学院的研究文化"。他进一步阐述道:"格罗斯曼对整个研究部门进行了大刀阔斧的改革,他直言不讳地对大家说:'你们或许自认为很优秀,很有成果。但我来给你们看下数据,向你们证明,与我们的期望相比,你们其实并没有那么出色,那么有成效。'"

问责制的一个重要举措就是大幅削减那些无法获得竞争性资助的人员的工资。这一改革并非突如其来,而是通过一系列周密的计划逐步推进,旨在为那些缺乏生产力的人员提供退休路径。第四章详细介绍了这些计划的具体内容和实施细节。

尽管学术界内许多人或许自认为他们对研究人员的问责标准已经相当严格,但根据我在学术界多年的经验,我可以断言,大多数这样的标准与纽约大学朗格尼医学中心所设定的标准有着本质的差异。纽约大学朗格尼医学中心通过一系列具体的量化指标来评估科研生产力,这些指标包括但不限于:获得的资金和收入、基金申请及被拒绝的情况、发表和被拒绝的论文数量及其质量、每篇研究文章的引用次数,以及其他一些衡量标准。这些数据不仅会被反馈给研究人员个人及其所在系的系主任,还会在一个名为"荣誉墙和耻辱墙"的显眼位置向所有人展示。尽管这样的做法可能会让一些人感到沮丧,但是,就像所有顶尖的专业人士一样,研究员也具备强烈的竞争意识,他们会竭尽全力争取跻身于表现最突出的行列之中。

> 研究人员之间,似乎流传着一句非正式的座右铭:"你为机构贡献得越多,机构给你的回报也就越多。"

达夫娜·巴尔-萨希表示:"我们已经在研究人员中成功培育了一种问责文化。我们有一个仪表盘,能够清晰地展示多个关键领域——研究、临床、教育和财务——的绩效指标。"研究人员之间,似乎流传着一句非正式的座右铭:"你为机构贡献得越多,机构给你的回报也就越多。"巴尔-萨希进一步阐述:"对我们来说,问责制不仅仅是对绩效进行衡量和量化,它更关注评估发展的轨迹。当我审视教职工的绩效数据时,我更倾向于关注他们前进的方向,而非是否达到了既定的目标和指标。"

我问道:"研究人员对这个系统持有怎样的看法呢?"

巴尔-萨希表示:"大多数人并不喜欢这样的系统。研究员通常都拥有独立的思想,他们中的许多人认为应该给予他们自由,去做自己想做的事情。"然而,无论如何,纽约大学朗格尼医学中心坚守的研究理念是:每个人都必须有所产出。

艾布拉姆森指出,格罗斯曼为改变这一观念所付出的努力"历经了五到七年的时间才得以实现"。这一变革管理过程的特点在于,尽管进展有时较为缓慢,但每一步都是经过深思熟虑、有意为之的,旨在逐步培养一种责任感。

基础研究与临床研究相结合

创建综合性学术医学中心的关键要素之一,在于构建基础研究与临床研究之间的紧密联系,将致力于探索健康与疾病起源的研究员的工作与专注于治疗这些疾病的医生的工作紧密结合起来。巴尔-萨希倡导了一项重大举措,她强调:"我们的重点在于加强我们在自认为存在差距的领域的研究,尤其是那些与我们的临床实践紧密相关的领域。例如,我们期望在代谢紊乱、神经疾病、人类遗传学、人类免疫学以及传染病等方面建立起显著的优势。"

> 纽约大学朗格尼医学中心的研究员和医生被鼓励从多元化的视角共同研究和解决问题。

加强基础研究与临床研究之间的联系,并鼓励不同研究领域研究员之间合作的另一种有效方法,是着重推进合作研究项目。纽约大学朗格尼医学中心的研究员和医生被积极鼓励从多元化的视角共同研究和解决问题。具体而言，他们被激励去申请美国国立卫生研究院所指定的项目资助计划。这些资助计划往往要求至少 3 名研究人员共同提交一项研究提案，其中包含研究医生的项目尤其备受青睐。此类项目资助计划不仅将背景各异的人才汇聚一堂，还促进了基础医学与临床医学的深度融合。它们有助于打破部门和研究专业之间的界限，通常提供的资助规模也远大于单个研究员或研究医生所能获得的资助。

格罗斯曼在强调对合作研究的重视时表示："我将大力鼓励跨学科的研究员团队携手合作，共同开展大型科学研究项目，以解决重大的科学问题。"这种合作模式并不仅限于纽约大学朗格尼医学中心内部。

巴尔-萨希表示："我坚信，医学中心与纽约大学华盛顿广场校区的研究之间存在着更为显著的协同效应。"为此，她还致力于加强与纽约大学科学系的紧密联系。

支持不常见项目

纽约大学朗格尼医学中心在评估研究项目的价值和质量时，并非仅仅依靠单一的指标数据。对于研究人员及其项目的质量评判，我们需要采取更加深入且细致的方法。一些前沿的研究项目，尽管可能与现有的观念存在冲突，但却可能蕴含着极其重要的科学价值，并且往往难以获得充足的资助。同时，有些项目需要历经多年的持续投资和时间沉淀，才能逐步取得突破性成果。在讨论中，巴尔-萨希显然不仅对这些挑战有着深刻的认识，而且积极鼓励并支持这类具有挑战性的研究工作。她向我坦言："我们深知，在科学领域取得重大突破往往需要多年的深入研究和不懈探索，而这些研究可能无法轻易获得外部的资助。"因此，她进一步强调："我们致力于为这类研究提供必要的资金支持,并为研究人员和设备提供全面的机构支持,以确保他们能够顺利开展工作。"此外,她还特别指出,医学院中有一部分教员专注于教学工作,他们的工作同样重要,我们并不期望他们必须参与研究工作。

临床试验

鲍勃·格罗斯曼的规划蓝图清晰地展现出对临床试验的高度重视。在成功研发出具有潜力的药物或医疗技术后,至关重要的下一步就是进行严格测试,以验证其安全性和有效性。这一测试过程涉及在严格控制的条件下,将药物或技术应用于健康人群以及特定疾病的患者人群。实际上,这样的临床试验是新药物和实验性医疗技术获得官方批准,并最终被纳入各类保险计划使用范围的必经之路。对于格罗斯曼及其团队而言,践行以患者为中心的医疗照护理念,意味着他们必须在开发新颖、更佳的治疗方法和探索疾病治愈途径方面发挥核心作用。

> 参与临床试验能让机构及其教职员工站在开发治疗方法和技术的最前沿,积极引领并推动医疗领域的创新与发展。

参与临床试验能让机构及其教职员工站在开发治疗方法和技术的最前沿,积极引领并推动医疗领域的创新与发展。巴尔-萨希强调:"美国国立卫生研究院对临床试验的支持力度是相当大的。"她进一步补充道:"我们正在大力投资建设临床研究人员所需的基础设施,以支持这一前沿领域的探索。"得益于这些努力,开展的临床研究项目数量从 2008 年的 1 500 个显著增加到 2017 年的 2 500

个。同时，来自企业赞助的临床试验的收入也大幅增长，从 2008 年的 760 万美元增加到 2017 年的 2 060 万美元，几乎翻了两番，这一增长被视为参与这项工作的人员和资源水平提升的良好体现。

研究机构

2009 年的规划蓝图有一大亮点，即新建了一批研究机构，这些机构通常聚焦于生物医学科学的某一核心方面，如癌症、神经科学、心脏病或糖尿病等。与学术部门和临床部门不同，研究机构往往从学术界和临床领域招聘员工，组建跨领域的合作团队。值得注意的是，大多数研究机构的员工，即便不是全部，也都同时在学术部门担任职位，这种双重任职模式进一步促进了研究与教学的紧密结合。

研究机构具备诸多优势。其员工来自基础研究和临床研究两大领域，合力解决共同的问题，这种合作模式极大地促进了基础研究与临床研究的深度融合与整合。此外，创建一个新的研究机构往往成为大型捐赠者在其个人感兴趣的医学领域作出贡献的极具吸引力的途径。

在谈及研究机构时，巴尔-萨希表示："鲍勃·格罗斯曼和我意识到，我们有意在特定研究领域进行拓展，然而，这些领域的研究范畴或许尚未达到成立一个学部所需的条件。而研究所相较学部规模更小，恰好可以满足这一需求。它们为我们提供了与现有教员合作的机会，并允许我们招募专注于特定研究领域的新教员，从而进一步推动这些领域的发展。"

纽约大学前校长约翰·塞克斯顿对纽约大学朗格尼医学中心加强现有研究所并创建新研究所的计划表示满意。他指出："那时，包括医学院在内的全校科学学科整体表现不尽如人意。尽管我们拥有一些杰出的研究员，但真正优秀的研究中心却屈指可数。唯一的亮点是艺术与科学学院的神经科学研究中心,这是一个规模虽小但品质卓越的部门。"塞克斯顿进一步补充说:"我们在医学院也拥有一批神经研究员,但遗憾的是,基础神经科学研究与医学院的神经科学研究之间并未建立紧密的合作关系。如果我们立志成为一所伟大的大学,这种状况是绝对不能容忍的,也不能继续维持下去。我们深知科学发展的重要性,但必须采取系统性的推进方式。"值得一提的是,创建一个新的神经科学研究所取得了重大成功(正如之前所提及的,这一成就得益于纽约大学朗格尼医学中心董事会成员菲奥娜·德鲁肯米勒的慷慨捐助)。

创建一个新的研究所不仅需要巨额的前期资金投入,还必须全力招募全球顶尖人才。因此,聘请一位卓越的院长成为当务之急。这项重任落在了鲍勃·格罗斯曼的肩上,而他作出了一个明智的选择——理查德·钱。当时,钱正担任斯坦福大学的教授,他对自己的工作环境给予了极高的评价:"简直如同天堂。"那么,究竟是什么原因能说服他离开这样一个令人向往的职位,转而加入纽约大学朗格尼医学中心呢?答案是纽约大学朗格尼医学中心所作出的坚定承诺:提供充足的资金支持与充分的学术自由。钱对此表示:"所提供的资金几乎没有任何附加条件,将全力支持神经科学的基础研究。"钱回忆说,有人曾告知他,他可以同时兼任神经科学与生理学学部的学部主任以及神经科学研究所所长这两个职位。这样一来,他便能"在一定程度上独立于学部的日常运作,但仍然将学部视为自己的学术归宿"。通过兼任这两个重要职务,他不仅能够同时应对和解决多个问题,还能更好地把握学部的未来发展方向,并对学部所使用的空间进行有效的控制和规划。

该提议涵盖了30个教职岗位,但并非一次性全部落实。据钱所述:"他们的提议非常明智,我们打算每次只引进一位,并对其进行评估。我们不打算一次性投入大笔资金。你可以为每位候选人进行陈述,这样效果会更好。"

第12章 科研

钱原本担任生理学与神经科学系主任一职，但后来，"虽然名称有所变化，但这依然是我上一任所创立的那个系。然而，我们在此基础上建立了一些截然不同的东西，营造了一个更加开放、更加团结的学术环境。"

当钱于2011年抵达纽约时，他满怀激情地表示："我怀着开创全新事业的兴奋之情来到这里……我渴望成为更加理想主义的事业的一部分，比如像和平队那样的组织。"钱进一步补充道："我之所以来到这里，一部分原因是出于对挑战的渴望，一部分原因是出于对理想主义的追求，还有一部分原因是我的家人非常喜欢纽约这座城市。"

在短短几年时间里，钱已经成功创建了一所几乎配备齐所有教职人员的学院。当回顾自己的这一决定时，他感慨道："我由衷地喜爱这里所蕴含的积极向上、雄心勃勃以及略带不服输劲头的移民氛围，而这种氛围在意大利裔美国人肯·朗格尼以及来自布朗克斯的犹太人鲍勃·格罗斯曼（曾在杜兰大学求学）身上体现得格外鲜明。他们都秉承这样一种信念：尽管这个世界上有很多势利小人，但只要拥有热情、街头智慧以及不懈的活力，就一定能够战胜一切困难。"

> "我由衷地喜爱这里所蕴含的积极向上、雄心勃勃以及略带不服输劲头的移民氛围，而这种氛围在意大利裔美国人肯·朗格尼以及来自布朗克斯的犹太人鲍勃·格罗斯曼身上体现得格外鲜明。"

在格罗斯曼担任CEO期间，纽约大学朗格尼医学中心已拥有两所备受赞誉的研究所，其中最为著名的当属罗斯克康复医学研究所。该研究所成立于1948年，不仅是全球首家大学附属康复医学中心，也是规模最大的一家，专注于提供住院和日间诊疗服务、开展深入研究以及进行专业培训。自1989年《美国新闻与世界报道》首次发布"最佳医院"排名以来，罗斯克研究所一直被评为纽约市最佳康复医院，在全国范围内也稳居前十。

除了罗斯克研究所，纽约大学朗格尼医学中心还拥有斯科尔巴利生物医学研究所，该研究所于1993年10月正式投入运营。鲍勃·伯恩回忆道："斯科尔巴利研究所的创立旨在将当时被认为最杰出的研究人员汇聚一堂，并积极鼓励跨学科研究的发展。"此外，该研究所还下辖海伦·L.和马丁·S.基梅尔干细胞生物学中心。研究所的行政团队与内部的30多个研究小组密切合作，共同推动科研进展。

从实验室到临床

在过去十年间，纽约大学朗格尼医学中心始终致力于将研究员和医生们的科研成果转化为创新的治疗方法和疾病治愈手段。实际上，正是得益于纽约大学研究员简·维尔切克及其研究团队的杰出贡献，才成功研发出了类克。这款药物的诞生彻底改变了多种自身免疫性疾病的治疗方式，也为纽约大学带来了近10亿美元的许可费和特许权使用费收入。

达夫娜·巴尔-萨希负责这项活动。在谈及为协助研究员和医生专注于实际工作并创建新公司而重新作出的努力时，她表示："我们拥有一支强大的法律与科学团队，他们在工业联络办公室和治疗联盟办公室的框架下展开密切合作。治疗联盟办公室的目标是将研究成果商业化的过程从纯粹的法律操作转变为采取实际行动积极支持研究人员将其发现转化为有用的产品。"

她进一步解释说："我们为发明人提供的服务不仅仅局限于申请专利。我们还会在这所医学中心协助他们进一步开发他们的发明,这样一来,在将他们的发明授权给他人使用时,我们和他们都能够获得更大的价值。为此,我们会利用机构的资源来投资那些我们认为经过进一步开发后有望获得显著收益的发明。"

纽约大学朗格尼医学中心目前正计划利用自身资金,支持新药、诊断测试或设备推向市场的前期开发工作。巴尔-萨希表示:"在治疗联盟办公室的开发流程中,我们设立了一个顾问委员会,负责审查这些发明并就其商业潜力提出宝贵建议。该委员会由外部专家组成,我们会根据发明的具体性质和所需的专业知识临时组建相应的专家团队。在此过程中,我们大量借助制药行业的专家以及具有丰富实践经验的医生,他们能够就发明的临床意义提供重要的反馈意见。"

> 纽约大学朗格尼医学中心目前正计划利用自身资金,支持新药、诊断测试或设备推向市场的前期开发工作。

治疗联盟办公室由罗伯特·施奈德(Robert Schneider)负责,他既是微生物学系的成员,又自己成功创办了几家公司。巴尔-萨希对此表示:"施奈德的团队中有一批专门的人员,他们会积极主动地去寻找潜在的发明。我们决定采取这种主动出击的策略,是因为我们发现许多研究员并没有意识到自己的研究成果可能蕴含着巨大的商业价值。"

自2013年以来,治疗联盟办公室审查了50余个项目,其中9个项目成功授权给工业界,在这一过程中共筹集了7 800万美元的资金。据巴尔-萨希透露,截至2017年年底,有21个项目正处于"活跃推进状态",呈现出强劲的发展势头。同时,纽约大学朗格尼医学中心所获专利总数已经从2001年的419项增长至2017年的791项,体现了其在科研创新方面的显著增长。在2007—2017年间，得益于纽约大学朗格尼医学中心的研究工作，共有46家新公司创建，进一步证明了其研究成果的广泛影响力和商业价值。

总之，纽约大学朗格尼医学中心在研究和探索方面正展现出蓬勃的发展态势。

第四部分

再接再厉

第13章

布鲁克林安全网医院和长岛郊区医院的转型之路

在撰写本书之际,我希望美国和其他国家的医院能够借鉴纽约大学朗格尼医学中心的愿景、战略、执行力,尤其是信息系统方面的优势,从而提升自身医院和学术医学中心的质量、可及性和可负担性。

我敢肯定,我的读者们一定会在心中问自己这样一个问题:当面对与曼哈顿市中心居民差异巨大的患者人群时,纽约大学朗格尼医学中心系统能否取得同样良好的效果呢?它在贫困城市地区能顺利运转吗?在郊区和人口稀少的地区能行得通吗?在另一个农村人口占一半以上的地区会发挥作用吗?在快速发展的城市人群中是否管用呢?

虽然我无法用确凿的证据来回答所有这些问题,但我可以列举两个截然不同的例子,说明纽约大学朗格尼医学中心的管理系统是如何适用于两家医院的:其中一家是为布鲁克林低收入人群服务的医院;另一家是位于长岛的高档郊区医院。就我个人而言,我深信,纽约大学朗格尼医学中心开发的流程和程序,尤其是以患者为中心、信息密集的综合管理方法,是在许多情况下成功改造表现欠佳的医疗系统的诀窍,其适用范围不仅仅局限于纽约,也不单单局限于美国。

纽约大学朗格尼医学中心布鲁克林院区

2015年4月，纽约大学朗格尼医学中心收购了路德医院，并将其更名为纽约大学朗格尼医学中心布鲁克林院区。布鲁克林院区的患者人群与纽约大学朗格尼医学中心的其他医院截然不同。在布鲁克林院区周围的两个片区中，85%的人群要么享有联邦医保（美国政府为65岁以上老人提供的医疗保险），要么享有医疗救助（美国政府为贫困者提供的医疗保险），要么没有医疗保险。这个患者构成比例高于美国其他任何一家医院。正如我们所见，纽约大学朗格尼医学中心在不到两年半的时间里，就将这家医院扭亏为盈，并且将原本医疗质量与安全记录欠佳的医院转变为全联邦表现最好的医院之一。

在过去十年的医院并购热潮中一直独善其身的纽约大学朗格尼医学中心是如何收购路德医院的呢？此次医院并购源于纽约大学朗格尼医学中心对日间诊疗而不是住院治疗的重视。随着纽约大学朗格尼医学中心建立起一个日间诊疗服务网络，向布鲁克林区扩展也就变得顺理成章了。负责中心战略、规划和业务发展的高级副总裁理查德·多诺霍表示："在蒂施医院，只有1/3的患者居住在曼哈顿，大约26%的患者住在布鲁克林。我们在蒂施医院接生的婴儿中，布鲁克林区户籍的比曼哈顿区户籍的多。布鲁克林一直是纽约大学朗格尼医学中心的重要市场。"

高级副总裁兼副院长约瑟夫·勒霍塔解释说："人们希望在自己居住的街区接受治疗。人们会问：'如果能就近接受同样高质量的治疗，并且晚上就能回家，那我为什么还要去曼哈顿接受治疗

第13章 布鲁克林安全网医院和长岛郊区医院的转型之路

呢?'因此,为了进一步增强布鲁克林区日间诊疗服务的影响力,纽约大学朗格尼医学中心有意在布鲁克林设立一家医院,为在当地接受日间诊疗的患者提供服务。"

与此同时,拥有100多年历史的路德医院也正处于困境之中。据多诺霍称,"医疗救助人群约占其业务量的40%;联邦医保约占35%,无保险者约占10%。"

原路德医院被指定为安全网医院。安全网医院是指那些不论患者的支付能力如何都必须为其提供医疗服务的医院,其患者人群中有很大一部分没有医疗保险或依靠医疗救助。大多数安全网医院接受医疗救助和联邦医保的津贴。多诺霍说:"鉴于报销比例低的状况,这些医院很难实现收支平衡,更别提产生必要的盈余来重新投资更新及现代化的设施、设备和技术了。"

多诺霍指出:"布鲁克林院区除了拥有一家450张床位的医院外还设有42个日间诊疗点。这些日间诊疗点大多分布在布鲁克林区,也有一些位于斯塔滕岛和皇后区,曼哈顿也有几个。他们有一个大型的以学校为依托的项目。这些诊室基本都属于初级保健设施。他们缺乏先进的日间诊疗能力。路德医院没有日间输液治疗、日间手术、癌症治疗中心或高端日间影像中心。他们所有的中心都专注于初级保健。"

路德医院与纽约大学朗格尼医学中心达成了一项协议,根据该协议,纽约大学朗格尼医学中心于2015年4月接管了路德医院,并且在这次并购中并未支付任何费用。当时,路德医院面临着财务困境,正在寻找一位能帮助他们建设新设施的合作伙伴。多诺霍说:"从财务角度考虑,我们承诺投资设施,并确保社区患者能持续获得更高质量的医疗服务。最初的计划是在几年内完成全面合并,但我们决定加快进度。"纽约大学朗格尼医学中心于2016年1月1日完成了这次并购。

领导层

随着合并的推进,领导层率先发生了变化。格罗斯曼表示:"我解雇了所有表现不佳的员工。取而代之的是来自曼哈顿院区的员工,他们充满激情,与我们有着共同的文化,并且颠覆了原有的工作方式。"这次变动几乎涉及所有的高级管理团队成员,包括首席执行官、首席运营官和总法律顾问。首席医疗官和首席财务官在合并前夕刚刚退休。

纽约大学朗格尼医学中心还更换了几乎所有的临床主任。多诺霍解释说:"他们的许多主任都在路德医院兼职,并且拥有全职的私人诊所。这不是我们采用的模式。我们寻找的是本机构的全职员工。急诊科主任、内科主任、儿科主任在我们提供优质服务方面都起着至关重要的作用。"5位从纽约大学朗格尼医学中心调来的以及另外两位外部招聘来的临床主任取代了离职的7位临床主任。

格罗斯曼任命布雷特·鲁迪(Bret Rudy)为纽约大学朗格尼医学中心布鲁克林院区的新院长。鲁迪曾担任儿科副主任。2015年8

纽约大学朗格尼医学中心布鲁克林院区的领导团队,包括布雷特·鲁迪(左三)

月,他前往布鲁克林院区担任首席医疗官,并于 2016 年 6 月晋升为纽约大学朗格尼医学中心高级副院长兼新更名的纽约大学朗格尼医学中心布鲁克林院区执行院长。新的院名象征着布鲁克林院区的新地位:纽约大学朗格尼医学中心布鲁克林院区将与蒂施医院和纽约大学骨科医院一样,成为新更名的纽约大学朗格尼医学中心的组成部分。

纽约大学朗格尼医学中心布鲁克林院区也经历了全面转型,从依赖顾问医生到配备全职医生,这与曼哈顿医院走过的道路如出一辙。鲁迪说:"我们与路德医院合并时,他们不仅没有全职医生,甚至在一些非常重要的领域还依赖外部公司的人员。例如,急诊科的人员是由外部集团提供的。2016 年 8 月,我们替换了该公司,并引进了全职医生。这对医疗质量和运营产生了巨大影响。"此外,纽约大学朗格尼医学中心布鲁克林院区的影像科分为两类:一类是本院的综合医生提供的,另一类是外部公司的医生提供的。"这两者之间存在诸多差异。我们在正式投入运营后就立即接管了所有的影像科。"

质量与安全

在组建新团队时,鲁迪表示:"我们所做的第一件事就是改革医院的安全程序并进行根源分析。"每当发生鲁迪所说的"严重事故"时,医院都必须进行根源分析,重点分析可能导致事故发生的流程和系统。"然后我们会跟进,以确保我们采取了适当的改进措施,并且这些改进措施产生了预期的效果。"例如,我们可能会发现医疗服务提供者之间的沟通不足。我们将制定更有条理的交接方式,并提出新的要求以标准化医疗服务提供者之间的沟通。我们会对新程序的遵守情况进行一段时间的监测,以确保进展的持续性。

鲁迪表示:"在安全网医院,人们倾向于认为'我们用有限的资源尽最大的努力'。"但鲁迪并不赞同这种观点,他认为"提高质量与安全性的方法未必是投入更多资源，我们通过建立有效的结构和模式来解决问题"。但他补充道："最重要的是，我们改变了文化。我们对医院每个人实行与他们既往所见大相径庭的问责制度。这就是我最初两个月的工作重点。"

> "布鲁克林院区的医疗质量目标与曼哈顿院区的目标毫无二致。"

鲁迪着手提高纽约大学朗格尼医学中心布鲁克林院区的标准。鲁迪告诉我："在布鲁克林，我们的出发点是这里的患者所接受的照护标准不能低于曼哈顿医院。布鲁克林院区的医疗质量目标与曼哈顿院区的目标毫无二致。有人认为，服务社区的安全网医院无法达到与学术医学中心相同的标准。我们的计划是在社区建立一个学术医学中心，而不是一个与学术医学中心有关联的社区医院。"

信息技术

纽约大学朗格尼医学中心在第一年内就耗资 8 000 万美元完成了创新信息管理系统的安装。正如纽约大学朗格尼医学中心内部通讯《新闻与观点》在 2017 年 4 月所报道的那样："以往路德医院依赖一套拼凑起来的记录系统，有些是电子的，有些是纸质的，来管理 170 万位患者（的医疗记录）。如今，在纽约大学朗格尼医学中心布鲁克林院区的 22 个住院和日间诊疗点接受治疗或转诊到纽约大学朗格尼医学中心的每位患者都有一份统一、全面的电子档案。"

鲁迪说："信息系统和仪表盘对于实现我们的目标始终至关重要。如若没有他们，我们不可能取得现在的进展。拥有准确、可用的数据至关重要。我每天大概要使用仪表盘10次。你可以用多种不同的方式分析数据。每次在服务主管会议时，布鲁克林院区的首席医疗官向我汇报工作时都会查看仪表盘上的数据。"

鲁迪接着说："在努力改进的过程中，重要的是我们都要查看相同的数据。实时数据有助于快速发现问题并改进工作。仪表盘提供了分析问题所需的数据，让你了解需要在哪些方面作出改进。我们关注所有影响结果的变量。"

> "实时数据有助于快速发现问题并改进工作。仪表盘提供了分析问题所需的数据，让你了解需要在哪些方面作出改进。"

为了加强问责制度，鲁迪继续说："我们按医疗服务提供者，也就是医生个人，对数据进行细分。有些医生在两家医院合并前从未见过自己的质量数据。例如，我们可能会问他们，同样的治疗，为什么他们的患者住院时间是其他医生所治疗患者的住院时间的两倍。我们要求他们负责改进自己的工作，为他们提供必要的分析和信息工具、途径和指南。最终，医生必须对自己患者的治疗效果负责。当我们启用 Epic 系统和其他 22 个信息系统时，所有家庭保健中心、26 个校医诊所和所有社区医疗项目都被纳入其中。"社区医疗项目在收容所为无家可归者提供医疗服务。尽管以前这些不在鲁迪的职责范围内，但是现在大部分这些保障性机构已经成为纽约大学朗格尼医学中心日间诊疗的一部分。

价值导向医疗

在先进信息系统的帮助下，鲁迪说道："我们在所有部门都建立了标准化流程。纽约大学朗格尼医学中心成功的关键在于每个院区都遵循同一套标准。如果不同的院区遵循不同的流程,事情就会变得杂乱无章。我们对全体员工进行系统教育,以执行标准流程和程序。如果人们不遵循最佳临床标准,就会引发原本可以避免的并发症。我们已经在所有类型的手术项目中进行了医疗标准化,包括剖腹产、子宫切除术等。"

> "价值导向医疗注重改善治疗结果和降低成本。这个项目在节约成本方面非常成功。"

但这些标准应该是什么呢?"纽约大学朗格尼医学中心的所有信息流程在布鲁克林院区投入使用后,我们可以随时掌握财务和质量数据,从而实施价值导向医疗。"鲁迪说,"我们进行了财务分析和质量分析,发现布鲁克林院区有很大的改进空间。"

他继续说道,纽约大学朗格尼医学中心"采用了价值导向医疗,以减少我们在治疗联邦医保患者时的损失。价值导向医疗的重心是降本增效。此项目在降低成本方面非常成功。例如,我们能够在不降低医疗质量的前提下,找到价格较低的其他药物来替代。我们找到了缩短住院时间而不影响治疗结果的方法,以及如何减少不必要诊断检查的方法"。

鲁迪说:"在实施价值导向医疗时,我们首先将已知有效的方法应用于布鲁克林院区。"他以不必要的输血为例,"如果确实需要输血,那对患者是有益的,但过度输血患者的结局反而更差。过度输血会增加成本和风险。曼哈顿医院能够减少输血次数,提高质量,降低成本。这在布鲁克林院区很容易效仿,并能产生立竿见影的效果"。

除了将纽约大学朗格尼医学中心的各种方法引入布鲁克林院区

第13章 布鲁克林安全网医院和长岛郊区医院的转型之路

外,鲁迪补充道:"我们现在正在布鲁克林院区实施一些价值导向的医疗项目,这些项目更加具有针对性,适合我们的患者人群。举个例子,我们发现有些患者由于移民身份、安置问题和缺乏家庭支持等复杂原因,会在医院住上60、80甚至100天。这些患者极具挑战性,他们需要大量的社会资源和医疗照护时长。我们要求患者在出院当天的中午之前离开,但这些患者对我们的要求并不积极响应。我们成立了一个单独的团队,其中包括一名全职医生、一名医疗照护主管、一名社区工作者和一名社区医生,专门负责这些患者。我们在缩短患者住院时间方面取得了巨大成功。尽早出院对患者更有利,能减少褥疮和院内细菌感染等并发症。我们是一家急症诊疗医院,并不适合长期慢性住院诊疗。"发现和施行最佳医疗实践正在变成一个双向的过程。"我们正计划将这一针对长期住院患者的项目推广到曼哈顿医院的患者身上。"鲁迪说。

> "尽早出院对患者更有利,能减少褥疮和院内细菌感染等并发症。"

增加新的服务项目

鲁迪不仅在纽约大学朗格尼医学中心布鲁克林院区实施了新流程,还增加了新的服务项目。例如,以前的路德医院从未开展过机器人手术,现在这种手术已经成为常规操作。仅在2018年,他们预计将实施400多例机器人手术。鲁迪补充说:"我们正在路德医院进行以前从未开展过的微血管技术、脊柱扩张手术和先进的内窥镜手术。"

重建纽约大学朗格尼医学中心布鲁克林院区

布鲁克林院区位于一栋改造过的工业大楼内。多诺霍说："这是一座狭长的建筑,很难管理患者动线,现有的所有病房都需要进行现代化改造。与1963年投入运营的蒂施医院一样,建筑内的基础设施也需要更新,以适应四五十年来临床医学发生的诸多变化。"首先,他们重新设计了纽约大学朗格尼医学中心布鲁克林院区的患者动线。

"(以前)日间诊疗患者与住院患者混在一起。我们正在将日间诊疗完全从医院转移到周边社区诊所中去。"鲁迪说。

多诺霍补充说道:"我们将在医院主楼旁边新建一座大楼。我们会在路德医院开展我们在主院区正在进行的工作。我们毗邻蒂施医院的新院区将于2018年6月开业,届时将配备所有私人病房以及技术先进的手术室和治疗室。我们将把大量诊疗活动转移到毗邻蒂施医院和路德医院的新院区,然后对旧设施进行改造和更新。新病房将是单人病房。我们将把蒂施院区和布鲁克林院区的几乎所有病房都改成单人病房。"

"目前路德医院的10间手术室同时接诊择期和急诊手术患者。我们将把所有日间诊疗手术从原有的医疗区域转移到一个新的日间诊疗手术中心。我们已经在主楼之外建立了一个输液治疗中心,用于治疗癌症患者。"他补充道,"基本外科手术和综合日间诊疗服务楼将设在医院主楼街对面的一个独立场所里。"

与纽约大学朗格尼医学中心整合

在引进新员工和新流程后,布鲁克林院区已成为纽约大学朗格尼医学中心进行分析和创新的正式组成部分。以护理为例,纽约大学朗格尼医学中心布鲁克林院区患者诊疗服务和护理部副总裁凯瑟琳·曼利-卡伦(Catherine Manley-Cullen)说:"我们已经开始整合所有四个分院的护理战略目标。我们与温斯罗普医院、骨科医院、曼哈顿医院和布鲁克林院区有着共同的目标。我们有同一个战略和同一个计划。"曼利－卡伦补充道:"如今,我们在曼哈顿医院提出的所有项目也在布鲁克林院区推出。"

系统内的整合程度仍然各不相同。鲁迪指出:"放射科是我们整个医疗系统中整合程度最高的部门。无论在哪个院区,无论在一天中的哪个时间段,如果你需要进行腹部 CAT 扫描,你的影像都会由经过 CAT 培训的放射科亚专科医生来阅片。所有的医生都接受过亚专科培训,这确实提高了放射阅片的质量。"

成果

所有这些改变带来了什么结果呢?多诺霍说:"自合并以来,路德医院的医疗质量显著提高。例如,路德医院的院内死亡率大幅下降。在我们建立合作关系时,实际死亡率与预期死亡率的比率为 1.2∶1,而 2018 年第一季度的比率降至 1∶2。这是一个非常惊人的变化。"

2017—2018 年纽约大学朗格尼医学中心布鲁克林院区死亡率的下降情况

多诺霍表示，蒂施医院的比率同样是 1∶2。他补充道："请记住，路德医院的患者来自非常贫穷的群体，85% 的患者享有联邦医保或医疗救助，其中大部分人已经超过了医疗救助的年龄限制，有些已经超过了商业保险的年龄限制。无论是 65 岁以下还是 65 岁以上的享有医疗救助的人群，都有非常严重的并发症、复杂的疾病和行为健康问题，这使得他们的诊治变得复杂。（面对这类患者，）我们在医疗质量评分方面所取得的成效非常突出。"

鲁迪承认"我们在改善疗效方面取得了巨大进步"。他列举了用于评估医疗质量的各种指标的改进情况，如实际住院时间与预期住院时间的比较、手术部位感染率和医院获得性压力性损伤。其中有些指标看起来很直观，有些则很复杂，但在大多数指标上，纽约大学朗格尼医学中心布鲁克林院区都表现得更好，并正在缩小与纽约大学朗格尼医学中心的差距。

其中一个表现出色的领域是"执业提供者系统"（Performing Provider System）。多诺霍说："2015 年，纽约州从联邦政府获得了医疗救助豁免，这是一项耗资 80 亿美元的试验，旨在尝试改变医疗救助患者的医疗照护方式以及他们获取特定服务的途径。其目的是减少所谓潜在可预防住院、潜在可预防急诊就诊和再入院人次。"作为这项试验的一部分，路德医院领导着纽约州 25 个"执业提供者系统"中的一个。合并后，纽约大学朗格尼医学中心承担了这个项目的相应责任。

多诺霍表示："在潜在可预防住院和急诊就诊人次方面，我们的改变在全州处于领先地位。我们所见到的患者人群的变化是巨大的。医疗救助计划的负责人经常提到纽约大学朗格尼医学中心，认为它在一定程度上是这个项目的典范。在此之前，路德医院很少被视为哪个项目的典范。"

威廉·康斯坦丁说："他们的改善速度如此之快着实令人欣

赏。"康斯坦丁是纽约大学朗格尼医学中心的一名董事,他说:"这些改变用了两年时间才得以实现。在过渡期间,我重点观察了意外事件的患者治疗报告。来自路德医院的报告数量多到令人无法接受。我曾问路德医院的领导团队,'我们何时能看到医学结局的好转?'现在,路德医院已经与蒂施医院旗鼓相当,在某些领域上甚至超过了蒂施医院。"

2017—2018年纽约大学朗格尼医学中心布鲁克林院区手术感染率下降情况

曼利-卡伦也表示赞同:"布鲁克林院区的许多质量指标即便没有曼哈顿医院那么突出,也毫不逊色。"

事实上,鲁迪认为:"很难评判哪个院区整体表现更好,因为我们治疗的患者人群不同。例如,骨科患者的术后血栓发生率特别高。骨科医院受到的影响最大,因为他们进行复杂髋关节置换术和其他类似手术的患者数量最多。"

纽约大学朗格尼医学中心董事、联合健康集团首席执行官办公室高级顾问安东尼·韦尔特斯表示,布鲁克林院区在某些方面超过纽约大学朗格尼医学中心并不奇怪。他说:"安全网医院在某些方面更有效率和效力,这是他们所接受的培训和服务人群的特点所

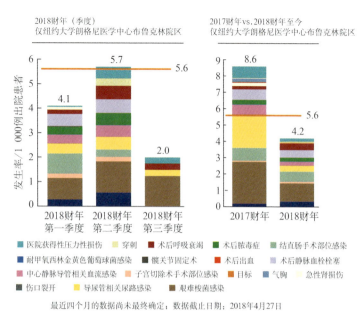

纽约大学朗格尼医学中心布鲁克林院区2018年医院获得性不良事件较2017年下降情况

决定的。"他补充说:"他们通常能准确诊断且擅长分诊。通常情况下,与大多数其他医院相比,他们与服务对象的关系更为紧密,比大多数其他医院更了解如何让患者按时服药。"

> "安全网医院在某些方面更有效率和效力,这是他们所接受的培训和服务人群的特点所决定的。……与大多数其他医院相比,他们与服务对象的关系更为紧密。"

总体而言,曼哈顿医院和布鲁克林院区取得的成果似乎越来越趋于一致。曼利-卡伦说:"可能四五年之后,这两家医院间的差别会完全转变成我无法区分的状态。"

第13章 布鲁克林安全网医院和长岛郊区医院的转型之路

扭亏为盈

目前，纽约大学朗格尼医学中心布鲁克林院区正在产生盈余收入，原因之一就是财务管理的改善。在引入纽约大学朗格尼医学中心的财务管理系统后，布鲁克林院区每月平均收回成本 300 万美元。与纽约大学朗格尼医学中心的情况一样，Epic 账单系统帮助布鲁克林院区的员工发现了账单中的漏洞，并开始对所提供的服务进行收费。

结合入院率下降这一情况来看，产生盈余就更加令人吃惊了。前任首席财务官迈克尔·伯克说道："我们现在收治的患者减少了 30%，但由于收费标准得以完善，我们的收入实际上并没有下降多少。我们已经证明了在入院患者减少 30% 的情况下仍可以保持盈亏平衡，甚至做得很好。"伯克坚称，这些改变都是根据日间诊疗的原则而作出的，而不是仅限那些需要较少医疗服务但支付较多费用的患者就诊。事实上，伯克说："我们实际上提供了更多的慈善医疗服务，每月额外提供 150 万—200 万美元的慈善医疗服务，这是路德医院之前没有向社区提供的。"

总之，伯克说："在相对较短的时间内就能收回我们的投资，并开始为纽约大学朗格尼医学中心带来可观的增收和盈余。"

纽约大学朗格尼医学中心的模式可以效仿吗？

其他医院能走同样的路吗？鲁迪说："我认为，鉴于安全网医院的财务限制，如果没有其他医院系统的支持，他们很难作出所需的改变。实时数据对于有效转型至关重要。当你查看六个月或一年前的数据时，你已经落后于趋势半年或一年了。你需要实时可用的数据。安全网医院可能无法独自负担 Epic 这样的系统。"

在探讨布鲁克林经验对美国其他安全网医院的重要性时，韦尔特斯告诉我："从社会效益的角度来看，最让我感到兴奋的是纽约大学朗格尼医学中心从布鲁克林院区中所学到的经验。"

韦尔特斯表示，在收购之前，纽约大学朗格尼医学中心的"理念"是"我们已经很不错了，但我们还想变得更好。"但他接着补充道："最近我们拓展了目标，要承担起社会责任。纽约大学朗格尼医学中心位于曼哈顿中心地带，拥有纽约市最富裕的付款者群体。如果我们的领导层只专注于这一市场，停留在我们的舒适区内，那是非常容易做到的事情。"韦尔特斯告诉我，安全网医院可以向规模更大、更先进、更富裕的机构提供独特的经验。这些医院可以传授"与高风险人群全面接触所需的东西"，而这恰恰是安全网医院最擅长的地方。

在这种情况下，韦尔特斯认为"收购布鲁克林一家陷入困境的安全网医院，是我们作为董事会和鲍勃作为首席执行官所做的最有意义的事情。现在，我们可以回答这样一个问题：'你能够将同样的纪律和责任感带给那些为弱势人群提供关键医疗服务的医院，从而提高其绩效和质量指标吗？我们能取得与纽约大学朗格尼医学中心相媲美的成果吗？'"

> "收购布鲁克林一家陷入困境的安全网医院是我们作为董事会和鲍勃作为首席执行官所做的最有意义的事情。"

他认为："虽然目前仅取得了初步结果，但这些结果是正向的。如果我们在那里取得成功，我相信这种综合服务模式可以在全国范围内进行推广，特别是在城市地区那些为弱势人群提供服务的关键医院中。这些医院最初可能缺乏发展所需的管理领导力和技术。如果纽约大学朗格尼医学中心能在布鲁克林取得成功，那将会彻底改变整个局面。"在我与格罗斯曼的会谈中，他也表达了同样的看法。

在我看来，安全网医院和其他为享有联邦保险、医疗救助和无保险人群服务的医院，可以从纽约大学朗格尼医学中心的管理系统中获益匪浅。问题是，如果没有纽约大学朗格尼医学中心的支持，一个国家该如何支持从现状转变到未来（更好的）情况呢？我的回答是，如果没有额外的、实质性的信息系统和基础设施支持，我们无法做到这一点。我们国家面临的一个核心挑战是如何开展这样的支持，因为随着人口老龄化，我们会越来越依赖联邦保险、医疗救助和其他形式的政府保险。

长岛温斯罗普医院

纽约大学朗格尼医学中心目前正进行一项合并事宜，对象是一家与被收购的布鲁克林院区截然不同的医院。它就是位于长岛米尼奥拉的温斯罗普大学医院。这次合并始于 2016 年 9 月。温斯罗普

长岛温斯罗普医院研究与学术中心

医院在长岛中心运营着近六百张病床。理查德·多诺霍称，"我们与温斯罗普医院的关系结构与路德医院的结构几乎相同。"

在宣布该协议的新闻稿中，有两条关键内容："纽约大学朗格尼医学中心将提供初始资本投资，并制定一个长期的总体规划，作为未来根据预测需求对住院和日间诊疗活动进行院区改造和扩展的框架。……Epic 电子病历系统的实施和整合将重点放在温斯罗普医院的日间诊疗实践中，以开发全系统的、最先进的 IT 基础设施和链接，从而支持临床数据整合及开展人口健康管理计划。"

多诺霍在谈及温斯罗普医院的交易时说："我们并没有买下他们。我们同意为他们的实体设施投资 1 亿美元。他们认为自己的规模不够大，无法独立生存，也无法获得必要的利润来投资实体设施，更无法投资他们认为合适的医疗实践。当温斯罗普医院看到我们对长岛的医疗实践进行投资时，他们便同意接受纽约大学朗格尼医学中心的管理。"

> "我们没有买下他们。我们同意为他们的实体设施投资 1 亿美元。他们认为自己的规模不够大，无法独立生存。"

根据协议条款，与纽约大学朗格尼医学中心的合并将在五年内完成，届时温斯罗普医院将成为纽约大学朗格尼医学中心的一个综合运营单位。多诺霍补充道："合并进展得非常顺利，我相信全面合并将在两年半左右完成。"

尽管温斯罗普医院需要一个资金雄厚的合作伙伴，但多诺霍表示："我们的动机来源有所不同。医疗服务一直在从医院向更单一的环境转移。这些环境必须靠近人们的生活和工作场所。"此外，多诺霍说："当一个地区的日间诊疗网络达到一定密度时，就需要在该地区设立一家医院来满足他们的需求。"他将此称为"地方枢纽效应",并指出合并温斯罗普医院的基本理由与合并布鲁克林地区路德医院的基本理由相同。

为什么首选长岛呢?多诺霍说:"调查显示,至少有一名长岛家庭成员每天往返曼哈顿上班,许多人与纽约大学朗格尼医学中心有着长期医疗关系。我们希望与这些患者保持联系。"温斯罗普医院的患者人群与曼哈顿的纽约大学朗格尼医学中心的患者人群非常相似。温斯罗普医院约50%的患者有商业保险,而曼哈顿的这一比例为48%。相比之下,布鲁克林院区的大多数患者是联邦保险或医疗救助的受益人。

经过近两年的合作,多诺霍说:"事情进展得很顺利。朗格尼医学中心的信息系统现在已经安装至所有医生办公室中。医院将在2019年9月之前安装该系统。曼哈顿医院的许多临床主任已经与温斯罗普医院的同行建立了联系。这种关系非常健康。"

随着医院合并工作的推进,多诺霍补充道:"我们将于2019年9月在温斯罗普院区内开设一所新的医学院。我们的想法是建立一所小型医学院,重点培养初级保健领域的医生,并采用纽约大学朗格尼医学中心的三年制学位模式。"

虽然纽约大学朗格尼医学中心最初对温斯罗普医院的承诺总额为1亿美元,但多诺霍表示:"除了最初承诺的1亿美元外,我们计划建设一座价值3亿美元的日间诊疗中心,以及一座价值5—6亿美元的住院楼。"

我请多诺霍提供一个框架,帮助我理解纽约大学朗格尼医学中心的并购战略。他回答说:"医院并购是为日间诊疗网络服务的。其他人是先并购医院。在我看来,我们的扩张是经过深思熟虑的。我们意识到了医疗市场的发展变化。许多并购医院的人现在发现自己背负着这些昂贵的过时设施,要么需要巨额注资,要么面临倒闭。"

鲍勃·格罗斯曼在回答类似问题时表示,未来扩张的主要目标是"继续深化现有的日间诊疗设施网络"。

总之,纽约大学朗格尼医学中心将其独特的管理系统同时应用于一家城市安全网医院和一家为郊区高端人群服务的医院,结果似乎都是积极向好的。

第14章

展望未来

变革是任何组织持续成功的关键所在。对于正处于医疗服务和支付方式改革风暴中心以及生物医学研究快速发展的学术医学中心而言,适应变革尤为重要。尽管迄今为止纽约大学朗格尼医学中心的转型令人瞩目,但该机构仍将目光投向未来。

> "世界虽冷酷无情,征途却卓越不止。"

纽约大学朗格尼医学中心的领导们并不安于现状。例如,当谈到以患者为中心的服务时,鲍勃·普雷斯就告诉我,"提高质量与安全是一个永无止境的目标。"门槛在不断提高。

纽约大学朗格尼医学中心深知,质量只是一段征程,绝非终点。医务人员不断衡量自身表现,思考如何才能做得更好。仪表盘凸显了不足之处,并指出了需要改进的领域。手术、质量和创新部副主席帕雷什·沙阿很好地向我概括了他们的态度,他说:"我们也关注我们在文森特的排名。我们很高兴能连续三年排名第一。截至今年,我们取得了三连胜。这确实很棒,但是,我一直对我的团队讲,排名第一并不代表你们足够优秀,只是意味着你们比其他人更好。这两者有很大的差别。所以，第一并不代表我们足够优秀。"

用鲍勃·格罗斯曼的话说："世界虽冷酷无情，征途却卓越不止。"

未来之路

与前十年一样，鲍勃·格罗斯曼为未来十年也拟定了一份规划蓝图。同样，未来的计划也浓缩在了一页手稿上。

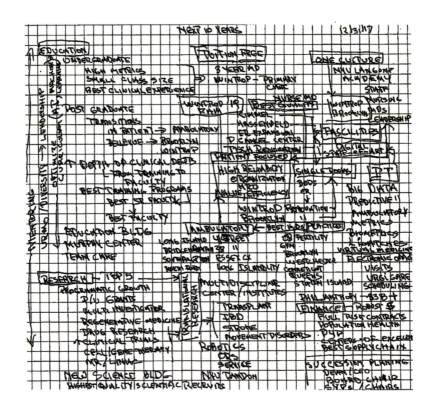

第14章 展望未来

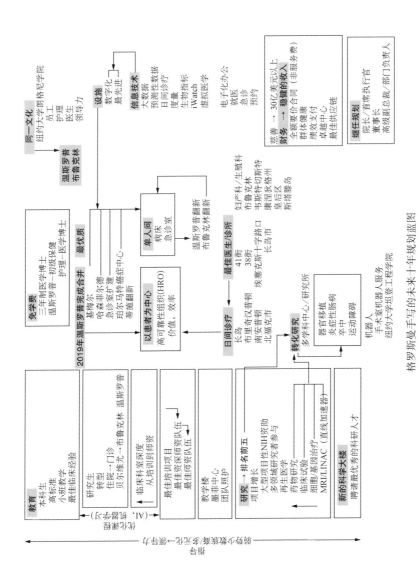

格罗斯曼手写的未来十年规划蓝图

以患者为中心

在第一张规划蓝图中,"以患者为中心"是未来愿景的核心所在,而在这张规划蓝图中,"以患者为中心"更是处于计划的正中心。未来计划的所有要素都在这里相互连接。

"以患者为中心"这一理念离不开高度可靠的组织的支持。用格罗斯曼的话来说,"中心主题是为患者提供高质量的医疗服务,并在我们所做的一切工作中建立一个高度可靠的组织"。这些是'未来十年战略计划的关键要素'。这将使我们在未来十年的所作所为别具一格"。"价值"和"效率"这两个词反映出在为患者提供最佳服务的同时确保机构可持续发展和成长的承诺。

规划蓝图顶部的方框中有三个词,分别是"教育""免学费"和"同一文化",这三个词代表着纽约大学朗格尼医学中心迈向更加成熟的目标。

> 规划蓝图顶部的方框中有三个词,分别是"教育""免学费"和"同一文化",这三个词代表着纽约大学朗格尼医学中心迈向更加成熟的目标。

教育

规划蓝图的左上方是教育目标。最左侧的横向箭头标志着对所有学生和初级教职工的**指导**,这是最重要的主题。同样,规划蓝图也强调了领导力对卓越和**多元化**的推动作用。可以明确的是,纽约大学朗格尼医学中心将继续保持其在医学教育领域的领导地位。正

第 14 章 展望未来

如"**优化课程**"所体现的那样,医学教育改革将继续进行。医学院将继续适应不断变化的医学现实,更加注重引进新的教育技术,包括**机器学习**和**人工智能**(AI)。

医学培训将继续发展。这里的**本科生**是指在医学院攻读医学博士学位的学生。培训将通过**小班教学**实现个性化。正如"**最佳临床经验**"一词所体现的那样,医学院将为接受培训的学生提供早期接触患者的机会。

研究生的专科教育也将发生变化。其重点将从住院医疗服务转向日间诊疗服务,正如我们所见,这对于如何在全国范围内提供医疗服务变得越来越重要。这将直接促使纽约大学在布鲁克林和温斯罗普医院培养越来越多的医学研究生,而在贝尔维尤医院培养的学生则会越来越少。

紧接着,规划蓝图概述了一条内部路径,即通过提高**各临床科室**的整体深度来组建**最佳师资队伍**,而这些科室又能够反过来创建**最佳培训项目**,从而培养出最佳**青年师资队伍**,为形成**最佳资深师资队伍**奠定基础。

在这里,规划蓝图还强调了患者照护的一个重要方面。如今,由医生、执业护士、辅助护士和医疗技术人员组成的团队通力合作,为每个人提供最优质的照护。医学院必须对每位成员进行培训,使其能够适应未来的**团队照护**环境。未来将包括支持教育的新建筑和设施,在规划蓝图中概括为**教学楼和墨菲中心**。

规划蓝图中央上方的"**免学费**"几个字代表着一个理想目标。在慈善捐赠的加持下,该目标已于 2018 年达成。在这几个字的下方,我们看到了**三年制医学博士**。缩短本科和研究生医学培训的总时间并降低成本,是纽约大学朗格尼医学中心的一个重要目标。

一所全新的初级保健医学院

后面的**"温斯罗普－初级保健"**代表了在长岛温斯罗普医院建立一所新医学院的承诺,第十三章对此有更详细的描述。该医学院将专门培养**初级保健**医生。温思罗普医院将招收护士,将其培养为持有护理－医学博士双学位的初级保健医生,我认为这将是医学教育领域的一项新创举。

负责战略、规划和业务发展的高级副总裁理查德·多诺霍进一步解释道:"鲍勃·格罗斯曼提出了在温斯罗普院区开设一所新医学院的构想,他们的董事会、医疗领导层和行政领导层都对这一可能性满怀热忱。"

文化的连续性

规划蓝图顶部第三个方框中的词语是**"同一文化"**。卓越文化是纽约大学朗格尼医学中心转型的核心所在。为了确保未来能够反映过去所取得的成就,规划蓝图还强调了加强和延续他们努力建立文化的重要性。**"纽约大学朗格尼学院"**一词反映出他们想创建一所为护士、医生和其他工作人员提供领导力培训学院的计划。将曼哈顿中城的文化移植到新收购的**布鲁克林**和**温斯罗普**医院,是建设新纽约大学朗格尼医学中心的一个重要目标,新的医学中心将为更广泛的地域提供服务。

医院翻新及扩建

我们将继续关注现有设施的翻新和新设施的建设,以加强患者

第 14 章 展望未来

照护、研究和教学。新建的住院设施包括基梅尔馆和哈森菲尔德儿童医院。此外,还计划扩建急诊室和珀尔马特肿瘤中心。现有的蒂施、布鲁克林和温斯罗普医院的设施也将进行翻新改造,在已实施的计划中,未来几年内投资预计将超过 16 亿美元。新建和翻新的医院中,绝大多数房间都将是**单人间**。

扩展日间诊疗网络

日间诊疗理应在规划蓝图中央拥有属于自己的方框。格罗斯曼告诉我:"我们最近在第 41 街购置了一栋 32.5 万平方英尺的大楼,用于日间诊疗。我们正在扩充第 38 街的肌肉骨骼保健中心空间,其中将包括更多的手术室。我们最近在下东区的埃塞克斯十字路口开设了一家日间诊疗中心。"总之,格罗斯曼说:"2019 年,我们将完成温斯罗普的全部资产合并。这将使我们在整个纽约大都会地区拥有约 350 个诊所。"

长岛的日间诊疗网络计划扩展到布里奇汉普顿、南安普顿、长岛市和北福克市。此外,还计划在**布鲁克林**进一步扩展。纽约大学朗格尼医学中心的日间诊疗网络最终可能会扩展到**皇后区**、**斯塔滕岛**,甚至附近的**康涅狄格州**。在扩大日间诊疗网络的同时,还将增加门诊服务类型,包括**妇产科**和**生殖科**。

纽约大学朗格尼医学中心在纽约大都会区之外又迈出了一小步。2017 年年底,它在佛罗里达州棕榈滩开设了一个日间诊疗单元。其主要目的是为居住在曼哈顿但在佛罗里达过冬的患者提供连续服务。格罗斯曼称,该单元将有 8—15 名医生,但他表示纽约大学朗格尼医学中心不会在西棕榈滩开设医院,理由是"我认为我们很难管理好那里的医院,远程监控我们所坚持的质量十分困难。我的目标是实现有机发展"。

随着医疗设施持续增加,在职医生的数量也在不断增多。一位财务团队成员表示,"纽约大学朗格尼医学中心至少需要 5 000 名医生加入综合网络,只有这样,才能保证所有支付方都能把我们纳入他们的网络。否则,我们将被阻拦在网络之外,也会被排除在转诊范围之外"。2018 年,纽约大学朗格尼医学中心仅有 3 700 多位在职医生,希望在未来五年内医生数量能达到 5 000 名。

位于西棕榈滩、佛罗里达州的纽约大学朗格尼医学协会

研究与探索

研究与**探索**继续在规划蓝图上占据重要位置。如今,我们的目标是在研究支持和科学质量方面都跻身全国**五大生物医学研究中心**之列。我们将继续重视多学科合作研究基金和**计划项目基金**。他们将加强再生医学、细胞和基因治疗等新兴领域的研究。

通过**聘请最优秀的科研人才**和建造**新的科学大楼**来支持研究工作。纽约大学朗格尼医学中心与**纽约大学坦登**工程学院之间的互动计划尤为引人瞩目。坦登工程学院院长钱德里卡·坦登兼任纽约大学朗格尼医学中心理事，他和鲍勃·格罗斯曼都认为，将工程学的最新进展应用于医学领域具有广阔的前景。双方计划在研究工作中开展密切合作。这种合作可能会在**机器人手术**和纳米设备方面取得重大突破。

转化研究是基础研究与临床医学之间的衔接点，在规划蓝图中位于描述扩大的研究工作和临床项目之间的位置，理应拥有属于自己的方框。临床项目包括**多学科中心**和**研究所**，如神经科学研究所。新的临床重点领域包括**器官移植**、**炎症性肠病**、**卒中**和**运动障碍性疾病**。

信息技术

信息技术（IT）位于规划蓝图的右下方。未来的努力将以过去的成就为基础。在纽约大学朗格尼医学中心开展现有活动并向社区医疗等新方向迈进的过程中，有一个熟悉的主题将影响其未来的发展，那就是拓展已深深融入其目前所做的一切工作中的技术。

在描述纽约大学朗格尼医学中心信息技术的未来时，格罗斯曼说："我们的信息系统是我们现在和未来工作的基础。信息就是一切。如果没有可靠的实时信息，就如同盲目飞行。缺乏必要的数据，就无法提高医疗质量。缺乏数据，就无法了解研究中发生的事情。缺乏所有的数据，就无法管理财务状况。"

医学正在进入一个大数据时代，在这个时代，可以通过分析大量患者数据来改善医疗服务。所谓**大数据**，包括基因组、蛋白质组、微生物组和代谢组数据等各种所谓的"组学数据"，可以很好地提高预测和预防疾病的能力，在此概括为**预测性数据**。**度量、生物指标**和**日间诊疗**都将为大数据作出贡献，这些数据经过分析后可以更有效地预防和治疗疾病。

> "我们清楚技术并不是全部解决方案。我希望能找到方法,让我们的患者使用分析工具来了解和管理他们的医疗问题,从而更好地把控他们的诊疗过程。"

展望未来,纽约大学朗格尼医学中心首席信息官纳德尔·梅拉比说:"我们当下关注的是信息系统如何提升患者体验,如何让患者参与到自身的诊疗当中。我们相信,包括**虚拟医学**在内的信息技术是答案的一部分。"他还说:"我们正尝试在可行之处利用技术让患者参与进来。我们清楚技术并不是全部的解决方案。我希望能找到方法,让我们的患者使用分析工具来了解和管理他们的医疗问题,从而更好地把控他们的诊疗过程。"

纽约大学朗格尼医学中心教育信息学院副院长马克·特里奥拉也认为信息技术的作用越来越大,但前提是必须正确地加以使用:"有些人认为隐私和保密是主要障碍,但我并不认同。"他担心的是,大多数患者认为目前的信息系统效率低下、负担沉重。"如果能像使用网飞或我的网上银行服务一样方便,我愿意付出一切代价。"

除了简化患者与信息技术的互动之外,特里奥拉还希望医疗数据能得到更广泛的传播。他说:"到目前为止,医院都是以封闭系统的方式运行。每家医院,甚至每家采用 Epic 系统的医院,都可以自由地作出影响数据共享方式的本地决策。数据变得越来越差异化和碎片化。要让一种医疗数据的表达方式与另一种进行对接,就需要进行翻译。而这需要耗费大量的费用。我们需要的是一套统一的临床数据表达标准,尽可能实现数据从一家医院到另一家医院的无缝转换。归根结底,这关系到经济激励和商业实践的统一。这对患者来说是正确的选择,对医疗保健系统来说也是正确的

第 14 章 展望未来

做法。"

特里奥拉认为:"我们应该转向流式医疗模式。患者和医疗保健专业人员之间需要不断地交流信息、数据、教育内容和建议。"他认为:"医疗保健专业人员需要一种新的基础设施来支持患者。这种基础设施将包括先进的计算能力(包括人工智能)、医疗保健教育工作者以及在整个医疗生态系统中整合患者信息的系统。应用到像高血压这样的问题上,患者和医生都将收到有关一个人血压的连续反馈信息。"这就是规划蓝图中强调的**电子化办公**。

他说,如果实现了这一目标,患者和医生将"能够在恰当的时间采取适当的纠正措施,包括使用正确剂量的药物。这个过程将类似于今天的糖尿病患者的情况。他们自行检查血糖水平,并给自己用药。现在,我可能每年最多看一位患者三四次。看诊时我测量患者的血压,从而决定接下来他们需要使用的药物"。他希望用一种互动性更强的方法来取代这种做法,"但不是单纯地让患者多去看医生"。

格罗斯曼预计,类似 Apple Watch 的设备将发挥作用:"人们将佩戴 iWatch 或其他设备接受实时监测。我们将能够持续监测血糖水平、血压、心率等一切信息。我希望我们能够站在医学电子化革命的最前沿。"

> "我们将能够持续监测血糖水平、血压、心率等所有信息。我希望我们能站在医学电子革命的最前沿。"

信息技术似乎注定要促进并鼓励医疗不断下沉和去中心化。医学领域的下一步很可能是在电子化监测的推动下,更加重视社区医学和预防保健。

医生不太可能恢复上门诊疗,但越来越多的人仍然能够通过电子化监测系统在家监测和诊断疾病，同时记录并报告他们的生命体征和医疗问题。

纽约大学朗格尼医学中心几乎是唯一一家让大家看到医疗技术改变服务提供方式的机构。《经济学人》杂志在 2017 年 4 月 8 日发表的一篇题为《一张未来的处方》的文章中指出，在未来，"医疗机器和可穿戴设备的实时数据流可以直接传输给指挥中心，超级计算机可以在那里筛选出任何值得医务人员注意的信息，而不仅仅间断检查患者的生命体征，或者像重症监护室的护士在床旁监护那样"。文章援引了克利夫兰诊所（Cleveland Clinic）负责人托比·科斯格罗夫（Toby Cosgrove）的话说："当我想到未来的医院时，我脑海中浮现的是一群人坐在满是屏幕和手机的房间里的场景。"《经济学人》杂志表示，在这一愿景中，"医院将像一座空中交通管制塔，医疗小组将在塔上监控或远或近的患者，而这一标准化操作最近在重症监护室中才有实现的可能。未来，医院本身将只收治急诊患者和容纳最昂贵的设备。"纽约大学朗格尼医学中心希望在提供医疗服务的新模式中走在前列，同时仍然注重医患关系的重要性。

家庭和社区医疗

纽约大学朗格尼医学中心深入参与了几项将改变医疗结构的计划。这些变革将继续把医疗服务从医院转移到日间诊疗机构，在许多情况下甚至转移到患者家中。

纽约大学朗格尼医学中心的许多人对社区医疗越来越感兴趣。这代表着纽约大学朗格尼医学中心通过日间诊疗分散其诊疗服务的一种延伸。为了进一步摆脱集中式的医院系统，纽约大学朗格尼医学中心与其他一些医学中心一样，正朝着加强社区外联的方向发展。它将通过强调"健康"和预防医学，寻求更多途径去参与人们的生活。

威廉·康斯坦丁表示，收购路德医院有助于将纽约大学朗格尼医学中心的服务推广至社区。对路德医院的收购将纽约大学朗格尼医学中心引入公立学校医疗保健领域。一夜之间，中心接管了分布在 5 个行政区的 35 所学校的健康管理项目。这些项目通常由一名执业护士和一两名助理提供初级保健服务，通常还包括一名正式的牙医。一位工作人员说道："这是一项积极主动的计划。比如，它可以照顾到上学时出现喉咙痛的约翰尼。"她还补充说道，该计划由市政府资助，"如有需要，还可以升级医疗服务，到最近的诊所就诊"。

康斯坦丁说："今年年初，大约有 10% 的家长不希望自己的孩子参加这个项目。我问'为什么？是因为宗教信仰吗？'他们回答说，不是，是因为缺乏了解。很多人大多是刚来到这个国家，所以还不信任这个系统。但是到年底，参与率已接近 100% 了。"

虽然格罗斯曼认为"日间诊疗是 21 世纪的模式"，但他的目光已然超越了这种模式。他认为，下一步应该是把药品送到患者家中，而不是让他们到医院或日间诊疗中心来。在他看来，"家确实很重要，尤其是对老年人而言。我们现在正在制定战略。家庭医疗将主要依靠护士和家庭照护助理。远程监测和电子化家庭医疗的进步使其变得更加容易。我们在家庭医疗方面还不够完善，但我们希望做到这一点。出色的日间诊疗和家庭医疗对于支撑未来十年的这一战略至关重要"。

战后婴儿潮出生的一代，即 1946—1964 年出生的人，是美国历史上人口最多的一代，他们正步入退休年龄，形成了一个庞大的"老年"或"高龄"人口群体。这扩大了家庭医疗的潜在影响：无论通过何种机制将医疗诊断、治疗和监测从医疗机构转移到患者家中，都将会产生巨大的影响，因为老龄化的庞大群体、老人及婴儿潮群体正在寻求和接受这种新兴的医疗服务。

财务

在过去十年中,纽约大学朗格尼医学中心获得了 20 多亿美元的慈善资助。未来十年的目标是 **30 亿美元以上**。因此,必须继续努力,通过创造切实可靠的**稳健的收入**来增加效益。具体措施包括参与全额要价合同,根据该合同,纽约大学将承担管理人口健康(**群体健康**)的全部责任,并参与到与付款人签订绩效付费合同中去,其中包括将付款与患者疗效挂钩的条款。成为公认的**卓越中心**可以增加效益。建立**最佳供应链**可以降低成本。所有这些目标都很难实现,但却是取得财务成功的必要条件。

继任规划

成功的组织都会认真制定继任规划。规划蓝图右下角有一个关于**继任规划**的部分。没有一个理事或首席执行官会永远在位。在我们一系列对话的最后,我与鲍勃·格罗斯曼讨论了继任规划。很显然,他对下一任**接班人**和下一任的**工作**都考虑得很仔细。格罗斯曼和肯·朗格尼仍然是充满活力的领导者。2017 年,格罗斯曼已经 70 岁了。与此同时,2018 年 9 月,朗格尼年满 82 岁。纽约大学朗格尼医学中心的许多高级管理人员都已 60 多岁。

格罗斯曼将自己和所有高管视为机构的管理者。他希望所有领导者都全身心地致力于纽约大学朗格尼医学中心的成功和进步。正如格罗斯曼自己所说,关于领导力的讨论往往集中在定义与成功相关的品质和行为上。人们常常忽视讨论批评的必要性、对绩效失误的实时评估,以及在必要时和在最极端的情况下解雇高管或主席。

格罗斯曼愿意在必要时作出艰难的选择。他能够将友谊与绩效区分开来,如果他认为有必要,可以拿老朋友和同事开刀,要求他

第14章 展望未来

们辞职。当表现不佳的人留在原地时，不满情绪就会加剧。格罗斯曼明白，这种情况不利于成功，并可能破坏整个组织。格罗斯曼在学术健康中心协会出版物《领导力观点》中写道："你如何处理这些令人不快的情况最终将决定你的领导能力。""让一个人离开从来都不是一件容易的事，强大的领导者有义务克服犹豫，为组织的健康作出改变。"

格罗斯曼将自己和机构的角色一视同仁。在一次谈话中，他告诉我："我希望能够再工作5—7年，继续我现在正在做的事情。我认为肯还能够再担任4年主席。"他补充道："我们已经为他制定了继任计划。"大家都认为朗格尼更倾向于在时机成熟时，由内部人员接替格罗斯曼，因为他认为局外人需要很长时间才能熟悉一个机构，进而真正开始对其进行管理。

当格罗斯曼的继任者确定后，他说："那个人应该有自己的团队。"不过，这种过渡可能会自然而然地发生，因为纽约大学朗格尼医学中心高层管理团队的大部分成员，包括艾布拉姆森、布罗特曼和其他几位成员，都将在格罗斯曼卸任的同时退休，这有利于实现和谐的新老交替。虽然纽约大学朗格尼医学中心高层管理人的接班问题仍很遥远，但格罗斯曼已经在纽约大学朗格尼医学中心布鲁克林院区组建了一支新的年轻的管理团队，他说："温斯罗普分院已经有了接班计划。我认为，在未来的5—7年里，我们必须将人员安排妥当，这样我们才不会错失良机。"

在为新领导层作准备的同时，格罗斯曼也在建立一种机制，以维持已经发生的变化。他说："我们正在成为一个庞大的医疗系统。问题是，如何为整个系统注入同一文化？"纽约大学朗格尼医学中心目前正在波士顿开设一个领导力课程，但从长远来看，格罗斯曼说："答案是创建一所学院，让我们向员工、医生输出我们的文化。"

> 成功的组织都会认真制定接班计划。

为此,纽约大学朗格尼医学中心将开发一个集中的领导力培训项目。在那里,参与者可以学习并吸收文化——它是什么、如何演变以及为什么了解这些很重要。格罗斯曼说:"我们将创建一套完整的课程来维护并强化我们的文化。"格罗斯曼认为该学院的影响将超越高层管理人员。"我们在不断引进新的医生并开设医疗诊所。很快我们就会拥有一家新的医院。我们将继续有机地发展。必须制定系统的方法来维护和强化我们的文化。"虽然目前还不清楚拟议中的"学院"是一个简单的培训概念,还是一个更为正式的机构,但格罗斯曼显然打算让纽约大学朗格尼医学中心的下一代领导传承他认为对医院至关重要的原则和实践。

在过去十年中,纽约大学朗格尼医学中心走过了一段非凡之旅。未来几年,纽约大学朗格尼医学中心任重而道远,需要进一步改进现有的项目,并拓展计划,开展新的项目。医学科学的发展日新月异,医学经济学也是如此。纽约大学朗格尼医学中心必须在新的地方以新的方式提供新的服务。与此同时,它还必须继续以新的方式开展医学教育,以满足这些需求。生物医学研究,顾名思义,关乎新事物和未知领域,纽约大学朗格尼医学中心需要扩大其在研究领域的领导地位。在历史早期,纽约大学朗格尼医学中心曾是引领者,后来逐渐被边缘化。如今,它再次成为领导者,且必须努力保持这一角色。

> 在其历史早期,纽约大学朗格尼医学中心曾是引领者,后来逐渐被边缘化。如今,它再次成为领导者,且必须努力保持这一角色。

第14章 展望未来

正确的道路不会一览无余，但我们有充分的理由相信，在过去的十年中，纽约大学朗格尼医学中心以英明的领导和睿智的战略为指导，并会在下一个十年及以后的发展中发挥出色的作用。纽约大学朗格尼学院的使命是将纽约大学朗格尼医学中心的文化代代相传。遴选下一任医院首席执行官和医学院院长的过程亦是如此。

第15章

纽约大学朗格尼医学中心的转型带来哪些启示？

纽约大学朗格尼医学中心的转型堪称机构改革的成功范例。仅仅十年时间，它便从一个普通医学中心跃升至世界一流之列，这不是命中注定，不是偶然所得，也不是建立在其他医学中心衰落的基础之上取得的相对进步。恰恰相反，它是凭借自身的努力崛起的。

纽约大学朗格尼医学中心的成功转型是一个复杂的过程，从中可以总结出机构改革的一些重要思想理念。尽管人们看待问题的视角可能会略有不同，但其他机构可以从纽约大学朗格尼医学中心的成功转型中汲取一些经验，这一点是非常明确的。

领导力

在机构改革中，最关键的变量有三个，那就是领导力、领导力和领导力。纽约大学朗格尼医学中心之所以能实现脱胎换骨的转变，是因为它拥有强大而睿智的领导力。通过高效执行精心制定的计划，确立、追求并实现了远大目标。

几乎没人会质疑鲍勃·格罗斯曼是纽约大学朗格尼医学中心转

第15章 纽约大学朗格尼医学中心的转型带来哪些启示？

型的关键人物。他确立目标，制定策略，并指导执行。他通过循循善诱也好，"威逼利诱"也罢，选定了一批在机构改革中起重要作用的人。格罗斯曼说："我们在教育、研究和临床医学三个领域同时进行改革。这可以复制吗？要复制我们所做的一切，前提是要有一个'能跑完马拉松'的领导者。"

格罗斯曼的故事更加耐人寻味，因为最初几乎没有迹象表明他将成为一个卓越的领导者。在担任纽约大学朗格尼医学中心首席执行官之前，格罗斯曼是一名放射科医生和研究员，他的管理经验仅限于管理医学中心的一个部门。他在纽约医疗圈和慈善圈中既无人脉，也不出名。在到纽约大学朗格尼医学中心放射科工作前，他还曾在费城生活多年。

据说，在最初的面试中，他表现得并不理想，之所以能通过面试，是因为肯尼斯·朗格尼以及另外几位评委发现了他身上的闪光点。朗格尼说服了其他评委，格罗斯曼才能继续参与竞选。格罗斯曼自称是"初出茅庐的领导人"。

最终，由他接受了机构改革这一挑战。上任伊始，他就解雇了纽约大学朗格尼医学中心半数以上的高层管理人员。他是一位果决的领导，清楚自己想要什么，也知道如何去实现目标。尽管他刚上任就采取了强硬的措施，引起了很多恐慌，但最终还是赢得了大家的尊重和爱戴。也许纽约大学朗格尼医学中心所取得的部分成就由其他领导者也可以实现，但其成功转型与鲍勃·格罗斯曼密不可分。

纽约大学朗格尼医学中心的董事钱德里卡·坦登，曾是管理咨询公司麦肯锡的合伙人，拥有大型企业的改革经验。她表示，"我与很多领导共事过，但从未遇到像格罗斯曼这样的。他既能高屋建瓴，又能细致入微，是少有的了不起的领导。在我合作过的领导中，我会把他排在前10%，之所以不是第1名，是因为他仅负责纽约大学朗格尼医学中心的转型这一项工作。当然，如果鲍勃负责其他工作，应该同样会取得成功。"

格罗斯曼并非孤身一人，他手下有很多精兵强将。格罗斯曼作为领导的主要成就之一就是发现、招募并调动了这批精干的人员。事实证明，他们后来也都成了各自领域的佼佼者。格罗斯曼不会为了维持自己的地位而避免聘请优秀的下属。恰恰相反，他聘用了一批强有力的领导者来管理纽约大学朗格尼医学中心的各个部门。他们按照格罗斯曼所确定的大方向对各部门进行改革，取得了巨大的成就。

格罗斯曼专注于全面变革，也深知细节的重要性。他修缮好了蒂施医院饱受诟病的电梯，这象征着改革的开始，取得了改革的"早期胜利"。他为医学生新建宿舍，改善餐厅，因为这些都是纽约大学朗格尼医学中心的人日常要待的场所。他赏罚分明，既博采众长，又行不苟合。在推行全面公正的问责制时，他勇于承认错误，承担责任，体现出领导者以身作则的风范。

> 他赏罚分明，既博采众长，又行不苟合。

格罗斯曼的成就可以从医院排行和评级、医学中心以及纽约市各日间诊疗中心的建设情况等方面进行评估，但他最主要的成就是创造并渗透了一种新的文化——强调问责的文化。每个人都设立目标，并且必须实现这些目标。这种问责制体现在打造以患者为中心的医院服务之中。成就本身并不是目的，而是创建一个以患者为中心的医院的方法。"我们彻底改变了这家医院的文化，"他补充道，"它不仅仅是一种精英制度，更是一种有抱负的文化。"

纽约大学朗格尼医学中心的管理结构并不适合采用传统的组织结构图，也就是通过虚实线连接、层层递减的方框图。格罗斯曼经常谈到"云"。高管们就像云朵一样，既相互独立，又在不同的点

第15章 纽约大学朗格尼医学中心的转型带来哪些启示？

和不同的时间相互重叠。格罗斯曼喜欢讲述一位高级管理顾问的故事，这位顾问最初对纽约大学朗格尼医学中心的结构深感失望，因为它不符合任何既定的模式或类别。但经过重新考虑后，这位顾问得出结论，纽约大学朗格尼医学中心的结构与苹果公司颇为相似。格罗斯曼认为苹果公司做得非常出色。

希望并非一种策略

如果你不清楚自己前行的方向，那么就会有许多条道路可供选择。格罗斯曼明确自己的目标，所以他制定了全面的机构转型策略，并精心制定计划以执行。

在上任之初，格罗斯曼就为纽约大学朗格尼医学中心制定了一套完整的目标和策略，犹如死海古卷一般，为其指明方向——打造一个"世界一流、以患者为中心的综合学术医学中心"。厉害之处在于，他不仅能制定全面的目标，还能将清单中几乎每一项都实现。

在振兴纽约大学朗格尼医学中心的过程中，每一步都很清楚下一步该怎么走。格罗斯曼早期绘制的规划蓝图无论精度还是广度都令人赞叹，它同时对三方面进行了规划：重建医院、重新设计并实行创新的医学院课程、恢复科研工作。十年后，最初的三块规划都有了结果。

信息技术

"鲍勃和他的仪表盘！"从纽约大学校长到纽约大学朗格尼医学中心的众多教职员工，每个人都认为，格罗斯曼管理的一大特征是对信息技术的高度重视。纽约大学朗格尼医学中心的内部流传着关于仪表盘的玩笑，但这却反映了机构改革的重要进展：机构改革不仅需要对发展策略有清晰的定位，还需要大量的信息。这是了解正在做什么、需要做什么以及做得怎么样的唯一途径。数据是新的通用管理语言。早在其他机构流行大数据之前，格罗斯曼就强调了大数据的重要性。

格罗斯曼花费了巨大的精力和财力来安装一个全面的信息管理系统，耗资数百万美元，拆掉一个刚安装不久的系统，更换成另一个覆盖范围更广的系统。他亲自参与设计和开发了仪表盘，将其作为实时监控大量流程与实践、支出和收入的手段，并每天都密切关注着这个仪表盘。

正如前文所提到的，现代管理中有一句格言：衡量什么，就管理什么。纽约大学朗格尼医学中心运营的许多方面都采用量化管理，什么是有效的，什么是无效的，什么是需要关注的，什么是按计划进行的，这些都一目了然。

管理层一直努力监控其所在机构的各项工作，但方式已经发生了变化。《追求卓越》在1982年成为一本畅销书，作者是麦肯锡咨询公司的两位管理顾问汤姆·彼得斯（Tom Peters）和小罗伯特·H.沃特曼（Robert H. Waterman Jr.），该书赞扬了管理者"通过走访进行管理"的做法。乔伊丝·朗称："格罗斯曼正是'通过走访进行管理'的管理者之一。尽管他确实经常查看仪表盘，但他还会和各层级人员交流讨论，获取建议。我们会一直跟进这些建议，很多好的想法也由此产生。"

管理层可以通过四处走访，直接了解机构的方方面面。但近年来，随着时代的发展和技术水平的提升，对机构进行系统、全面的监督获益颇多。在大数据时代，机构有更多的东西可以被监测和量化，还可以利用信息系统来整合处理产生的这些数据。

因此，除了通过走访的方式进行管理，还可以将信息系统汇

第15章 纽约大学朗格尼医学中心的转型带来哪些启示?

总的内容作为补充。医院里总会有一些管理者无法通过走访观察到,但可以通过数字化的温度计和传感器、量尺等工具监测获取的信息。信息管理系统的功能不断升级,为追求卓越的人创造了契机。

> 除了通过走访的方式进行管理,还可以将信息系统汇总的内容作为补充。医院里总会有一些管理者无法通过四处走访观察到,但可以通过数字化的温度计和传感器、量尺等工具监测获取的信息。

鲍勃·格罗斯曼不仅推进纽约大学朗格尼医学中心信息管理系统的开发,将该系统整合到机构运营的各个方面,还将其融入机构文化中。管理者及各项工作负责人都对信息数据管理了如指掌。在职人员知道他们既需要依靠数据,也需要生成数据。对于候选员工,如果他们无法接受或质疑机构的信息文化,将不会被录用。由于有了详细的管理信息系统,机构内部运作变得高度透明。

因为各项工作都被量化了,每个人都可以对自己的成果负责。很难没有依据地宣扬自己的成绩,也很难找到借口,没有人可以推卸责任:你承诺要完成的工作和实际完成的工作,都可以查证。这显然对落后者构成了威胁。格罗斯曼说:"他们不喜欢别人知道他们在做什么,因为他们除了拿工资之外什么也没做。"

纽约大学朗格尼医学中心的信息技术对任何将信息和思想分割开的做法都是致命的打击。当每个人都掌握了一切信息时,信息就不再具有特殊力量。数据的自由流动促进甚至强制了整合。这一结果并非偶然,也不是强调信息带来的副产品。格罗斯曼说:"我彻底摧毁了所有的孤岛。现在没有孤岛,没有隐藏之处。这里只有相同的愿景、相同的数据库、相同的信息。"当然,格罗斯曼还运用其常规方法来推进整合，比如每周四与各科主任举行午餐会，作为"打破沟通壁垒"的另一种方式。

如果没有信息化和责任制文化的推动，纽约大学朗格尼医学中心的转型或许也可以进行，但很明显，正是因为有了这样的文化，转型才进展得更顺利。格罗斯曼和他的团队知道他们的注意力应该集中在哪里，哪些方面需要付出努力，以及员工在各自任务中的表现。

执行力

许多组织不乏精心制定的战略和详细计划，然而很多计划最终都未能得到有效实施。纽约大学朗格尼医学中心却圆满执行了他们的计划。格罗斯曼最初亲自草拟出计划，随后广泛征求了纽约大学朗格尼医学中心同事的意见。这种沟通提供了有效的双向信息互换：格罗斯曼解释了自己想要实现的目标，也了解了各位管理者的想法，包括他们想要实现的目标，以及他们对他提出的计划和流程的看法。

格罗斯曼的方法是制定目标，并询问各项任务负责人需要哪些资源来实现目标。然后，他会放手让他们自己去做，为他们加油鼓劲，既不插手也不质疑他们。他会客观评估他们的成果，如果没有达到他们商定的目标，他就会让他们承担责任。

格罗斯曼对各部门的工作都要进行全面评估的强势个性和他的放手管理方式似乎有点自相矛盾。毕竟，格罗斯曼开发的信息系统可以让他知晓工作运作和进展的评估结果，对所有事情都了如指掌。但他知道自己想要的是什么，没有利用信息系统对每个部门进行细节管理，而是让各部门进行自我管理。他用仪表盘评估工作进展情况，而不是部门运行流程。每个人都要对自己的工作成果负责，那

第15章 纽约大学朗格尼医学中心的转型带来哪些启示?

些没有达到设定目标的人员可能会受到批评、调岗甚至被开除。

虽然对那些不能交出成果的人来说,格罗斯曼的管理方式十分严苛,但因为两个原因,这种方式被普遍接受:其一,目标及其实现进展是共同商定的,具有透明度且经过客观评估;其二,一旦明确目标,格罗斯曼给各部门负责人很大的自由度去实现目标。总的来说,这是一种极具激励性的管理方式。

前首席财务官迈克尔·伯克说:"学术中心的医生往往竞争激烈。无论是在医院还是在医学院,给他们一个仪表盘和评分表,他们就会力争上游。仪表盘可以进行非常详细的比较。例如,医生可以将特定手术中患者的感染率和再入院率与其他医生做同样手术的情况进行比较,可以将患者疗效和住院时间进行比较。了解自己与他人比较的结果,可以激励医生了解产生差异的原因并加以改进。"

各部门主管希望达到并超越目标,做得比其他人更好,让格罗斯曼满意。更重要的是,通过展示他们的工作能力来让自己满意。格罗斯曼也将这样的原则应用到自己身上,勇于承担责任,承认错误。他希望其他人也能这样做。

> "学术中心的医生往往竞争激烈。无论是在医院还是在医学院,给他们一个仪表盘和评分表,他们就会力争上游。"

董事会

纽约大学朗格尼医学中心的转型是由执行管理团队推动的,但格罗斯曼及其团队也从董事会获得了很多帮助。董事会提供建议,并用自身的权力和威望帮助医院对外社交，募集资金。虽说这些都是董事会应该做的事情，但纽约大学朗格尼医学中心董事会及其领导人在一些重要的方面做得尤为出色。

董事会定期会议以监督管理层工作的监管模式已存在几十年了，几乎所有大公司、教育机构和非营利组织都采用这种模式。但董事会在发挥其作用和价值时可能出现两种极端情况：一种极端情况是董事会不认真履行责任，对管理层来说只是走走过场，没起到监督作用。这种董事会不会质疑或调查管理层的决策，要么是因为他们对管理毫无兴趣，要么是认为自己的职责只需支持管理层。因此，他们既毫无贡献，又无法对组织的管理进行监督。另一种极端情况是董事会想要运营组织，作出所有决定，质疑管理层，对哪怕很小、很细节的决定都进行干预。

纽约大学朗格尼医学中心的董事会与这两种极端类型全然不同。它提供建议，却不专横强势；它主动采取行动，却不插手管理职权；它与员工互动，却不制造恐惧或偏袒。

20世纪90年代末，纽约大学董事会对纽约大学朗格尼医学中心作出了几项重要决定：与西奈山医院进行了一次注定失败的合并，但随后迅速决定解除合并。此外，还将医院和医学院的管理权集中到一位首席执行官手中。这一决定备受争议，却是纽约大学朗格尼医学中心开启转型的关键。在后续过程中，董事会深入监督该机构的转型，却不进行直接指导。

解除合并后，重新组建的纽约大学朗格尼医学中心董事会也作出了几项重要决定。纽约大学朗格尼医学中心董事会是典型的纽约大型机构的组成模式，包括华尔街精英、商界高管、慈善家以及一些学者。纽约大学朗格尼医学中心董事会的组成模式不仅与纽约市其他一些知名医疗、慈善机构及企业的董事会相同，有很多成员也正是这些董事会的成员。其中，有几位关键人物促使纽约大学朗格尼医学中心董事会在机构转型中发挥了重要作用。

第15章 纽约大学朗格尼医学中心的转型带来哪些启示?

第一位关键人物便是肯尼斯·朗格尼。他在华尔街成绩斐然,作为家得宝和其他企业的创始人之一赚得盆满钵满,之后便投身于非营利机构的工作。虽然他担任过多家机构的董事,但他对纽约大学朗格尼医学中心特别感兴趣。最终,他向纽约大学朗格尼医学中心捐赠了2亿美元,中心也以他的名字命名。他被视为纽约大学朗格尼医学中心最不容忽视的人物。他是发现格罗斯曼身上闪光点的董事之一,在很多人都认为格罗斯曼在某一方面表现不佳的情况下,是他说服了其他董事让格罗斯曼继续参加第二轮面试。他非常欣赏格罗斯曼从西门子成功获得设备的经历。也许朗格尼在格罗斯曼身上看到了自己作为企业家的影子。

格罗斯曼上任后,朗格尼随时为他提供建议和咨询。格罗斯曼也经常征求他们的意见,大多数情况下,他们每天都会与朗格尼进行交流。朗格尼不仅自己捐赠了大笔资金,还鼓励他的朋友们慷慨解囊。作为共和党政治候选人的重要资助者,在纽约大学朗格尼医学中心经飓风桑迪袭击后需要联邦政府援助时,他曾出面进行斡旋。

与许多董事会领导人不同,朗格尼不会只在每月或每季度的董事会会议上露个面,在纽约大学朗格尼医学中心经常能看到他的身影。他会和员工聊天,鼓励他们,并询问每个人的看法和建议,会出席员工表彰仪式,在食堂就餐。朗格尼有一句名言,"看到地上有废纸他很开心,因为这样他就可以弯腰把它捡起来"。这句话想要告诉众人每个岗位的每个人都可以为改善这个地方出一份力。朗格尼的这些做法或许不是策略,而是他热情外向的天性使然。他是一个敏锐的观察者,可以将一个观察到的事物转化为管理经验或新方法的建议,这对纽约大学朗格尼医学中心的发展是有益的。

第二位关键人物是马丁·利普顿。作为一家大型律师事务所的著名合伙人,他是美国商界最高级别并购领域的领军人物。同时,他还是纽约大学的忠实校友,60多年来,他曾是该校的学生、副教授、董事会主席,同时也是纽约大学朗格尼医学中心董事会的重要成员。他帮忙筹款，充当纽约大学朗格尼医学中心与纽约大学管理层之间的桥梁，并做了其他力所能及的事情。利普顿是格罗斯曼信任的顾问，也与纽约大学校长约翰·塞克斯顿交好。虽然没有关于他弯腰从医院地上捡起纸屑的记载，但他为纽约大学朗格尼医学中心的转型之路清扫一个又一个"障碍"。

肯尼斯·朗格尼认为，可以通过加入董事会和捐赠来影响一家机构。利普顿则是典型的忠实校友：大学为他做了很多，他想回馈大学。

董事会的第三位关键人物是蒂施家族，他们的动机也很明确。劳伦斯·蒂施是纽约大学的校友，与利普顿一样，他非常积极地为母校贡献力量。纽约大学医院和艺术学院均以他的家族命名。拉里·蒂施去世后，他的遗孀仍对蒂施医院保持着浓厚的兴趣。蒂施家族继续向纽约大学捐赠了大笔资金。劳伦斯的儿子汤姆和汤姆的妻子艾丽斯也是纽约大学朗格尼医学中心董事会成员。

当然，并非只有这几位董事会成员作出了贡献。他们慷慨解囊，积极建言献策，并利用自身人脉资源协助完成一些工作。尤其是朗格尼和利普顿，他们在纽约大学朗格尼医学中心转型过程中的付出远远超越了常规董事会成员的工作范畴。他们为格罗斯曼提供了很好的建议，并竭尽所能帮助他，向格罗斯曼表达了自己的想法，但并不告诉他具体该怎么做。在他们的大力支持下，格罗斯曼得以成功地执行自己的计划，在纽约大学朗格尼医学中心转型的很多方面都取得了巨大的进展。

财务可持续性

纽约大学朗格尼医学中心能够执行其计划的一个原因是，它自身拥有足够的资金支持，大部分工作都无需寻求外来资金的帮助。

第 15 章 纽约大学朗格尼医学中心的转型带来哪些启示？

纽约大学朗格尼医学中心的财务状况由亏转盈是取得后续各种成就的重要因素。格罗斯曼到任时，纽约大学朗格尼医学中心的财务状况一片混乱，亏损严重，财务管理也不尽如人意。格罗斯曼改变了这样的财务状况，使机构实现盈利，从而能够负担他精心制定的计划。纽约大学朗格尼医学中心的财务状况能够明显改善得益于格罗斯曼的四步举措：修复票据收集系统、增加研究收入、转型为日间诊疗、增加筹款。

韧性

拳击手迈克·泰森（Mike Tyson）有一句名言：在遭遇迎面痛击之前，每个人都有自己的计划。2012 年秋天，纽约大学朗格尼医学中心就遭受了这样的重击。当时，纽约大学朗格尼医学中心的转型工作进行得如火如荼，但飓风桑迪淹没了医学中心大楼的主体部分，导致电力中断了 6 天。园区被迫关闭了两个月。最终，纽约大学朗格尼医学中心顶住了这场风暴，并且以更强大的姿态回归。在桑迪肆虐 5 周年之际，纽约的报纸报道了许多仍在遭受飓风影响的情况和机构，其中包括仍在等待维修的地铁隧道和法洛克维（Far Rockaway）尚未重建的住房。但对于纽约大学朗格尼医学中心来说，飓风桑迪已然成为历史。

纽约大学朗格尼医学中心凭借其强大的韧性战胜了这场风暴。与其他管理完善的医学中心以及机构一样，纽约大学朗格尼医学中心也制定了应急计划和灾后重建计划，但他们并未制定应对像桑迪这样大规模灾难的计划。因此，一旦关闭，格罗斯曼和他的同事们就必须制定出应对策略，他们迅速行动，果断而有效。很快，他们安排医生到纽约大学朗格尼医学中心的日间诊疗中心等地看诊，将医学院的课程转移到纽约大学华盛顿广场的园区及其他地方进行。

他们在没有供暖、被水淹过的设施中召开了员工会议，制定了重新开放的计划。需要强调的是，他们从未讨论过不重开的问题，而是何时重开以及如何重开。

还有一个特别重要的决定是，在机构实际关闭的情况下，继续支付所有员工的工资。这项举措对于医生来说是非常值得赞赏的，对于其他低收入的医院员工来说，更是至关重要的，使他们能够支付房租或房贷。对所有相关人员来说，这不仅提升了纽约大学朗格尼医学中心的形象，还留住了所有员工。否则，员工流失后，重新开业时，需要招聘、培训和部署大量新员工，情况会更加复杂。

与此同时，格罗斯曼在大大小小的事情上都采纳了芝加哥市长、白宫前首席顾问拉姆·伊曼纽尔（Rahm Emanuel）的著名格言，即绝不能让危机白白浪费。在所有系统瘫痪的情况下，他们就对管理信息系统进行了重大调整。当大楼空置时，他们粉刷了一些房间，清除了其他房间的石棉。在重建的同时，他们还重新进行了一些配置。

良好的管理对纽约大学朗格尼医学中心的重新开张至关重要，但资金也同样关键。在格罗斯曼上任后的前几年里，纽约大学朗格尼医学中心的财务状况得到了改善，到2012年秋天，已积累了相当可观的资金。原本需要等待联邦紧急事务管理局的资助，甚至需要等待更长时间获得保险理赔金，但纽约大学朗格尼医学中心自己拥有资金，所以在遭遇打击后能立即采取行动。

就这样，纽约大学朗格尼医学中心涅槃重生，仿佛什么都没发生过一样，继续沿着自己的轨迹稳步前行。

机构架构

纽约大学朗格尼医学中心隶属于一个更大的组织——纽约大学。与哈佛大学每个学院各自独立的传统不同，在许多方面，纽约

第15章 纽约大学朗格尼医学中心的转型带来哪些启示？

大学朗格尼医学中心的地位类似于一家公司的全资子公司。在管理学领域，有很多这样的故事：一些组织的计划被母公司出于各种各样的原因进行歪曲，甚至阻挠。纽约大学的中央管理部门一直密切关注着医学中心的发展，因为它在整个学校的收入和支出中占据很大比重。当其财务状况不佳时，可能会拖累整个大学。20世纪70年代，纽约大学面临财政危机，不得不出售布朗克斯校区，并将工程学院分出去，以维持运转。

纽约大学朗格尼医学中心的发展也关系到纽约大学的声誉，如果声誉不佳，也会影响纽约大学的声誉；如果发展得好，也会对纽约大学产生正面影响。一所大学的医学院厉害不代表其他学院都厉害，但从一般意义上讲，一所大学的整体大于各学院的总和。

大学校长面临许多要求。他/她需要为许多利益团体服务，平息许多批评者的不满，处理众多冲突。格罗斯曼最希望从大学校长那里得到的是不干预和不胡乱猜测。这两点都实现了，当然主要还是因为纽约大学朗格尼医学中心不需要纽约大学的资金。塞克斯顿放手让格罗斯曼自己去做，他知道并支持格罗斯曼的计划，但他很乐意把注意力和预算放在其他地方。

> 对于格罗斯曼这样有目标、有魄力的领导来说，独立行事的权利是他所需要的。

塞克斯顿对格罗斯曼充满信心，当员工对格罗斯曼要求他们更多地做科研、申请基金不满时，他并没有理会。没有人能越过格罗斯曼向塞克斯顿求情。就塞克斯顿以及他在医学中心的联络人鲍勃·伯恩而言，他们的管理风格之所以与众不同，并在很大程度上造就了格罗斯曼的成功，是因为他们能够后退一步，让格罗斯曼独立开展工作，在他需要时提供建议，在他困难时提供支持。对于像格罗斯曼这样目标明确、干劲十足的领导来说，能够在不受不必要干扰的情况下推进工作可谓如虎添翼。

总结

从纽约大学朗格尼医学中心的故事中汲取的经验也许既不独特，也不新颖，但有一个例外：技术发挥的重要作用既新颖又与众不同。除此之外，纽约大学朗格尼医学中心的转型体现了组织发展中的一些永恒真理：领导力、战略和执行力至关重要，必须落实到位。强大的董事会和雄厚的资金支持是满足这些基本要素的必要条件。韧性非常重要，因为意外事件不可避免，问题总会出现。如美国前国防部长唐纳德·拉姆斯菲尔德（Donald Rumsfeld）所说，总是会有已知的未知，但也会有未知的未知。

纽约大学朗格尼医学中心转型的各个要素看似显而易见，甚至平淡无奇，但事实上，每一个要素都很难成功地实施。显然，组织需要优秀的领导力，但如何确保获得优秀的领导力就不那么清楚了。战略也是如此，每个组织都应该有战略，但许多战略都存在缺陷。即使是最优秀的领导者，在执行战略时也可能失败。在纽约大学朗格尼医学中心，回想一下 20 世纪末，它与西奈山医院和/或其医学院合并的计划便是灾难性的战略和错误的执行的结合。

在格罗斯曼的领导下，纽约大学朗格尼医学中心取得了成功。这并非偶然。格罗斯曼认为关键在于了解机构的愿景，制定与愿景一致的战略。这是非常困难的，不能一蹴而就，而是一场马拉松。鲍勃·格罗斯曼和那些与他共事并为他提供建议的人共同拼出了一幅蓝图，使纽约大学朗格尼医学中心能够制定出良好的战略并成功实施。他们认真思考目标，为之努力工作，进行衡量和管理，观察和倾听。其结果是，他们能够调动资源，满足需求，将纽约大学朗格尼医学中心从平庸转变为世界一流。

> 在格罗斯曼看来，"文化胜过愿景，文化胜过战略，文化胜过一切"。

有很多因素促进了纽约大学朗格尼医学中心的转型，毫无疑问，其中最重要的当属鲍勃·格罗斯曼对卓越的不懈追求，以及他始终致力于在纽约大学朗格尼医学中心构建勇于担当和追求卓越的文化。在格罗斯曼看来，"文化胜过愿景，文化胜过战略，文化胜过一切"。格罗斯曼加入时，纽约大学朗格尼医学中心有自己已固化的文化，一种助长平庸的文化。格罗斯曼深知，如果不首先转变文化，他将永远无法成功实现自己的愿景，也无法实现转型。他借助纽约大学朗格尼医学中心2007年遭遇的逆境，帮助人们认识到变革的必要性。格罗斯曼和他周围的人通过建立一种追求卓越的文化，一种致力于成就的领导力的文化，打造出了一所世界一流的机构。

树立榜样

从印度的眼科照护到荷兰的痴呆照护，世界各地都有很多优秀的医疗工作示范，旨在提高高质量医疗照护的可及性，并以负担得起的价格提供服务。我在我的基金会 ACCESS Health 的工作中每天都能看到这样的例子。在我的上一本书《价廉质优》中，我描述了新加坡令人印象深刻的医疗保健系统，这个岛国以任何其他发达国家的极小的一部分成本提供了高质量的医疗保健服务。

有些人可能会质疑，这个小岛国的医疗体系是否可以推广。然而，在本书中，我们呈现了一个非凡的案例，一个发生在这个世界上最复杂、竞争最激烈、最昂贵的医疗环境之一，同时也是世界上最大、最复杂的城市之一——美国纽约的案例。纽约大学朗格尼医学中心的故事证明，美国在组织和提供医疗服务方面可以做得更好。

在我们国家（美国）持续讨论如何支付医疗费用的过程中，我们有时会忽略真正的目标：以可承受的价格提供世界一流的医疗服务。我们只为卓越买单。如果医疗机构组织得当，卓越的医疗服务并不会更昂贵。事实上，通过把工作做得更好，卓越的医疗服务可以省钱而不是花钱。高质量的医疗服务可以避免对额外的医疗服务的需求，更有效地恢复健康。劣质的医疗服务会导致劣质结果，并且从长远来看，其成本远高于第一次就把事情做对、做好。

正如鲍勃·格罗斯曼所说："我们相信质量才是最具有经济效益的。"如果我们致力于打造世界一流的医疗服务，我相信我们同样也能创建出负担得起的医疗服务。纽约大学朗格尼医学中心的经验为我们指明了方向。

致 谢

我非常感谢我的朋友、上海纽约大学副校长杰弗里·雷蒙（Jeffrey Lehman），是他向我介绍了纽约大学朗格尼医学中心的故事，并建议我与纽约大学教授、分管卫生的执行副校长罗伯特·伯恩交谈。在我们最初关于纽约大学朗格尼医学中心转型的对话中，伯恩的坦率、慷慨和热情激发了我对纽约大学朗格尼医学中心故事的浓厚兴趣，并促使我开始了这本书的写作。

如果没有伯恩以及纽约大学朗格尼医学中心整个领导团队的支持，本书是不可能完成的。首先，我非常感谢纽约大学朗格尼医学中心院长兼首席执行官罗伯特·格罗斯曼博士，在我研究和撰写本书的过程中，他和他的妻子伊丽莎白·科恩（Elisabeth Cohen）付出了无尽的时间和精力。纽约大学朗格尼医学中心高级副总裁兼临床事务与战略副院长、首席临床官安德鲁·布罗特曼也同样给予了我极大的帮助。

纽约大学朗格尼医学中心的两位董事肯·朗格尼和马丁·利普顿在该中心的转型过程中发挥了至关重要的作用，我对他们提供的帮助深表感谢。我对他们两人的采访为本书的写作奠定了基础。我还要感谢与我交谈过的纽约大学朗格尼医学中心董事会的其他成员。

如果没有现任纽约大学名誉校长约翰·塞克斯顿的真知灼见，

这本书是不可能完成的。我同样感谢高级副总裁兼负责教育、教工和学术事务的副院长史蒂夫·艾布拉姆森，高级副总裁兼理学副院长、首席科学官达夫娜·巴尔-萨希，以及高级副总裁，负责战略、规划和业务发展的理查德·J. 多诺霍。

我与首席信息官、高级副总裁兼副院长纳德尔·梅拉比的谈话，对我编写本书中讨论利用数据和信息技术提高医疗质量的部分起到了极大的帮助。我也非常感谢高级副总裁兼副院长、企业首席财务官迈克尔·伯克，高级副总裁兼副院长、办公室主任约瑟夫·勒霍塔，纽约大学朗格尼医学中心布鲁克林院区首席医疗官布雷特·鲁迪。他们花了大量时间向我解释纽约大学朗格尼医学中心复杂的财务状况和错综复杂的运作机制。我还要感谢负责人力资源、组织发展与学习的高级副总裁兼副院长南希·桑切斯，负责基建与设施的高级副总裁兼副院长薇姬·马奇·苏纳，曾任纽约大学朗格尼医学中心医院运营总监的罗伯特·普雷斯，以及作为总法律顾问的高级副总裁兼副院长安妮特·约翰逊（Annette Johnson）所提供的真知灼见。

我同样非常感谢在我的研究过程中采访过的纽约大学朗格尼医学中心教授和工作人员：心脏病学家兼首席质量官玛莎·拉德福德博士；微生物学系研究教授、微生物学系微生物学名誉教授简·T. 维尔切克博士；纽约大学朗格尼医学中心神经病学教授兼主席史蒂夫·加莱塔博士；高级应用助理院长兼教育信息学助理教授乔纳森·魏德博士；教育信息学院副院长、医学教育创新研究所所长、医学系副教授马克·特里奥拉；神经科学与生理学系主任、神经科学研究所所长、神经科学"德鲁肯米勒"教授理查德·钱；纽约大学医学院临床副教授理查德·伍德罗；外科学弗兰克·C. 斯宾塞教授兼医学教育与技术副院长托马斯·S. 里莱斯（Thomas S. Riles）博士；纽约大学朗格尼医学中心布鲁克林院区护理与患者照护服务部副总裁凯瑟琳·曼利-卡伦护士；纽约大学朗格尼医学中心院长兼首席执行官办公室经理、特别项目经理希拉·罗森；以及Access First董事健康与保健计划行政主管乔伊丝·M.朗。

纽约大学朗格尼医学中心机构交流部高级主管莉萨·格雷纳（Lisa Greiner）在我的整个研究过程中以及在最后完成手稿时提供了重要支持。汤姆·海斯（Tom Hayes）和我的兄弟埃里克·哈兹尔廷（Eric Haseltine）为我提供了宝贵的建议。

哈维·夏皮罗（Harvey Shapiro）在本书写作过程中给予了编辑指导和睿智的建议与支持，在此我谨向他表示衷心的感谢。

最后，我要感谢我的同事安娜·德克森（Anna Dirksen），她是ACCESS Health International的传媒总监，还要感谢Greenleaf Book Group的团队，包括阿普丽尔·墨菲（April Murphy）、泰勒·勒布勒（Tyler LeBleu）和山姆·亚历山大（Sam Alexander），感谢他们为本书的出版提供了帮助。

附录 A

人物介绍

纽约大学朗格尼医学中心的转型是众多人共同深度参与的结果。

纽约大学和纽约大学朗格尼医学中心董事会成员

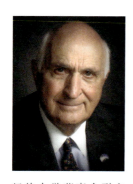

纽约大学董事会副主席、纽约大学朗格尼医学中心董事会主席肯尼斯·朗格尼

肯尼斯·朗格尼（Kenneth Langone），纽约大学董事会副主席，纽约大学朗格尼医学中心董事会主席

肯尼斯·朗格尼，Invemed Associates 有限责任公司的创始人兼董事长。担任纽约大学和纽约大学朗格尼医学中心董事会主席，此外，他还活跃于多个重要机构的董事会，包括圣帕特里克大教堂、纽约麦当劳之家、战略与国际研究中心、霍拉肖·阿尔热协会基金会、哈莱姆儿童区及其特许学校普罗米斯学院。

马丁·利普顿（Martin Lipton），纽约大学董事会名誉主席，纽约大学朗格尼医学中心董事会董事马丁·利普顿，Wachtell, Lipton, Rosen & Katz 的创始合伙人，擅长为大型公司提供并购咨询以及影响公司政策和战略的建议。

安东尼·韦尔特斯（Anthony Welters），纽约大学董事会副主席，纽约大学朗格尼医学中心董事会董事

钱德里卡·坦登（Chandrika Tandon），纽约大学董事会副主席，纽约大学朗格尼医学中心董事会董事

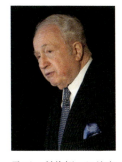

马丁·利普顿，纽约大学董事会名誉主席，纽约大学朗格尼医学中心董事会董事

托马斯·S. 墨菲（Thomas S. Murphy Sr.），纽约大学董事会名誉副主席，纽约大学朗格尼医学中心董事会董事

威廉·J. 康斯坦丁（William J. Constantine），纽约大学朗格尼医学中心董事

艾丽斯·M. 蒂施（Alice M. Tisch），纽约大学朗格尼医学中心董事

托马斯·J. 蒂施（Thomas J. Tisch），纽约大学朗格尼医学中心董事

纽约大学

约翰·塞克斯顿（John Sexton），名誉校长

2002—2015 年，约翰·塞克斯顿担任纽约大学第 15 任校长。2016 年 1 月，安德鲁·汉密尔顿（Andrew Hamilton）接任了他的职位，他成为名誉校长。

在约翰·塞克斯顿担任校长期间，纽约大学成绩斐然。纽约大学因进行了其历史上规模

最大的一次文理学院终身教授和终身教职教师扩充而备受瞩目；塞克斯顿创建了一个无与伦比的全球学术网络，其中包括在阿布扎比和上海成功开设的可授予学位的校区；在他的领导下，纽约大学在缺席40年后恢复了工程学；纽约大学医学中心的发展得到了大力推进；学生入学率创历史新高；筹款数额同样创历史新高；此外，他还创建了重要的新学术项目；在此期间，教工和学生获得了前所未有的荣誉；他同时也进行了重要的资本投资和长期规划。

罗伯特·伯恩（Robert Berne），负责卫生事务的执行副校长，同时也是公共政策与财务管理教授

罗伯特·伯恩，负责卫生事务的执行副校长和公共政策与财务管理教授，专门研究公共部门的财务管理，是全美公认的教育政策研究专家。

公共政策与财务管理教授，负责卫生事务的执行副校长罗伯特·伯恩和他的妻子雪莱

纽约大学朗格尼医学中心

罗伯特·I. 格罗斯曼（Robert I. Grossman），医学博士，担任索尔·法伯（Saul J. Farber）院长兼首席执行官

2007年7月，罗伯特 I. 格罗斯曼医学博士被任命为纽约大学朗格尼医学中心主任兼首席执行官。2001年，格罗斯曼博士加入纽约大学朗格尼医学中心，担任路易斯·马克思（Louis Marx）放射学教授、放射系主任，以及神经病学、神经外科、生

罗伯特 I. 格罗斯曼（Robert I. Grossman）医学博士，索尔·法伯（Saul J. Farber）院长兼首席执行官

理学和神经科学教授。此前，他曾在宾夕法尼亚大学医院担任放射学、神经外科学和神经内科学教授；神经放射学主任；放射学副主席。

史蒂夫·B. 艾布拉姆森（Steven B. Abramson），医学博士，高级副总裁兼教育、教工和学术事务副院长

作为副院长，艾布拉姆森博士负责监督教务工作，涉及任命、晋升和终身教职等议题。此外，他领导的办事处还负责本科生、硕士生和博士生教育，继续医学教育，大学预科项目，招生流程，以及纽约大学医学院的认证工作。

达夫娜·巴尔-萨希（Dafna Bar-Sagi），博士，高级副总裁兼理学副院长、首席科学官

达夫娜·巴尔-萨希博士，推动纽约大学朗格尼医学中心研究事业发展的主要战略家。此外，巴尔-萨希博士还通过科学与研究办公室监督所有临床、转化和基础科学业务、研究生教育以及科研企业的管理。

安德鲁·W. 布罗特曼（Andrew W. Brotman），医学博士，高级副总裁兼临床事务与战略副院长、首席临床官

安德鲁·W. 布罗特曼博士负责医生/医院的计划项目和日间诊疗。担任这些职务的同时，他还领导教工小组实践，管理与附属医院（包括纽约市健康医疗总局）的合作关系，并负责管理教工办公大楼。

迈克尔·T. 伯克（Michael T. Burke），高级副总裁兼副院长、公司首席财务官

2008年，迈克尔·T. 伯克加入纽约大学朗格尼医学中心，负责医院和医学院的财务工作。加入纽约大学朗格尼医学中心后，他启动了财务转型流程，对机构现有的业务流程、系统和组织进行了全面评估和改革。

理查德·J. 多诺霍（Richard J. Donoghue），战略、规划和业务

发展高级副总裁

理查德·J. 多诺霍，负责纽约大学朗格尼医学中心的战略计划，包括纽约大学朗格尼医学中心和纽约大学医学院。还负责纽约大学朗格尼医学中心的医疗事故项目和管理式医疗合同。

约瑟夫·勒霍塔（Joseph Lhota），高级副总裁兼副院长、办公室主任

约瑟夫·勒霍塔，负责协助纽约大学朗格尼医学中心进一步调整和整合医疗、研究和教育。协助纽约大学朗格尼医学中心的院长兼首席执行官管理并指导与复杂学术医学中心相关的所有活动，同时在与该组织战略方向相关的管理和政策问题上担任顾问。

纳德尔·梅拉比（Nader Mherabi），高级副总裁兼副院长、首席信息官

纳德尔·梅拉比，负责纽约大学朗格尼医学中心的所有信息技术（IT）活动。此前，曾担任纽约大学朗格尼医学中心 IT 产品解决方案副总裁和首席技术官，负责整个机构的技术战略、基础设施工程、网络、数据中心、应用架构、系统部署和支持。

南希·桑切斯（Nancy Sanchez），高级副总裁兼副院长，负责人力资源与组织发展和学习部

南希·桑切斯负责战略人力资源的计划、实践和运营，为纽约大学朗格尼医学中心的 17 000 多名教职员工提供支持。自 30 多年前到任以来，她在人力资源部担任过许多领导职务。

安妮特·约翰逊（Annette Johnson），高级副总裁兼副院长、总法律顾问、医学院行政管理兼职教授

薇姬·马奇·苏纳（Vicki Match Suna），美国建筑师协会会员，高级副总裁兼副院长，负责基建与设施部

史蒂夫·L. 加莱塔（Steven L. Galetta），医学博士；**菲利普·K. 莫斯科维茨**（Philip K. Moskowitz），医学博士，纽约大学朗格尼医学中心神经病学教授兼主席

乔伊丝·M. 朗（Joyce M. Long），Access First 董事健康与保健计划行政主管

凯瑟琳·曼利-卡伦（Catherine Manley-Cullen），注册护士，副总裁，负责纽约大学朗格尼医学中心布鲁克林院区，护理和患者护理服务部

玛莎·J. 拉德福德（Martha J. Radford），医学博士，首席质量官，医学与人口健康学教授

托马斯·S. 里莱斯（Thomas S. Riles），医学博士，副院长，负责医学教育与技术

希拉·罗森（Sheilah Rosen），院长兼首席执行官办公室经理

布雷特·J. 鲁迪（Bret J. Rudy），医学博士，纽约大学朗格尼医学中心布鲁克林院区首席医疗官

帕雷什·沙阿（Paresh Shah），医学博士，外科学教授，普外科主任，质量与创新部副主席

马克·M. 特里奥拉（Marc M. Triola），医学博士，教育信息学副院长，医学教育创新研究所所长，医学系副教授

理查德·钱（Richard Tsien），博士，神经科学与生理学系主任，神经科学研究所所长，神经科学与生理学系神经科学"德鲁肯米勒"教授，神经病学系教授

简·T. 维尔切克（Jan T. Vilcek），医学博士，博士，微生物学系研究教授，微生物学系微生物学名誉教授

理查德·伍德罗（Richard Woodrow），纽约大学医学院临床副教授

附录 B

罗伯特·格罗斯曼 2007 年就职演说

利普顿主席、朗格尼主席、塞克斯顿校长、伯恩高级副校长、各位教职员工、学生们和朋友们：

非常感谢你们给予我的支持、信任和祝福。在过去的 4 个月里，我投入大量精力去倾听大家的关切和愿望，并且深入研读了我们医学中心的辉煌历史。在我的研究中，最引人注目的一点是，"院长"一词很少被提及。

显然，这传递出一个明确的信息，那就是院长只是我们医学中心所有才华横溢、卓越非凡的成员的助推器。说到优秀，我的第一项正式活动就是热烈欢迎 2011 级医学新生加入我们的大家庭。这 160 名出类拔萃的学生是从近 8 000 名申请者中脱颖而出的；在这 160 名未来的医生中，有 80 名是男性。这一庆祝活动称为"白大褂仪式"。我们的礼堂座无虚席，新生们、自豪的家长们、朋友们和家人们齐聚一堂。这真是一场令人心潮澎湃的活动。

我们的优秀教师丹·罗塞斯（Dan Roses）是本次活动的特邀演讲嘉宾，他关于贝尔维尤大学和纽约大学医学院的历史所作的演讲精彩至极，让我与在场观众都产生了深深的共鸣。

我心怀敬畏——敬畏那些曾是我校教师或学生的了不起的人物。

我深感责任重大——学生们对未来患者的生命负责，而我则肩负着培养未来医生以及管理这座宏伟医学中心的传统、文化和推动其发展的重任。

我倍感荣幸，能够成为这长达 166 年卓越遗产的一部分。我们医学中心是由 19 世纪中叶一些最伟大的医生创立的。保罗·里维尔（Paul Revere）最小的儿子约翰·里维尔（John Revere）成为第一位医学教授，美国最伟大的外科医生瓦伦丁·莫特（Valentine Mott）领导了外科系。

莫特的学生、后来的外科教授 S. D. 格罗斯（S. D. Gross）写道，莫特的名字与外科史有着千丝万缕的联系，就像惠灵顿的名字与滑铁卢战役一样。

顺便提一下，格罗斯本人是《纽约时报》所赞誉的"19 世纪最杰出的美国绘画"的主角。这幅由托马斯·伊金斯（Thomas Eakins）创作的名为《格罗斯诊所》（*The Gross Clinic*）的肖像画，时至今日仍在书写历史：不久前，托马斯·杰斐逊大学以 6 800 万美元的价格出售了这幅画，成为全国范围的热门话题！

想一想吧：纽约大学的外科培训在 19 世纪最伟大的美国绘画中得到了体现——事实上，这就是影响力！

现在，请允许我在纽约大学巨匠们为我们留下的丰厚且坚实的土壤上勾勒我们的未来。此刻，我们正站在他们的肩膀之上。

我们的愿景是在辉煌历史的基础上，成为世界一流的学术医学中心，成功地与霍普金斯大学、哈佛大学和宾夕法尼亚大学一争高下。我们已然具备跻身这一高地的所有要素：

> 我们地处世界上最伟大城市的中心地带；
> 我们隶属于一所卓越非凡的大学；
> 我们出色的医院和医学院拥有非凡的优势领域；
> 正如几周前在"院长荣誉日"我们所感悟的那样，我们中间有一些巨人，他们每天都在重塑着我们的卓越传统；

我们真心诚意地致力于创新与合作的未来。

因此，我们拥有令人惊叹的有利条件作为坚实基础。但同时，我们依然任重而道远。那么，需要做些什么呢？为了取得成功，我认为有五个基本条件。

第一，我们必须牢记，决策必须以整个医学中心的最佳利益为出发点。外部竞争十分激烈，我们不能与我们的支持者相互掣肘。正因如此，我们已经采取了众多措施来拉近医院与医学院之间的距离，目的是成为一个名副其实的综合性学术医学中心。

我们必须发挥各自的优势，相互促进，制定富有创意的计划，充分利用我们医学中心和整个大学的所有资源。没有医学院的医院难以成为世界一流的医学中心。克利夫兰诊所和梅奥诊所（现更名为"妙佑医疗国际"）显然已经意识到了这一点，并开办了医学院。塞克斯顿校长和其他人已经阐明并认识到，如果没有一所优秀的医学院，要成为一所优秀的大学是非常困难的。

第二，如果我们想要达到世界一流水平，就必须妥善处理好我们的财务工作。我们是一家价值高达20亿美元的企业，拥有超过19 000名员工。在医学院的财务状况得到改善之前，我们的发展将受到极大限制。我们完成这项任务的速度越快，获得的捐赠就越多，对自身的投资也就越大。

这意味着要为整个企业的生产率树立标杆。我们的研究组合必须大幅增长。战略投资和问责制是相辅相成的。

第三，要实现我们的诸多目标，就必须大力推动慈善事业的发展。我们必须筹集20多亿美元。我下定决心完成这项任务。我们拥有一个规模庞大且极为慷慨的董事会，将为实现这一目标而不懈努力。

第四，我们必须时刻牢记，本医学中心最令人印象深刻的特点是人！所有在我们医院和学校履行日常工作、使我们的医学中心顺利运作的人都应该受到尊重，他们的出色表现和奉献精神应该得到认可和赞扬。

我的团队致力于营造一个鼓励贡献并展示我们是卓越合作伙伴的工作环境。多样性对我们的使命至关重要。光说不练是远远不够的。我们必须在组织的各个层面积极招聘和留住人才。我们需要合适的榜样和导师。我们的医学中心应尊重并体现我们所在社区的文化。

第五，作为个人，要想取得惊人的成功，每个人都必须承担责任。温斯顿·丘吉尔说得好——"伟大的代价就是责任！"

这一特点必须渗透到整个医学中心。例如，如果临床医学非常出色，食物美味可口，房间整洁干净，但照护患者的人却不够体贴入微，那么医院体验的所有其他方面都会受到不良影响。你们每一个人都发挥着至关重要的作用。我们是一个团队，必须不断改进我们的表现和功能才能挖掘我们的潜能。

如果我们满足了这五个先决条件——努力实现我们医学中心的全面整合、解决我们的财务问题、筹集资金、营造一种相互尊重的文化，以及为我们的所有行为承担个人责任——那么，我们将拥有一个非常坚实的基础来建设一个辉煌的未来。在我们逐一实现这些具体目标之前，我决不罢休。

当然，完善这幅规划蓝图还差一个重要的环节。那就是，要成为世界一流的医学中心，我们必须在研究、临床医学和教育方面取得客观的、优异的成绩。我们必须推动并优先考虑那些能够促进和加强我们发展的计划。因此，请允许我谈谈我们使命各个方面的目标。

在研究方面，我们将继续营造一个尊重科学、促进合作研究的环境。我们才华横溢的员工将成为这一过程的利益相关者，帮助设计未来的科学投资战略，并指定监测这些投资的基准。

我们的目标是拓展我们的科学领域，吸引并留住最优秀的研究员，为他们的成功提供完善的基础设施。我们将对跨学科和多学科的研究与科学方法进行投资并制定激励措施。团队科学与美国国立卫生研究院的规划蓝图相契合，也代表了成功研究的发展趋势。

我们学院是一所杰出大学的一部分，我们希望成为这个令人难以置信的主体的重要合作伙伴。

最近，我有幸参观了我们一位杰出研究员的实验室。他向我介绍了一位年轻人，这位年轻人是纽约大学的本科生，正在实验室参与研究项目。我不仅能体会到这段经历对这位本科生来说有多么特别，还真切感受到实验室对这位学生所作贡献的高度重视。这名学生是俄罗斯移民，刚刚获得罗德奖学金（Rhodes Scholarship）。我意识到，卓越能吸引卓越，卓越也具有感染力。

这个小故事也说明了我们与大学之间简单而重要的合作——共同扩大我们的吸引力，增加我们的机会，并创造实现梦想的协同效应。

现在，请允许我谈谈临床医学。我们医学中心能够取得今天的成就，离不开出色的护理和临床治疗。我们医学中心对这两者都具有强大的吸引力，我们希望继续保持这一优良传统，并在此基础上再接再厉。

我们的愿景强调战略性计划。这些计划涵盖肌肉骨骼疾病、神经科学、癌症、心血管疾病、儿童健康，以及老龄化、新陈代谢、干细胞和再生医学、炎症等领域的广泛计划。我们将寻找其他能够利用我们的优势条件且符合我们战略的有意义的机会。

我们还将继续肩负起照顾服务不足人群的使命——贝尔维尤是我们的核心资产。过去166年来，我们在那里的工作是一项最崇高的事业。我们对贝尔维尤的承诺包括卡普兰乳腺癌中心（Kaplan Breast Cancer Center），该中心提供乳腺癌的筛查和诊断服务，以及我们的肥胖手术治疗计划——这两项举措对于改善得不到充分服务人群的预后和生存至关重要。

最后,我们将在未来七年内建成一座全新的临床设施。这家"环保型"医院的愿景将引领时代潮流。我们已经开始着手设计新的住院设施,并畅想 21 世纪我们的园区应有的模样。你们中的许多人已经并将继续参与这一过程。新设施将包括一所新的儿童医院,其规模将小于现有的蒂施医院,我们将继续利用蒂施医院的部分区域来优化我们的病床数量。蒂施医院的其他部分将重新用于日间诊疗和住院康复。

一旦面向住院患者的罗斯克研究所搬迁到新址并蓬勃发展,现在的大楼将被拆除,从而有机会建设更多的计划项目,如我们的老龄化研究所和新陈代谢研究所。

接下来谈谈教育。我们展望了 21 世纪的医学院课程,认识到当代学习需要在课程设计和教学方法上采用富有创造性的新方法。

我们的学生获取知识的方式与上一代人有所不同。数字革命既是福祉也是挑战。学生们面临着巨大的时间压力,需要学习的材料数量及复杂程度极高。

举个例子——当我开始接受放射学培训时,乳房 X 线照相术、超声波和 CT 还没得到应用,核磁共振成像更是尚未发明。这足以说明科学发现和知识爆炸的速度之快。

新建筑将促进团队学习、医学信息管理以及基础科学与临床材料的整合。我们的目标是拉近师生之间的距离。

> **我们希望强调终身学习。**
> **我们的教育设施必须现代化。**
> **教室和报告厅必须是最先进的。**
> **医科学生、护士和专职医务人员应共同学习,相互借鉴。**

是的,新的空间对学生和教职员工来说至关重要——如果我们想要发展并不断壮大，就必须正视这个问题！

女士们，先生们，以上便是我对我们未来的展望。现在，让我们听听你们的声音。

你们的愿望就是我的目标。你们每个人都是这项综合事业的重要组成部分。我们取得的实质性成果将造福于我们的患者和在这个健康的新环境中工作的人们。这是我们的职责所在。

我们如何知道自己何时成为世界一流？这将是显而易见的。客观的指标将显示我们的生产力——NIH 排名、《美国新闻与世界报道》、医院记分卡、医学院录取标准、住院医师匹配统计等等。最重要的是，我们将会切身感受到——纽约大学医学中心必将成为标杆！

我的期望很高，标准也极为严苛。虽然我们起步时就拥有巨大的优势，但我提出的要求需要付出非凡的努力。成为世界一流的学术医学中心是我们共同的心愿。我们将共同庆祝我们在这一征程中取得的成就。

我向你们保证，我将坚定不移地完成这些任务。我们的任职是纽约大学医学中心辉煌历史中光辉新纪元的开端，我们是这一宏伟事业的合作伙伴。能有幸领导大家追求卓越，我深感荣幸。这是我的目标，我们一定会成功。

——罗伯特 I. 格罗斯曼医学博士
2007 年 10 月

图片版权

p.4, photograph copyright © by Sasha Nialla

p.7, photograph copyright © by David Lumbarsky; reproduced by permission of David Lumbarksy Photography LLC

p.27, handwritten road map copyright © by Robert I. Grossman

p.28, designed road map copyright © by ACCESS Health International

p.42, photograph copyright © by Joshua Bright

p.70, photograph copyright © by Karsten Morgan

p.85, photograph copyright © by Ivan DeYoung Dominguez

p.108, photograph copyright © by Juliana Thomas

p.112, photograph copyright © by Juliana Thomas

p.135, photograph copyright © by Lori Donaghy

p.136, photograph copyright © by John Minchillo, AP Photo/NYU Langone Health

p.147, photograph from video copyright © by NYU Langone Health

p.194, photograph copyright © by Jeff Goldberg

p.196, photograph copyright © by Andew Neary

p.200, graphics copyright © by ACCESS Health International

p.220, photograph copyright © by John Abbott

p.233, photograph copyright © by Chris Cooper

p.238, p.239, handwritten road map copyright © by Robert I. Grossman

p.244, photograph copyright © by Capehart Photography

p.274, photograph copyright © by NYU Langone Health

p.275, Sexton photograph copyright © by Hollenshead, courtesy of NYU Photo Bureau

p.276, Berne photograph copyright © by Jay Brady

p.276, Grossman photograph copyright © by John Abbot

译 后 记

我依然记得进行最后一遍译稿通审时,我是在美国旧金山机场的休息室里,时间为 2025 年 2 月 19 日(美西时间)的晚上,等待飞往亚特兰大,参加全球健康高校联盟 2025 年会,同时也在准备四天后到迈阿密拜访本书的作者威廉·A. 哈兹尔廷(William A. Haseltine)博士。路程中,我一直想着如何"用好"这次约定不易的见面,见到作者本人我该说些什么。

- 向他解释为什么要翻译这本书?这已经在以往的电子邮件来往中说过了。
- 邀请他参加计划在 4 月底举行的中文版的发布仪式?就只有发布仪式,还是要有其他活动内容?
- 邀请他为中文版写个序,以示对这本书的特别重视?这个可以有!

2 月 23 日,我上午从亚特兰大起飞,中午抵达迈阿密,到宾馆(也是他推荐的)放下行李,即去他家。一位慈祥的老人亲自为我开门,引我到带有西班牙建筑风格的花园廊下。坐下后,他的第一句话就是:"谢谢你的到来,请告诉我我还能为你做些什么?"一股暖流涌上我心头……

我当面感谢了他的热情接待,也感谢了他的慷慨支持——无偿授权我们翻译此书。我们如此重视这本书的价值,他表示很高兴并找到了共鸣。交谈间,老先生谈起了他的职业生涯,从在哈佛大学的生物学研究开始,然后创办生物技术公司,到著书立说,成立旨在促进全球卫生可及性的组织(ACCESS Health International)。他非常想把自己对工作、社会、人物、世界的感受和自己对这些的评价、建议分享出来,并希望与同道一起在全球健康、公共卫生等方面协力行动。他清晰地向我强调了他归纳的纽约大学朗格尼医学中心取得成功的几个关键要素:反应敏捷、管理精益、信息透明、问责明确、沟通清晰,打破信息孤岛、各自为政的局面。他对这项伟大变革的领头人——医学中心首席执行官兼医学院院长罗伯特·I.格罗斯曼(Robert I. Grossman)教授非常熟悉,也非常敬重,认为他的成功可以复制。

他表示要送我两本与医疗服务系统有关的书:其中一本已经在中国出版,即 *Affordable Excellence*(中文译名《价廉质优》),描写新加坡在不牺牲服务质量的前提下以更低的成本诊治和预防疾病;另一本书则是描写印度急救车体系的 *Every Second Counts*(中文译名《分秒必争》)。他邀请我到他的书房,在三本原版书(包括正在翻译的 *World Class*)的内页上郑重签名并附言,赠送给我,让我着实感动。

他高兴地接受了我的邀请,将到上海参加中文版的发布仪式。他说,他到过中国好几次,考察、访问、作大会报告,他知道协和医学院、北京大学、复旦大学等机构。他回忆道,最后一

与作者哈兹尔廷博士(左)合影

译后记

次访华是出席 2019 年 11 月在武汉举行"第九届中美健康研讨会（the 9th U.S.-China Health Forum）"。巧合的是，我也参加了这个会议，我们在不同的分论坛上作了发言。

话题回到上海临床研究中心（Shanghai Clinical Research and Trial Center）。作为一个正在筹建中的研究型医院，组织翻译这本书，我们的初心是通过书中对纽约大学朗格尼医学中心的第一手的深度采访和实证研究，学习一所医疗、教育和科研机构如何在挑战中完成自我变革，并最终迈向卓越的改革历程，其中不仅蕴藏着成功的管理经验，更有其在复杂医疗体系中推动变革的策略与方法。这与上海临床研究中心作为上海市卫生健康委直属机构，致力于探索以更优秀的管理模式、更高质的医疗服务体系、更高效的医学科研及创新转化的使命相一致。同时，也与上海临床研究中心作为上海科技大学——一所小规模、高水平、国际化的研究型、创新型大学——的"未来医学中心"的重要组成部分，肩负着服务国家创新驱动发展战略、推动学科交叉和科教融合、建立培养高水平医学综合人才体系的使命相一致。

正是在这样的理念驱动下，中心启动了 World Class: A Story of Adversity, Transformation, and Success at NYU Langone Health 中文版《世界级医疗系统：纽约大学朗格尼医学中心的成功蜕变》的翻译出版工作。

我国的医疗体系正处于快速发展和深化改革的关键阶段，如何在保障公平可及的同时提升医疗质量，如何在有限资源下优化管理、提高效率，是所有医疗管理者面临的现实课题。我们希望通过翻译这本书，将这些经验介绍到国内，帮助更多医疗机构、医院管理者、政策制定者以及医学研究者，从全球视角思考和探索适合本土发展的医疗改革路径。

本书的翻译与出版，得到了多个机构与个人的支持。在此，我要特别感谢原书作者威廉·A. 哈兹尔廷博士，他无偿授予我们中文版的出版权，还对本项目给予了极大的支持和鼓励。

同时，我要感谢美国中华医学基金会（China Medical Board, CMB），他们一直不遗余力地支持和帮助以中国为代表的亚洲地区的医学教育、科研和人才培养，并卓有成效地推动了国际医学交流与知识共享等工作。美国中华医学基金会驻华首席代表李文凯博士强烈推荐此书，并促成了本书翻译工作的启动。

此外，我要感谢哈兹尔廷博士的学生、艾社康（上海）健康咨询有限公司（ASK Health）亚洲创始人兼 CEO 刘畅博士及其团队，他们在本书翻译工作和版权授权过程中发挥了重要作用。

感谢复旦大学出版社对本书出版工作的鼎力支持，正是他们的严谨编辑和精益求精的审校、设计、排版、印刷工作，确保了中文版的高质量呈现，让更多读者能够深入领略这本书的价值与智慧。

最后，我还要感谢本书的翻译团队和编审团队——上海临床研究中心的同事们。中心委派 16 名年轻医生和行政工作人员组成团队，他们在繁忙的医疗、科研和管理工作之余，以专业细致的精神和精益求精的态度完成了翻译和审校工作，使得本书的中文版得以顺利面世。

其中，中心综合办公室主管叶李贝贝作为项目负责人，制定翻译出版全周期计划，组建翻译团队并完成序、前言、第一章的翻译以及全书的审校工作，对接原著方和出版社落实各项细节，以系统性统筹与细节把控力保障项目顺利推进。中心年轻医师团队白书维承担第 1 章翻译和第 2 章翻译及审校工作，邱玥承担第 2 章翻译和第 3 章翻译及审校工作，罗佳莹承担第 3 章、第 10 章翻译和第 4 章翻译及审校工作，徐苗苗承担第 4 章翻译和第 12 章翻译及审校工作，曹毓文承担第 5 章翻译和第 8 章翻译及审校工作，周文哲承担第 9 章翻译、第 10 章翻译及审校和第 2 章审校工作，周晓玲承担第 11 章翻译和第 6 章翻译及审校工作，章筱承担第 13 章翻译和第 5 章翻译及审校工作，张欣怡承担第 14 章翻译和第 15 章翻译及

译后记

审校工作，尹珺承担第 15 章翻译和第 1 章翻译及审校工作，盛旦丹承担附录、致谢翻译和第 7 章翻译及审校工作；中心行政团队冯天行医生承担第 6 章翻译和第 9 章翻译及审校工作，沈依慧承担第 7 章翻译和第 13 章翻译及审校工作，孙慧君承担第 8 章翻译和第 14 章翻译及审校工作，赵旭冉医生承担第 12 章翻译和第 11 章翻译及审校工作。还要特别感谢中心综合办公室副主任李峰对项目的整体指导以及在每个关键环节提供的支持。

在翻译过程中，我们的团队克服了诸多挑战：从医学术语的准确表达，到管理理念的本土化理解，每一步都凝聚了翻译团队的努力和智慧。在编辑和校对过程中，我们重点关注了译文的流畅性与语言的自然性，以及全文措辞、句式的一致性，力求让本书的内容在传递管理智慧的同时，能够在中国的语境中产生共鸣。尽管如此，本书仍存在一些翻译上的不足，我们欢迎广大读者提出宝贵意见，以便我们在未来不断完善和进步。

上海临床研究中心主任（院长）

2025 年 3 月

主审简介

朱畴文,1992年毕业于北京协和医科大学(临床医学八年制),获医学博士学位,同年回复旦大学附属中山医院内科工作,历任住院医师、总住院医师、主治医师、副教授、主任医师。曾于1994—1996年赴泰国朱拉隆功大学研习临床流行病学、卫生发展学,获理学硕士学位。于1999年作为高级访问学者赴美国罗彻斯特大学医学院、医院研修胃肠激素和动力。曾任复旦大学医学中心办公室主任、复旦大学外事处处长。在担任复旦大学附属中山医院副院长期间,出任援鄂国家医疗队(上海市援鄂第五批医疗队)领队。

现任上海临床研究中心主任(院长)。

译者简介

上海临床研究中心是由上海市人民政府批准成立的一家研究型医院，隶属于上海市卫生健康委员会，委托上海科技大学建设和管理，于2021年4月29日在上科大揭牌成立，实行理事会领导下的主任负责制。中心主要承担集聚优质临床研究资源，聚焦重大疾病研究，在医学、生物医药及人工智能等领域组织开展协同攻关，培育临床研究多方向创新策源地等职能。

中心按照三级综合医院进行规划建设，主要聚焦肿瘤和神经系统疾病，兼顾呼吸系统疾病、泛血管疾病、风湿免疫及肌肉骨骼疾病、感官系统疾病等重大疾病。初期设500张床位，其中200张为核定床位，300张为研究型床位。未来根据发展需求，适时发展为1000张床位。

中心积极参与、组织并推动上海生物医药产业加速发展，打造新药物、新设备、新器械、新技术、新材料以及临床指南、疾病诊治规范和标准的创新策源地，努力成为高水平临床能力和生物医药研究能力兼备的医学科学家的人才培养基地。致力于提高我国医学科技源头创新能力，促进我国生物医药产业跨能级高速发展，实现助推上海医疗卫生体系和生物医药产业向更高标准、更高水平发展，惠及社会民生的目标，助力上海成为具有全球影响力的科技创新中心和全球健康城市典范。

图书在版编目(CIP)数据

世界级医疗系统:纽约大学朗格尼医学中心的成功蜕变/(美)威廉·A.哈兹尔廷(William A. Haseltine)著;上海临床研究中心译.--上海:复旦大学出版社,2025.4.--ISBN 978-7-309-17876-0

Ⅰ.R199.712

中国国家版本馆CIP数据核字第20254K2V06号

World Class: A Story of Adversity, Transformation, and Success at NYU Langone Health by William A. Haseltine/ISBN: 978-1-7324391-0-8
Copyright © 2019 by William A. Haseltine
Chinese Simplified language edition published by FUDAN UNIVERSITY PRESS CO., LTD.
Copyright © 2025. This edition is authorized for sale throughout Mainland of China. No part of the publication may be reproduced or distributed by any means, or stored in a database or retrieval system, without the prior written permission of the publisher.
本书中文简体翻译版授权由复旦大学出版社有限公司独家出版并限在中国大陆地区销售。未经出版者书面许可,不得以任何方式复制或发行本书的任何部分。

上海市版权局著作权合同登记号 图字 09-2025-0011

世界级医疗系统:纽约大学朗格尼医学中心的成功蜕变
[美]威廉·A.哈兹尔廷(William A. Haseltine) 著
上海临床研究中心 译
责任编辑/宋启立

复旦大学出版社有限公司出版发行
上海市国权路579号 邮编:200433
网址:fupnet@fudanpress.com http://www.fudanpress.com
门市零售:86-21-65102580 团体订购:86-21-65104505
出版部电话:86-21-65642845
浙江新华数码印务有限公司

开本890毫米×1240毫米 1/32 印张10 字数260千字
2025年4月第1版
2025年4月第1版第1次印刷

ISBN 978-7-309-17876-0/R·2162
定价:78.00元

如有印装质量问题,请向复旦大学出版社有限公司出版部调换。
版权所有 侵权必究